MANESSE ALMANACH
AUF DAS
50. VERLAGSJAHR

MANESSE VERLAG
ZÜRICH

FÜNFZIG JAHRE
MANESSE BIBLIOTHEK DER WELTLITERATUR
1994

ZUM GELEIT

> Die Schriftsteller kann man ein-
> teilen in Sternschnuppen, Plane-
> ten und Fixsterne... Die dritten
> allein sind unwandelbar, stehn
> fest am Firmament, haben eigenes
> Licht, wirken zu einer Zeit wie
> zur andern, indem sie ihr Ansehn
> nicht durch die Veränderung un-
> seres Standpunkts ändern, da sie
> keine Parallaxe haben.
>
> *Schopenhauer*

Klassiker bleiben sich stets treu, bleiben stets mo-
dern. Mitunter das Beste, was je gedacht wurde,
bewahren sie auf, sie büßen an Brisanz nichts ein,
wohl der letzten und ewigen geistigen Freiheit
wegen, die in ihnen steckt. Wäre dem nicht so,
hätten insbesondere ältere klassische Autoren dem
heutigen Menschen nichts zu berichten, außer
über die Eigenheiten seiner Vorfahren. Sie wären
weit harmloser, bräuchten Machthabern nicht unangenehm zu sein und müßten nicht immer wieder an verschiedenen Ecken der Welt auf die
schwarze Liste geraten, verboten, verbrannt werden.

1944, zu einer solchen unguten Zeit, in den
Jahren, in denen es in Europa schwierig war, ein
freies Wort zu reden, wurde die Idee einer Bibliothek der Weltliteratur gefaßt, um eine weder an
Epochen, Kulturen noch Stilrichtungen gebun-

dene Auslese des Repräsentativsten zu bieten, was die Jahrhunderte und Länder hervorgebracht hatten, getragen von der Überzeugung, Weltliteratur bringe eine Sinneshaltung zum Ausdruck, die trotz des auf unserem Kontinent herrschenden geistigen Faustrechts überleben müsse. Die Schweiz, zumal Zürich, bot sich damals als Standort zur Vermittlung dieser Geistesgüter bestimmt an, da wir ins Kriegsgeschehen nicht unmittelbar verstrickt waren. Und außerdem: War es nicht in Zürich, wo die erste Shakespeare-Ausgabe erschien und Johann Jacob Bodmer unter anderem früh schon Miltons «Paradise Lost», die «Ilias» sowie die «Odyssee» übertrug und die «Große Liederhandschrift» wiederentdeckte? An diesen Codex, den in der ersten Hälfte des 14. Jahrhunderts der Ratsherr Rüdiger II. Manesse und sein Sohn Johannes als Kenner und Sammler des Minnesangs in Auftrag gegeben hatten, wollte Walther Meier, der Gründer unserer Bibliothek der Weltliteratur, erinnern, durch den Namen verbunden sein und sich der Kompilatoren würdig erweisen.

Zum Freundeskreis des Initianten der «Manesse Bibliothek der Weltliteratur» gehörten Literaten und Schriftsteller wie Carl Jacob Burckhardt und Max Rychner; sie, aber auch zahlreiche andere, zum Teil Emigranten, die damals in der Schweiz lebten, haben dazu beigetragen, der «Manesse Bibliothek der Weltliteratur» Profil zu verleihen. Gewichtige Namen von Autoren, Herausgebern und Übersetzern, die uns an das literarische Leben der Zeit erinnern, prägten die Reihe von Anbeginn, prägen sie noch heute: Werner Bergengruen, Peter Gan, Edzard Schaper, Thomas Mann, Hans Reisiger, Romano Guardini, Emil Staiger, Max Wehrli, Wilhelm Lehmann, Ferdinand Lion, Josef Eberle, Eduard Korrodi, Werner Weber usw.

Federico Hindermann, der 1971 nach dem altersbedingten Rücktritt Walther Meiers die Reihe lange Jahre weiterführte, hat, da der Grundstock gelegt war, der Nachholbedarf an Klassikern nach dem Krieg auch von anderen Verlagen aufgefangen worden war, vermehrt auf eine Durchmischung von Bekanntem und Unbekanntem geachtet. Er hat immer wieder Autoren vermittelt, die in ihrer Heimat als Klassiker gelten, bei uns jedoch oft unbekannt geblieben sind. Er schenkte dem deutschsprachigen Publikum, nicht selten in Erstübertragungen, Kostbarkeiten von Dichtern, die es mit einem geglückten Werk geschafft haben, in die Weltliteratur einzutreten. Die Reihe ist somit stetig gewachsen, behutsam die Waage haltend zwischen Bewährtem und Neuentdecktem. Annähernd fünfhundert Titel sind es inzwischen geworden, über dreihundert sind lieferbar – eine stattliche Zahl, wie auch die Bibliographie am Schluß des Bandes zeigt. Und doch wird die «Manesse Bibliothek der Weltliteratur» angesichts der Fülle wichtiger Dichterwerke stets nur eine Auswahl bieten können und müssen, da es nicht Sinn und Zweck einer solchen Sammlung ist, Vollständigkeit anzustreben oder eine Systematik anzuwenden. Auch die beiden anderen Reihen, die «Manesse Bibliothek der Weltgeschichte» und die

«Manesse Bücherei», welche 1984 und 1987 nach der Übernahme des Verlags durch die Deutsche Verlags-Anstalt in Stuttgart hinzugekommen sind, lehnen sich in ihrem Konzept an die literarische Reihe an – wollen Auswahl sein, weder zeitlich noch räumlich begrenzt, Gültiges aller Jahrhunderte, Kulturen und Sprachen vorstellen.

Der Almanach auf das vierzigste Verlagsjahr war vor allem dem Verlagsgründer und der «Manessischen Liederhandschrift» im Spiegel von Dichtung und Wahrheit gewidmet. Der vorliegende zum Fünfzig-Jahr-Jubiläum soll neben einer Bestandsaufnahme unserer drei Reihen und der Zeittafel eine Fundgrube voller Anregungen für unsere Leser sein. Es sind darin Erzählungen versammelt, in denen Schriftsteller sich selbst (ganz am Rande auch Verlage) und insbesondere Leser zum Thema gemacht haben. Viele haben einen Ton der heiteren Nachdenklichkeit angeschlagen und mit ihren Geschichten beschrieben, wie der Leser sich durch das Buch aus der Wirklichkeit herauszustehlen vermag, wie je nachdem der Schriftsteller den Leser aber auch aus seiner weltabgeschiedenen Stube in die Wirklichkeit hereinholen kann. Es sind durchwegs klassische Autoren, die zu Wort kommen. Solche, welche – literarhistorisch betrachtet – im Herkömmlichen Barrikaden gesehen hatten und diese stürmten, andere, die keine Brücken abgebrochen, sondern sie überschritten haben, und wieder andere, die den schlichtesten, wenn auch nicht unbedingt einfachsten Weg gegangen sind, den eigenen.

Die fünfzehn Beiträge gehören unterschiedlichsten literarischen Gattungen an, und der Bogen spannt sich, unserer «Manesse Bibliothek der Weltliteratur» entsprechend, weit über die Kontinente und die Jahrhunderte bis in unsere Zeit. An Leuchtkraft, Lebendigkeit und Wahrhaftigkeit der Erfahrung haben diese Erzählungen nichts verloren, weil die Kostproben, wie alle große Dichtung, nicht nur Kunst, sondern Deutungen des Daseins sind.

Anne Marie Wells

HENRYK SIENKIEWICZ
1846–1916

Der Leuchtturmwärter

Die Erzählung beruht auf einer wahren Begebenheit,
über die seinerzeit J. Horain* in seinen Briefen
aus Amerika berichtete.

I

Eines Tages war der Leuchtturmwärter von
Aspinwall**, unweit von Panama, spurlos verschwunden. Da er während eines Unwetters verschwand, nahm man an, daß der Unglückliche
zu dicht an das Ufer der felsigen Insel, auf der
sich der Leuchtturm befand, herangetreten und
dort von den Wellen fortgespült worden sei.
Diese Annahme war um so wahrscheinlicher, da
man am nächsten Tag auch sein Boot nicht finden
konnte, das gewöhnlich in einer Felsspalte lag.
Die Stelle des Leuchtturmwärters war also va-
kant, und sie mußte so schnell wie möglich be-
setzt werden, da der Leuchtturm sowohl für den
lokalen Verkehr als auch für die von New York
nach Panama fahrenden Schiffe eine große Bedeutung hatte.

---

* Julian Horain (1821–1883) war Korrespondent für mehrere polnische Zeitschriften in Amerika, wo sich Sienkiewicz mit ihm anfreundete.
** Heute Colón.

Die Moskitobucht ist reich an Sandbänken, so daß es schon am Tage schwerfällt, eine Durchfahrt zu finden, geschweige denn nachts. Besonders bei Nebel, der oft aus den von der Äquatorsonne erwärmten Gewässern aufsteigt, ist die Fahrt fast unmöglich. Der einzige Wegweiser für die zahlreichen Schiffe ist dann das Licht des Leuchtturmes.

Zu den Pflichten des in Panama residierenden Konsuls der Vereinigten Staaten von Amerika gehörte es, für einen neuen Leuchtturmwärter zu sorgen. Dies war keine leichte Aufgabe, zum einen, weil man unbedingt binnen zwölf Stunden einen Nachfolger finden mußte, zum anderen, weil nur ein überaus gewissenhafter Mensch in Frage kam. Man konnte also nicht den ersten besten einstellen. Das wesentliche Problem aber war, daß es überhaupt an Bewerbern für diesen Posten mangelte.

Das Leben auf dem Turm ist ungewöhnlich hart und besitzt für die den Müßiggang und das freie Umherschweifen liebenden Südländer absolut keinen Reiz. Der Leuchtturmwärter lebt fast wie ein Gefangener. Außer am Sonntag darf er seine felsige Insel nie verlassen. Ein Boot aus Aspinwall bringt ihm täglich Lebensmittel und frisches Trinkwasser. Doch die Fährleute fahren sogleich wieder weg, und auf der gesamten Insel, deren Fläche etwa einen Morgen beträgt, befindet sich dann keine Menschenseele mehr. Der Wärter wohnt im Leuchtturm, den er in Ordnung halten muß. Tagsüber hängt er – je nach Barometerstand – verschiedenfarbige Flaggen als

Signal heraus, und am Abend zündet er das Feuer an. Eigentlich wäre diese Arbeit nicht so beschwerlich, wenn man nicht mehr als vierhundert steile Stufen einer Wendeltreppe hinaufsteigen müßte, um zum Feuer in der Turmspitze zu gelangen. Und der Wärter muß diese Kletterpartie nicht selten mehrmals am Tag bewältigen. Er führt überhaupt ein klösterliches Leben, ja sogar ein Einsiedlerleben.

Es ist also nicht verwunderlich, daß Mr. Isaac Falconbridge in arger Verlegenheit war, weil er nicht wußte, wo er einen geeigneten Nachfolger für den Verstorbenen hernehmen sollte, und man kann seine Freude verstehen, als sich noch am selben Tag völlig unerwartet ein Bewerber bei ihm meldete. Der Interessent war ein bereits bejahrter Mann, siebzig oder älter, aber noch rüstig. Er hielt sich aufrecht, seine Bewegungen und seine Haltung hatten etwas Soldatisches; sein Haar war ganz weiß, die Haut braungebrannt wie bei einem Kreolen; doch nach seinen blauen Augen zu urteilen, konnte er kein Südländer sein. Sein Gesicht hatte einen bedrückten traurigen Ausdruck, und zugleich wirkte er ehrlich. Er gefiel Falconbridge auf den ersten Blick. Nun mußte er noch geprüft werden, und so entspann sich das folgende Gespräch:

«Woher kommt Ihr?»

«Ich bin Pole.»

«Was habt Ihr bisher gemacht?»

«Ich bin in der Welt umhergezogen.»

«Ein Leuchtturmwärter sollte aber gern fest an einem Ort bleiben.»

«Ich muß mich ausruhen.»

«Habt Ihr irgendwo gedient? Habt Ihr Zeugnisse über Dienste beim Staat?»

Der alte Mann zog aus der Innentasche seines Rockes einen ausgeblichenen Seidenlappen hervor, der von einer Fahne zu stammen schien. Er breitete den Fetzen aus und sprach: «Das hier sind meine Zeugnisse. Dieses Kreuz habe ich im Jahre dreißig bekommen. Das zweite hier ist spanisch und stammt aus den Karlistenkriegen, das dritte ist die französische Ehrenlegion, das vierte erhielt ich in Ungarn. Dann kämpfte ich in Amerika gegen die Südstaaten – doch da gibt es keine Kreuze, dort gab's nur dieses Papier.»

Falconbridge nahm das Papier und begann zu lesen.

«Hm! Skawiński? – Ist das Euer Name...? Hm...! Zwei Fahnen – eigenhändig im Kampf mit Bajonetten erobert... Ihr wart ein tapferer Soldat!»

«Ich vermag auch ein gewissenhafter Leuchtturmwärter zu sein.»

«Man muß dort mehrere Male am Tag den Turm hinaufsteigen. Habt Ihr gesunde Beine?»

«Ich habe zu Fuß die Great Plains durchquert.»

«*All right!* Kennt Ihr Euch in der Seefahrt aus?»

«Drei Jahre bin ich auf einem Walfänger gefahren.»

«Ihr habt Euch in vielen Berufen versucht.»

«Nur Ruhe habe ich bisher nie kennengelernt.»

«Warum?»

Der alte Mann zuckte mit den Achseln. «Das Schicksal...»

14

«Dennoch, für einen Leuchtturmwärter scheint Ihr mir zu alt.»

«*Sir*», ließ sich der Bewerber plötzlich vernehmen, und seine Stimme klang bewegt, «ich bin sehr müde und abgekämpft. Wie Ihr seht, habe ich viel durchgemacht. Das ist eine Stelle, wie ich sie mir sehnlichst erwünscht habe. Ich bin alt, und ich brauche Ruhe! Ich muß mir sagen können: ‹Hier bleibst du jetzt, hier ist dein Hafen.› Ach, *Sir!* Es hängt nur von Ihnen ab. Ein zweites Mal wird sich mir ein solcher Posten nicht bieten. Was für ein Glück, daß ich in Panama gewesen bin... Ich flehe Euch an... Bei Gott, ich bin wie ein Schiff, das untergeht, wenn es keinen Hafen mehr findet... Wenn Ihr einen alten Menschen glücklich machen wollt... Ich schwöre Euch, daß ich rechtschaffen bin, und... ich habe genug vom Umherziehen.»

Die blauen Augen des Alten baten so inständig, daß Falconbridge, der ein gutes schlichtes Herz hatte, tief gerührt war.

«*Well!*» sagte er. «Ich nehme Euch. Ihr seid der neue Leuchtturmwärter.»

Das Gesicht des Alten erstrahlte vor unaussprechlicher Freude: «Ich danke Ihnen.»

«Könnt Ihr noch heute zum Turm fahren?»

«Jawohl.»

«Na, dann *good-bye!* Noch eins: Auf jedwede Verfehlung im Dienst folgt unverzüglich Ihre Entlassung.»

«*All right!*»

Noch am gleichen Abend, als die Sonne jenseits der Landenge versunken war und auf den strah-

15

lenden, hellen Tag ohne Dämmerung die Nacht folgte, war der neue Leuchtturmwärter weithin sichtbar auf seinem Posten, denn die Laterne warf wie gewöhnlich ihre grellen Lichtgarben auf das Meer. Es war eine völlig ruhige, stille, richtig subtropische Nacht. Lichter Nebel hüllte alles ein und bildete um den Mond einen großen regenbogenfarbenen Hof mit weichen, verschwommenen Rändern. Nur das Meer brauste, denn die Flut stieg.

Skawiński stand auf der Plattform des Turmes neben dem riesigen Feuer. Von unten her gesehen glich er einem schwarzen Pünktchen. Er versuchte seine Gedanken zu sammeln und sich seiner neuen Lage bewußt zu werden. Doch es war so viel Neues auf ihn eingestürmt, daß er nicht imstande war, folgerichtig zu denken. Er fühlte sich wie ein gehetztes Tier, dem es endlich gelungen war, sich vor der Meute auf irgendeinem unzugänglichen Felsen oder in einer Höhle zu verstecken. Endlich konnte er zur Ruhe kommen. Ein Gefühl der Sicherheit erfüllte seine Seele mit unsagbarer Freude. Hier – auf diesem Felsen – konnte er ganz einfach über sein früheres Wanderleben, sein Unglück und seine Mißgeschicke spotten.

Er war in der Tat wie ein Schiff, dem ein Unwetter alle Masten gebrochen und die Taue und Segel zerrissen hat, wie ein Schiff, das vom Himmel auf den Meeresgrund geschleudert, von den Wellen hin- und hergeworfen und von Schaum überspült wurde – und dennoch in den Hafen einläuft. Bilder dieses Unwetters glitten in schneller Folge an seinem geistigen Auge vorüber und bildeten zur stillen Zukunft, die jetzt beginnen sollte, einen krassen Gegensatz.

Von seinem wechselvollen Schicksal hatte er Falconbridge manches erzählt, doch tausend andre Abenteuer waren unerwähnt geblieben. Sooft er irgendwo sein Zelt aufgeschlagen und ein Feuer entfacht hatte in der Hoffnung, sich für immer ansiedeln zu können, hatte er das Pech gehabt, daß ein Wind die Zeltpflöcke herausriß, das Feuer ausblies und ihn selbst ins Verderben jagte. Als er jetzt von der Plattform des Turmes auf die von den Lichtstrahlen beleuchteten Wellen blickte, erinnerte er sich an alles, was er durchgemacht hatte.

In vier Erdteilen hatte er gekämpft und sich auf seiner Wanderschaft in fast allen Berufen versucht. Er war arbeitsam und rechtschaffen, und zuweilen war es ihm gelungen, sich ein paar Groschen zu erarbeiten, die er jedoch aus unvorhersehbaren Gründen und trotz der größten Vorsicht immer wieder einbüßte. In Australien war er Goldgräber gewesen, in Afrika hatte er Diamanten gesucht, und in Ostindien hatte er als Jäger im Dienst der Regierung gearbeitet. Als er seinerzeit in Kalifornien eine Farm aufgebaut hatte – ruinierte ihn die Dürre. Danach hatte er versucht, mit Eingeborenen aus dem Inneren Brasiliens Waren zu tauschen – sein Floß zerschellte auf dem Amazonas. Er selbst jedoch irrte wehrlos und fast nackt einige Wochen lang durch den Urwald, sich nur von Wildfrüchten ernährend. Jeden Augenblick lief er Gefahr, im Rachen eines Raubtieres zu enden. In Helena, in Arkansas, richtete er sich eine Schmiedewerkstatt ein – sie brannte ab während des großen Feuers, das die ganze Stadt in Schutt und Asche legte. Später geriet er in den Rocky Mountains in die Hände von Indianern – und wurde nur durch ein Wunder von kanadischen Jägern gerettet. Er heuerte als Matrose auf einem zwischen Bahia und Bordeaux verkehrenden Schiff an und fuhr später als Harpunier auf einem Walfänger – beide Schiffe zerschellten. In Havanna besaß er eine Zigarrenfabrik – und er wurde von seinem Kompagnon bestohlen, als er mit Gelbfieber krank darniederlag.

Endlich gelangte er nach Aspinwall, wo seine Mißgeschicke ein Ende finden sollten. Was schon konnte ihm auf dieser felsigen Insel passieren? Hier lauerten keine Gefahren, weder Wasser noch Feuer noch Menschen. Mit den Menschen hatte Skawiński übrigens nur wenige schlechte Erfahrungen gemacht; er war mehr guten als bösen begegnet. Es kam ihm vielmehr vor, als hätten es die vier Elemente auf ihn abgesehen. Die Leute, die ihn kannten, meinten, er habe eben kein Glück; damit erklärten sie alles.

Schließlich wurde er etwas wunderlich, denn er glaubte, eine mächtige Rächerhand verfolge ihn über Länder und Meere, überallhin. Aber er sprach nicht gern darüber; nur zuweilen, wenn man ihn fragte, wessen Hand das denn sein solle, wies er auf den Polarstern* und erwiderte, sie komme von dort...

---

* In Polen Synonym für Sibirien (Verbannung) sowie für Rußland und dessen Großmachtpolitik überhaupt. Polarstern ist hier also eine verschlüsselte Nennung Rußlands.

Tatsächlich kann sich jemand, der so unglaublich viele Mißerfolge erlitten hat, leicht eine fixe Idee in den Kopf setzen. Übrigens war er geduldig wie ein Indianer, und eine starke, beständige Widerstandskraft, wie sie einem redlichen Herzen entspringt, war ihm eigen. In Ungarn erhielt er seinerzeit einige Bajonettstiche, weil er die mögliche Rettung verschmähte. Dabei hätte er nur einen Steigbügel zu ergreifen und um Pardon zu bitten brauchen. Ebensowenig ergab er sich dem Unglück. Emsig wie eine Ameise krabbelte er den Berg hinauf. Wurde er hundertmal hinabgestoßen, unerschütterlich begann er seinen Weg zum hundertundersten Mal.

Er war ein Sonderling. Dieser alte Soldat, der in Gott weiß welchen Feuern gebrannt, in der Armut geschmiedet und gehärtet worden war, besaß das Herz eines Kindes. Die Epidemie in Kuba hatte ihn nur deshalb heimgesucht, weil er sein gesamtes Chinin, von dem er einen beträchtlichen Vorrat besaß, an die Kranken verteilt hatte, ohne auch nur ein Gran für sich zu behalten.

Merkwürdig an ihm war auch, daß er nach den vielen Enttäuschungen stets zuversichtlich blieb und nie die Hoffnung verlor, es werde sich alles einst zum Guten kehren. Im Winter lebte er regelmäßig auf und prophezeite große Ereignisse*. Er erwartete sie voll Ungeduld und lebte jahrelang von dem Gedanken daran. Doch ein Winter folgte dem anderen, ohne daß sich etwas tat; nur Skawińskis Haare wurden weiß. Schließlich war er alt

---

* Eine bevorstehende Revolution.

geworden, und er spürte, wie seine Energie langsam schwand. Seine Geduld verwandelte sich allmählich in Resignation; die frühere Ruhe ging immer mehr in Wehmut über, und dieser harte Soldat entwickelte sich nach und nach zu einem Heulpeter: beim geringsten Anlaß war er zu Tränen gerührt. Zudem packte ihn von Zeit zu Zeit ein fürchterliches Heimweh, das von jeder beliebigen Ursache hervorgerufen werden konnte: dem Anblick von Schwalben oder von grauen Vögeln, die aussahen wie Sperlinge; schneebedeckten Bergen; dem Ertönen einer Melodie, die ihn an eine einst gehörte erinnerte...

Zuletzt beherrschte ihn nur noch ein Gedanke: Ruhe! Dieser Gedanke erfüllte ihn ganz und gar. Alle anderen Wünsche und Hoffnungen gingen darin auf. Für den ewigen Wanderer war jetzt nichts erstrebenswerter, nichts wertvoller als ein stiller Winkel, in dem er sich ausruhen und friedlich sein Ende erwarten konnte. Gerade weil eine Laune des Schicksals ihn in allen Ländern und auf allen Meeren umhergetrieben hatte, so daß er kaum Atem holen konnte, bildete er sich vielleicht ein, es sei des Menschen größtes Glück, nicht herumziehen zu müssen. Wahrlich, er hätte dieses bescheidene Glück verdient, doch war er schon so sehr an Enttäuschungen gewöhnt, daß er es sich nur als unerfüllbaren Traum dachte, dessen Verwirklichung er nicht zu erhoffen wagte.

Nun hatte er ganz unerwartet binnen zwölf Stunden ein Amt erhalten, das wie für ihn geschaffen schien. Kein Wunder, daß er, nachdem er abends das Feuer angezündet hatte, fast benommen war und sich fragte, ob dies alles Wirklichkeit sei. Er wagte nicht, die Frage zu bejahen; und doch gab es unbestreitbare Beweise.

So verging ihm auf der Plattform eine Stunde nach der anderen. Er betrachtete alles, nahm es in sich auf und überzeugte sich. Man hätte meinen können, er sehe zum ersten Mal in seinem Leben die See. Von den Uhren in Aspinwall schlug es bereits Mitternacht, und noch immer hatte er seine luftige Höhe nicht verlassen – er schaute hinaus. Tief unter seinen Füßen brauste das Meer. Die Linse der Laterne warf einen riesigen Lichtkegel in die Dunkelheit; hinter ihm verlor sich der Blick des Alten in der schwarzen, geheimnisvollen und grauenvollen Ferne. Aber es schien, als strebe diese Ferne dem Licht entgegen. Meilenlange Wellen rollten aus der Finsternis heran. Sie schlugen tosend an den Fuß der Insel, und man sah ihre schaumigen Kämme rosig im Licht des Leuchtturmes glitzern. Die Flut stieg stetig und überspülte die Sandbänke. Die geheimnisvolle Sprache des Ozeans erscholl immer mächtiger und lauter, manchmal wie Kanonendonner, dann wieder wie das Rauschen von riesigen Wäldern, dann wie fernes Stimmengewirr; zuweilen war es ganz still. Dann wiederum drangen einige tiefe Seufzer an das Ohr des Alten, worauf eine Art Schluchzen und erneute bedrohliche Ausbrüche folgten. Schließlich wehte der Wind den Nebel auseinander; doch er trieb schwarze Wolkenfetzen vor sich her, die den Mond verdeckten. Vom Westen her blies es stärker und stärker. Die Wogen sprangen nun

wütend gegen die Steilküste am Fuße des Leuchtturmes und beleckten mit ihrem Schaum schon
die Grundmauern. In der Ferne grummelte ein
Gewitter, und im sturmbewegten Dunkel blitzten
einige grüne Laternen, die an die Schiffsmasten
gehängt waren. Diese grünen Pünktchen wurden bald emporgehoben, bald sanken sie in die
Tiefe, oder sie schwankten nach links und nach
rechts.

Skawiński stieg in seine Kammer hinab. Der
Sturm begann zu heulen. Dort draußen auf jenen
Schiffen kämpften die Menschen mit der Nacht,
mit der Finsternis und den Wogen. In seiner Stube
dagegen war es ruhig und still; sogar der Hall des
Donners drang nur schwach durch die dicken
Mauern. Bloß das regelmäßige Ticken der Uhr
wiegte den Alten in den Schlaf.

II

Stunden, Tage, Wochen flossen dahin.

Die Matrosen behaupten, daß sie manchmal,
wenn das Meer besonders heftig tobt, beim Namen gerufen würden. Kann die Unendlichkeit des
Meeres den Menschen rufen, so ist es wohl möglich, daß, wenn er alt wird, auch noch eine andere,
finstere und geheimnisvollere Unendlichkeit nach
ihm ruft. Je müder er vom Leben ist, desto mehr
werden ihm jene Rufe willkommen sein. Doch
bedarf es der Stille, um sie vernehmen zu können.
Im übrigen liebt das Alter die Einsamkeit, gleichsam als Vorgeschmack des Grabes. Für Skawiński
war der Leuchtturm schon ein halbes Grab; es gibt

22

nichts Eintönigeres als das Leben auf einem solchen Turm.

Junge Leute, die sich zum Leuchtturmdienst bereit finden, verlassen ihren Posten bald wieder. In der Regel ist ein Leuchtturmwärter ein nicht mehr ganz junger, ein melancholischer und verschlossener Mann. Wenn er gelegentlich einmal seinen Leuchtturm verläßt und unter Menschen kommt, bewegt er sich unter ihnen wie einer, der gerade aus einem tiefen Schlaf erwacht ist. Im Turm fehlt es an all den kleinen Eindrücken, die im normalen Leben lehren, die Dinge richtig einzuordnen. Alles, womit der Leuchtturmwärter in Berührung kommt, ist gewaltig und hat keine festen, genau bestimmbaren Konturen. Der Himmel zum Beispiel oder das Wasser – und in dieser Unendlichkeit eine einsame Menschenseele!

Bei einem solchen Leben hängt der Turmwart nur ständig seinen Gedanken nach, und nichts, nicht einmal seine Beschäftigungen, lenken ihn von diesem Grübeln ab. Ein Tag gleicht dem anderen wie die Perlen eines Rosenkranzes; lediglich Wetterveränderungen sorgen für Abwechslung.

Skawiński indes fühlte sich glücklich wie noch nie in seinem Leben. Er stand im Morgengrauen auf, nahm seine Mahlzeit ein, putzte die Linsen an der Laterne und setzte sich dann auf die Plattform, um in die Weite des Meeres hinauszublicken. Er konnte sich an den Bildern, die sich vor ihm entrollten, nicht satt sehen. Für gewöhnlich sah man auf dem riesigen türkisblauen Hintergrund Schwärme von geblähten Segeln, die im Sonnenschein so stark leuchteten, daß man die Augen schließen mußte vor dem Übermaß an Glanz. Manchmal zogen die Schiffe, die Passatwinde ausnutzend, eines nach dem anderen in langer Reihe dahin wie eine Kette von Möwen oder Albatrossen. Die roten Bojen, die den Weg wiesen, schaukelten sanft auf den Wellen. Jeden Tag erschien gegen Mittag zwischen den Segeln ein riesiger gräulicher Rauchfederbusch – der Dampfer aus New York, der Passagiere und Fracht nach Aspinwall brachte. Er zog eine lange schaumige Fährte hinter sich her.

Auf der anderen Seite der Plattform stehend, sah Skawiński Aspinwall und dessen so belebten Hafen mit einem Wald von Masten, Booten und Kähnen zum Greifen nahe vor sich ausgebreitet und etwas weiter entfernt die weißen Häuser und Türmchen der Stadt. Von der Höhe des Leuchtturmes aus schienen die Häuser Möwennester, die Boote Käfer, und die Menschen bewegten sich wie winzige Pünktchen auf dem weißen gepflasterten Quai.

Morgens trug ein leichter Ostwind ein Durcheinander von verschiedenen Geräuschen menschlichen Treibens herüber, welches von dem Tuten der Dampfer übertönt wurde. Mittags kam die Stunde der Siesta; im Hafen kehrte Ruhe ein, die Möwen versteckten sich in Felsspalten, die Brandung wurde schwächer und irgendwie träge, und auf dem Land, auf dem Meer und dem Leuchtturm trat eine ungetrübte Stille ein. Die gelben, von den zurückfließenden Wellen entblößten Sandflecken leuchteten golden inmitten des Wassers; die Turmsäule zeichnete sich in harten Umrissen vor dem blauen Himmel ab. Eine Flut von Sonnenstrahlen ergoß sich vom Himmel übers Wasser, über den Sand und die Steilküste. Da übermannte den Alten eine Schwäche, die voller Süßigkeit war. Er fühlte, wie vorzüglich die Ruhe war, die er genoß, und beim Gedanken, daß sie andauern würde, fehlte ihm nichts mehr.

Er ging ganz auf in seinem Glück. Aber da man sich leicht an ein besseres Leben gewöhnt, gewann er seinen Glauben und seine Zuversicht wieder: Wenn die Menschen Häuser für Invaliden bauen, dann wird sich wohl endlich auch Gott seines Invaliden annehmen. Die Zeit verging und bestärkte ihn immer mehr in dieser Überzeugung. Der Alte verwuchs so mit dem Turm, der Laterne, der Steilküste, den Sandbänken und der Einsamkeit. Er freundete sich mit den Möwen an, die in den Felsspalten brüteten und abends auf dem Dach des Leuchtturmes ihre Versammlungen abhielten; Skawiński hatte ihnen immer die Reste seiner Mahlzeiten hingeworfen. Schon nach kurzer Zeit waren sie so zutraulich geworden, daß ihn beim Füttern ein wahrer Sturm weißer Flügel umbrauste und der Alte sich in der Vogelschar wie ein Hirt zwischen seinen Schafen bewegte.

Bei Ebbe wanderte er zu den niedrigen Sandbänken, wo er dann schmackhafte Schnecken und schöne perlmuttschillernde Nautilusschalen sammelte, welche die abfließenden Wellen auf dem Sand zurückgelassen hatten. Nachts, beim Schein des Mondes und des Leuchtturmes, ging er Fische fangen, von denen es im Felsenriff wimmelte.

Schließlich gewann er seinen Felsen und diese baumlose Insel, die nur mit kleinen, dickblättrigen Pflanzen bewachsen war, aus denen klebriges Harz heraussickerte, richtig lieb. Für die Kargheit der Insel entschädigte ihn der weite Ausblick. In den Mittagsstunden, wenn die Luft sehr klar war, konnte man die ganze mit üppigem Grün bedeckte Landenge bis zum Stillen Ozean überblicken. Skawiński schien es dann, er sehe einen riesigen Garten vor sich. Trauben von Kokosnüssen und Bündel von riesigen Bananen bildeten gleich hinter den Häusern von Aspinwall prachtvolle, üppige Sträuße. Weiter dann, zwischen Aspinwall und Panama, war ein ungeheuer großer Wald zu sehen, über dem jeden Morgen und Abend rötlicher Dunst hing – ein wahrer Urwald, dessen Stämme im Wasser standen, umschlungen von Lianen; und wie Wellen rauschten die riesigen Orchideen, Palmen, Milch-, Eisen- und Gummibäume.

Durch sein Wächterfernrohr konnte der Alte nicht nur die einzelnen Bäume und die breit ausladenden Bananenblätter ausmachen, sondern sogar Affenhorden, große Marabus und Schwärme von Papageien, die wie eine regenbogenfarbene Wolke über dem Wald aufstiegen. Skawiński hatte solche Wälder schon aus der Nähe kennengelernt, als er nach seinem Schiffbruch auf dem Amazonas wochenlang wie in einem Gewölbe durch ähnliches grünes Dickicht geirrt war. Er hatte gesehen, daß unter der wundervollen, lächelnden Oberfläche viele Gefahren – gar der Tod – lauerten. In den dort zugebrachten Nächten hatte er dicht neben sich die ganz unheimlich klingenden Stimmen der Brüllaffen und das Heulen der Jaguare gehört, hatte riesige Schlangen sich wie Lianen an den Bäumen schaukeln gesehen; er kannte jene verträumten Waldseen, in denen es von Zitteraalen und Krokodilen wimmelte; er wußte, unter welchen Beschwernissen ein Mensch lebt in dieser undurchdringlichen Wildnis, wo einzelne Blätter ihn an Größe zehnmal überragen und wo sich blutsaugende Moskitos, Egel und riesige gefräßige Spinnen tummeln. Er hatte die Beschwernisse am eigenen Leibe erfahren und erlitten. Deshalb bereitete es ihm jetzt auch ein derart großes Vergnügen, aus der sicheren Höhe auf jene sumpfige, tropische Ebene hinabzublicken, ihre Schönheit zu bewundern und gleichzeitig vor ihren Tücken geschützt zu sein. Der Turm bewahrte ihn vor allem Übel.

So verließ er seinen Turm auch nur am Sonntagmorgen. Er zog dann seinen blauen Dienstrock mit den silbernen Knöpfen an und schmückte seine Brust mit den Orden. Stolz reckte er sein schlohweißes Haupt, wenn er beim Verlassen der Kirche hörte, wie die Kreolen zueinander sagten: «Wir haben einen ordentlichen Leuchtturmwärter. Und kein Ketzer, obwohl er *Yankee* ist.»

Nach der Messe kehrte er sogleich wieder auf die Insel zurück und war glücklich heimzukommen, denn noch traute er dem Festland nicht. Sonntags war es auch, da er halblaut vor sich hin murmelnd die spanische Zeitung, die er in der Stadt zu kaufen pflegte, oder den New Yorker «Herald», den er sich bei Falconbridge borgte, las und darin eifrig nach Neuigkeiten aus Europa suchte. Das arme alte Herz! Auf dem Wachtturm und auf der anderen Halbkugel der Erde schlug es noch immer für das Vaterland. Manchmal, wenn das Boot, das ihm täglich Nahrung und Wasser brachte, an der Insel anlegte, stieg er vom Turm herab, um mit dem Hafenwächter Johns ein Schwätzchen zu halten. Doch nach einiger Zeit wurde er, so schien es, völlig menschenscheu. Er kam nicht mehr in die Stadt, las keine Zeitungen mehr und stieg auch nicht mehr zur politischen Debatte mit Johns herab. Wochen vergingen so, ohne daß er von jemandem gesehen wurde oder selber jemanden zu Gesicht bekam. Das einzige Anzeichen, daß der Alte noch lebte, war das Verschwinden der am Ufer hingestellten Lebensmittel und das Feuer im Leuchtturm, das jeden Abend mit derselben Regelmäßigkeit angezündet wurde, mit der die Sonne in jener Gegend morgens aus dem Meer steigt. Offensichtlich war dem Alten die ihn umgebende Welt gleichgültig geworden; der Grund dafür war nicht das Heimweh, vielmehr die Tatsache, daß sogar dieses von Resignation erfaßt worden war. Die Insel war nunmehr für den Alten der Anfang und das Ende der Welt. Bereits hatte er sich an den Gedanken gewöhnt, den Turm bis ans Ende seiner Tage nicht mehr zu verlassen. Er hatte vergessen, daß es noch etwas anderes gab.

Er war zum Mystiker geworden. Seine sanften blauen Augen bekamen einen kindlichen Ausdruck; versonnen blickten sie in die Ferne. In der ständigen Abgeschiedenheit und angesichts seiner

überaus einfachen, aber großartigen Umgebung
verlor der Alte allmählich das Gefühl seiner Indi-
vidualität, hörte auf als Person zu existieren und
verschmolz mehr und mehr mit seiner Umgebung. Er sann darüber nicht nach, er nahm es
nur unbewußt wahr; schließlich schienen ihm der
Himmel und das Wasser, sein Felsen, der Turm
und die goldenen Sandbänke, die geblähten Segel,
die Möwen, Ebbe und Flut eine Einheit zu sein:
eine ungeheuer große, geheimnisvolle Seele. Er
selber fühlte sich als Teil des Geheimnisses und
spürte die Seele, wie sie lebt und auf alles einen
besänftigenden Einfluß hat; er versank in ihr,
wiegte sich ein und vergaß sich selbst; in der
Beschränkung auf sein eigenes, abgeschiedenes
Dasein, halb wach, halb träumend, fand er eine
Ruhe, die so groß war, daß sie beinahe dem
Scheintod glich.

III

Doch das Erwachen kam.

Als Skawiński eines Tages – das Boot hatte eine
Stunde zuvor Wasser und Lebensmittelvorräte gebracht – vom Turm herabstieg, bemerkte er neben der üblichen Ladung ein zusätzliches Paket.
Auf seiner Oberseite befanden sich Briefmarken
der Vereinigten Staaten und, auf grobes Segel-
tuch geschrieben, die deutlich lesbare Adresse:
«Skawiński Esq.» Der neugierig gewordene Alte
schnitt die Leinwand auf und erblickte Bücher. Er
nahm eines in die Hand, warf einen Blick darauf
und legte es wieder zurück, wobei seine Hände
stark zu zittern begannen. Er schirmte seine Au-

gen mit der Hand ab, als ob er ihnen nicht trauen könnte; er glaubte zu träumen. Es war ein polnisches Buch. Was hatte das zu bedeuten? Wer konnte ihm das Buch geschickt haben? Im ersten Augenblick hatte er offenbar vergessen, daß er gleich zu Beginn seiner Amtszeit als Leuchtturmwärter im «Herald», den er sich vom Konsul geliehen hatte, von der Gründung einer polnischen Gesellschaft gelesen und ihr dann umgehend die Hälfte seines Monatslohnes, mit dem er ohnehin auf dem Turm nichts anzufangen wußte, geschickt hatte. Die Gesellschaft zeigte sich nun erkenntlich, indem sie polnische Bücher sandte. Sie kamen also auf ganz natürlichem Wege, aber im ersten Moment war es dem Alten unfaßbar. Polnische Bücher in Aspinwall, auf seinem Turm, in seiner Einsamkeit waren für ihn etwas Außergewöhnliches, ein Hauch der Vergangenheit, ein Wunder. Jetzt schien ihm, wie jenen in der Nacht segelnden Schiffen, etwas habe ihn mit geliebter, aber fast vergessener Stimme beim Namen gerufen. Er blieb eine Weile mit geschlossenen Augen sitzen und war sich beinahe sicher, daß der Traum verschwinden würde, sobald er die Augen öffnete. Doch nein! Das aufgeschnittene Paket lag, von den Strahlen der Nachmittagssonne beleuchtet, deutlich sichtbar vor ihm, und obenauf war das bereits aufgeschlagene Buch. Als der Alte seine Hand danach ausstreckte, hörte er in der Stille sein Herz pochen. Er schaute kurz hin: es waren Verse. Oben stand in großen Lettern der Titel, darunter dann der Name des Verfassers. Der Name war Skawiński nicht unbekannt; er

wußte, daß sich in ihm ein großer Dichter verbarg, dessen Werke er nach 1830 in Paris gelesen
hatte. Später, als er in Algerien und in Spanien
kämpfte, hörte er seine Landsleute vom ständig
wachsenden Ruhm dieses großen Poeten sprechen, doch war er zu der Zeit so sehr an das
Gewehr gewöhnt, daß er kein Buch in die Hand
nahm. Im Jahre neunundvierzig ging er nach
Amerika, und bei dem abenteuerlichen Leben, das
er führte, begegnete er kaum einem Polen, und
polnischen Büchern schon gar nicht. Um so größer war nun die Hast, mit der er die Titelseite
umblätterte, und um so heftiger schlug sein Herz.
Es schien ihm jetzt, als würde sich auf seinem
einsamen Felsen etwas Feierliches ereignen. Es
war ein Augenblick tiefen Friedens und großer
Stille. Die Uhren von Aspinwall hatten eben die
fünfte Nachmittagsstunde geschlagen. Am klaren
Firmament zeigte sich kein einziges Wölkchen,
lediglich ein paar Möwen schwebten am azur-
blauen Himmel. Der Ozean schien zu ruhen. Die
Wellen murmelten leise und ergossen sich sanft
über den Sand. In der Ferne lächelten die weißen
Häuser von Aspinwall und wundervolle Palmen-
gruppen. In der Tat, es war irgendwie feierlich,
still und erhaben. Plötzlich ertönte in dieser Stille
die bebende Stimme des Alten, der, um selbst
besser verstehen zu können, laut las:

«Litauen! Wie die Gesundheit bist du, mein
                    Vaterland!
Wer dich noch nicht verloren, der hat dich
                    nicht erkannt.

31

In deiner ganzen Schönheit prangst du heut
vor mir.
So will ich von dir singen, denn mich verlangt
nach dir!»

Skawiński versagte die Stimme. Die Buchstaben
begannen ihm vor den Augen zu tanzen; etwas
sprengte seine Brust, und eine Welle stieg vom
Herzen immer höher und höher, erstickte seine
Stimme, schnürte ihm die Kehle zu. Nach einer
Weile hatte er sich wieder in der Gewalt und las:

«O Heil'ge Jungfrau, Częstochowas Schirm und
Schild,
Leuchte der Ostrabrama*! Du, deren Gnaden-
bild
Schloß Nowogródek und sein treues Volk
bewacht:
Wie mich, als Kind, dein Wunder einst gesund
gemacht,
Als von der weinenden Mutter in deinen
Schutz gegeben,
Ich das erstorbne Aug' erhob zu neuem Leben,
Und konnte gleich zu Fuß in deine Tempel gehn
Gerettet, Gott zu danken für das Heil, das
mir geschehn:
So wird zum Schoß der Heimat dein Wunder
uns wiederbringen!»**

* Stadttor von Wilna, in dem ein als wundertätig verehrtes
Muttergottesbild aufbewahrt wird. Was Częstochowa für
Polen, ist Wilna (Ostrabrama) für Litauen.
** Beginn von Adam Mickiewicz' Epos «Herr Taddäus»,
welches das Leben des polnischen Landadels am Vorabend
des Napoleonischen Feldzuges nach Rußland schildert.

Aber eine anschwellende Woge durchbrach den Damm seines Willens. Der Alte schrie auf und warf sich auf die Erde; seine schlohweißen Haare vermischten sich mit dem Küstensand. Fast vierzig Jahre waren verstrichen, seit er seine Heimat zum letzten Mal gesehen hatte, und Gott weiß, wie lange es her war, daß er seine Muttersprache zuletzt gehört hatte. Und nun war sie von selbst zu ihm gekommen, über den Ozean, und hatte ihn in seiner Einsamkeit auf der anderen Halbkugel der Erde gefunden, die geliebte, die so teure, so schöne Sprache! Das Schluchzen, das ihn schüttelte, entsprang nicht dem Schmerz, sondern einer plötzlich aufgeflammten grenzenlosen Liebe, die alles andere nichtig erscheinen ließ.

Mit seinen Tränen bat er die vielgeliebte, die ferne Heimat um Verzeihung, daß er so alt geworden, daß er mit seinem einsamen Felsen schon so verwachsen war und sich so vergessen hatte, daß seine Sehnsucht langsam verblaßt war. Doch nun war er, wie es im Gedicht heißt, durch ein Wunder heimgebracht. Dies brach ihm das Herz. Eine Minute nach der anderen verging – er blieb liegen. Die Möwen kamen zum Leuchtturm geflogen, sie kreischten, als wären sie um ihren alten Freund besorgt. Zu dieser Zeit pflegte er sie sonst mit seinen Essensresten zu füttern, und darum flogen einige von der Spitze des Turmes zu ihm herab. Dann kamen immer mehr; sie fingen an, ihn sanft zu picken und über seinem Kopf herumzuflattern. Das Geräusch der Flügel weckte ihn. Nachdem er sich ausgeweint hatte, lag auf seinem Gesicht ein fast ruhiger, strahlender Ausdruck, und seine Augen leuchteten beseelt. Mechanisch verteilte er all seine Nahrungsmittel unter die Vögel, die sich mit Geschrei darauf stürzten, er selbst dagegen griff wieder zum Buch. Die Sonne stand jetzt schon fast über den Gärten und den unberührten Wäldern Panamas und versank langsam hinter der Landzunge im anderen Ozean, doch noch war der Atlantik voller Glanz; es war noch ganz hell, und so las er weiter:

«Jetzt trage meine Seele, von Sehnsucht
übermannt,
Nach jenen Waldeshöhen, nach jener
Wiesenau ...»

Die Dämmerung verwischte die Buchstaben auf dem weißen Blatt – es war eine kurze Dämmerung, die kaum einen Augenblick lang währte. Der Alte lehnte seinen Kopf an den Felsen und schloß die Augen. Sodann nahm sie, «Częstochowas Schirm und Schild», von seiner Seele Besitz und führte ihn «hin zu den Feldern, die buntfarben schillern von mancherlei Korn». Am Himmel flammten rote und goldene Streifen, und er flog in diesem Licht den geliebten Gefilden entgegen. In seinen Ohren rauschten die Kiefernwälder, murmelten die heimatlichen Flüsse. Er sah alles vor sich, wie es gewesen war. Alles fragte ihn: «Erinnerst du dich noch?» Und ob er sich erinnerte! Er sah weite Felder, Flurraine, Wiesen, Wälder und Dörfer.

Es war Nacht geworden! Um diese Zeit erhellte sein Leuchtturm normalerweise schon die Finsternis des Meeres; doch er war jetzt in seinem

Heimatdorf. Das alte Haupt sank ihm auf die Brust, und er träumte.

Die Bilder ziehen vor seinen Augen rasch und etwas verworren vorüber. Sein Elternhaus sieht er nicht, denn der Krieg hat es dem Erdboden gleichgemacht; er sieht weder Vater noch Mutter, denn sie starben, als er noch ein Kind war, aber sonst sieht das Dorf aus, als hätte er es gestern verlassen: eine Reihe von Hütten mit Lichtern in den Fenstern, der Damm, die Mühle, die zwei einander gegenüberliegenden Teiche, aus denen die Froschchöre erschallen. Einst stand er in der Nacht mit seinem Pferd im Dorf Wache und lauschte auf feindliche Bewegungen. Jetzt taucht die Vergangenheit plötzlich aus einer Reihe anderer Traumbilder vor ihm auf. Er ist wieder Ulan und steht auf seinem Posten: Aus der Ferne schaut ihn das Wirtshaus mit seinen leuchtenden Augen an, es singt und klingt. Durch die nächtliche Stille dröhnen das Stampfen der Füße, die Klänge der Geigen und Bässe. «U-ha! U-ha!» Da schlagen die Ulanen mit ihren eisenbewehrten Absätzen Feuer, und er langweilt sich allein auf seinem Pferd! Die Stunden ziehen träge dahin, schließlich verlöschen die Lichter. Jetzt ist weit und breit nur Nebel, dichter Nebel. Der Dunst steigt von den Wiesen auf und hüllt die ganze Welt in eine weißliche Wolke. Man könnte meinen: ein Ozean. Es sind aber die Wiesen. Bald wird sich der Wachtelkönig vernehmen lassen und die Rohrdommel im Ried rufen. Die Nacht ist still und kühl – eine wahrhaft polnische Nacht! Entfernt rauscht ein dichter, alter Kiefernwald, obwohl es windstill ist, wie die

Brandung. In Kürze wird die Morgendämmerung den Osten erhellen; auch die Hähne krähen schon in den Höfen. Von Hütte zu Hütte gibt einer dem anderen den Ton an; gleichzeitig schreien die Kraniche aus der Höhe. Der Ulan fühlt sich frisch und munter. Er hat gehört, daß am anderen Tag eine Schlacht stattfinden wird. – Ha, da wird er eben gehen, wie die anderen gehen werden; mit wehenden Fahnen und viel Lärm. Sein junges Blut pocht ungestüm, obwohl ein kühler Nachtwind weht. Doch schon dämmert es! Die Nacht beginnt dem Morgen zu weichen; aus den Schatten tauchen Wälder auf, Büsche, eine Reihe von Hütten, die Mühle; die Schatten verwandeln sich in Pappeln. Die Pumpenschwengel knarren wie eine Blechfahne auf einem Turm. Wie herrlich ist doch die geliebte Heimat im rosigen Schein des Morgens! Ach, Einzige! Still! Der wachsame Posten hört jemanden nahen. Sicherlich kommt die Wachablösung...

Plötzlich ertönt eine Stimme über Skawiński: «He, Alter? Steht auf! Was ist mit Euch?»

Der Alte öffnet die Augen und schaut verwundert auf den vor ihm stehenden Mann. Die letzten Bilder kämpfen in seinem Kopfe mit der Wirklichkeit; schließlich verblassen und verschwinden die Traumbilder. Vor ihm steht Johns, der Hafenwächter.

«Was gibt's?» fragt er. «Seid Ihr krank?»

«Nein.»

«Ihr habt im Leuchtturm kein Feuer angezündet. Ihr fliegt aus dem Dienst. Das Boot von San Geromo ist auf eine Sandbank aufgelaufen. Zum

Glück ist niemand ertrunken, sonst würdet Ihr vor Gericht gestellt. Kommt mit mir, den Rest hört Ihr im Konsulat.»

Der Alte erblaßte. Er hatte tatsächlich vergessen, diese Nacht, das Feuer im Leuchtturm anzuzünden.

Ein paar Tage später wurde er an Deck des Schiffes gesehen, das von Aspinwall nach New York fuhr. Der Ärmste hatte seinen Posten verloren. Das unstete Wanderleben lag wieder vor ihm. Der Wind hatte das Blatt von neuem ergriffen, um es über Länder und Meere zu wehen, um nach Belieben sein grausames Spiel mit ihm zu treiben. Der Alte war in diesen wenigen Tagen zum Greis geworden; er war förmlich in sich zusammengesunken. Nur seine Augen hatten ihren früheren Glanz behalten.

Auf den neuen Lebensweg jedoch hatte er sein Buch mitgenommen, das er an seiner Brust trug und von Zeit zu Zeit an sich drückte, als hätte er Angst, daß auch dies ihm verlorengehen könnte.

PU SUNG-LIN
1640–1715

Der närrische Student

In der Stadt Peng lebte ein Mann namens Lang
Yü-tschu, dessen Vater Präfekt gewesen war. Da
dieser bei seinen Lebzeiten als ein unbestechlicher
Beamter seine Pflichten erfüllt hatte, konnte er
dem Sohne außer einer Sammlung von Büchern
nichts an Geldeswert zurücklassen. – Lang Yü-
tschu stand im Ruf, ein närrischer Mensch zu sein.
Seine große Armut zwang ihn, alles, was in seinem Besitze war, zu verkaufen. Doch vermochte
er es nicht, sich auch nur von einem einzigen der
ererbten Bücher zu trennen. Sein Vater hatte vor
Jahren eine Abhandlung abgeschrieben, die «Aufforderung zum Lernen» betitelt war. Diese war
Lang Yü-tschu besonders wert. Er klebte sie zu
seiten seines Sitzes fest und las täglich mit lauter
Stimme die Verse:

> «Was brauchst du Felder anzukaufen?
> Im Buch sind tausend Schüsseln Reis.
> Was magst du dir Paläste bauen?
> Im Buch harrt dein ein goldnes Haus.
> Bist um den Aufzug du bekümmert?
> Im Buch sind Wagen, prachtgeschirrt.
> Vermittler solln die Braut dir suchen?
> Im Buch schläft Edelstein-Gesicht.

Willst du das höchste Ziel erreichen,
Tauch nieder auf der Bücher Grund.»

Er hüllte das Buch, um es zu schonen, sorglich in
weiße Gaze ein. Seine Absicht war aber keineswegs, durch sein Studium Reichtum und Ehre zu
erreichen, vielmehr glaubte er in den Büchern
wahrhaftig goldene Reiskörner zu finden. So las
er fleißig Tag und Nacht, bei Kälte und bei Hitze,
ohne sich je eine Unterbrechung zu gönnen. Als
er sein zwanzigstes Jahr vollendet hatte, dachte
er nicht daran, sich nach einer Frau umzusehen,
vielmehr hoffte er, die Schöne würde ihm eines
Tages aus den Büchern entgegentreten. Suchten
ihn Verwandte oder Gäste auf, so war er um
ihre Unterhaltung nicht bemüht. Man hörte seine
Stimme unbeirrt weiterlesen. So ging der ver-
nachlässigte Besucher bald davon.

Eines Tags wurde Lang, als er las, das Buch
von einem starken Winde weggeweht. Nachlau-
fend, um es zu erhaschen, geriet er mit dem Fuße
in ein Erdloch, das er nicht gewahrt hatte, weil es
mit verfaultem Gras bedeckt war. Er untersuchte
die Höhlung, grub und fand am Grunde einen
Krug voll Reis, den vorzeiten Menschen hier verborgen hatten. Obgleich der Reis vermodert und
ungenießbar war, vertraute Lang Yü-tschu doch
unentwegt der Wahrheit der Worte, die von den
«tausend Schüsseln» reden, und las immer eifri-
ger.

Ein andermal stieg er auf das Bücherbrett und
fand dort, unter Büchern verborgen, einen fuß-
großen, goldenen Wagen. Erfreut meinte er, dies

sei wieder eine Erfüllung der Verse. Allein es erwies sich, als er den Wagen anderen Leuten zur Untersuchung vorzeigte, daß er nur vergoldet war. Lang war nun sehr verstimmt darüber, daß die Weisheit der Bücher ihn so betrogen habe. Indes riet ihm bald darauf jemand, den Wagen einem Kollegen seines verstorbenen Vaters, einem hohen Beamten, Schih-Tao mit Namen, zu schenken, damit dieser, der ein frommer Buddhist war, ihn als Ständer für ein Buddhabild gebrauche. Schih-Tao erwiderte das Geschenk erfreut durch eine Gabe von hundert Taels in Gold. Lang war glücklich und wähnte die Verse vom «goldenen Haus» nun doch erfüllt. Er zählte jetzt schon dreißig Jahre, und man riet ihm, sich zu vermählen. Er aber sprach: «Wie soll ich besorgt sein, ein schönes Weib zu finden? Im Buche selber ist mir das ‹Edelstein-Gesicht› verborgen.» Zwei weitere Jahre brachte er lesend hin, und es kam zu keiner Erfüllung. So wurde er zum Gespött der Leute. Zu jener Zeit ging unter den Menschen ein Gerücht um, das Sternbild der Weberin* sei von seinem Platz am Firmament entschwunden. Ein Spaßvogel neckte Lang, indem er sagte: «Gewiß ist die himmlische Weberin deinetwegen entflohen!» Lang beachtete den Scherz nicht.

Eines Abends las er den achten Band des Buches Han. Als er ihn etwa zur Hälfte gelesen

---

* Die «Weberin», ein Stern im Sternbild der Lyra, an dessen alljährlichen Durchgang durch die Milchstraße sich eine berühmte Sage knüpft, welche die Trennung der Weberin, die sich in eine Fee verwandelte, von ihrem geliebten Kuhhirten erzählt.

hatte, fand er zwischen den Blättern, aus Gaze geschnitten, das Bild einer schönen Frau. Überrascht sagte er: «Im Buche ist das ‹Edelstein-Gesicht›. So also sollten diese Worte sich erfüllen!» Er war voll Trauer und gab seine Hoffnung verloren. Indes besah er das kleine Bild genauer und fand die Brauen und Augen wie lebendig. Auf der Rückseite des Bildes bemerkte er mit Verwunderung die Spur der Zeichen «Die Weberin». Er legte das Bild nun jeden Tag auf sein Buch, und unaufhörlich es ansehend, vergaß er Schlaf und Essen. Einmal aber richtete sich die kleine Gestalt unter seinen Augen halb auf, und sitzend lächelte sie ihm zu. Lang verbeugte sich vor ihr zur Erde. Als er sich erhob, war die Gestalt schon einen Fuß hoch. Tief verwundert verneigte er sich da aufs neue. Die Gestalt stieg vom Tische herab. Sie war von unvergleichlicher Schönheit. Er fragte sie, welche Göttin sie sei. Sie sprach: «Mein Familienname lautet Hsien (Antlitz) und mein Vorname Ruyü (Edelstein). Seit langem kennen Sie mich, und täglich haben Sie mich erwartet. Käme ich nicht zu Ihnen, in tausend Jahren wohl fände ich keinen, der den Alten so festen Glauben schenkt wie Sie.»

Von da an blieb sie bei ihm. Trotz seiner großen Liebe zu ihr ließ er sie unberührt. Wenn er las, saß sie an seiner Seite. Oftmals riet sie ihm, nicht mehr zu studieren. Er aber gab ihr kein Gehör. Da sprach sie einmal: «Gerade Ihr Studium ist die Ursache, daß Sie nicht zu Erfolg gelangen. Lesen Sie das Frühlings- und Herbstregister, ob Sie unter denen, die das Examen bestanden haben, welche finden, die das Studium auf solche Art betrieben haben wie Sie! Wenn Sie mir nicht gehorchen, werde ich Sie verlassen.» Für kurze Zeit tat er, wie sie ihn geheißen hatte; dann aber, ihre Drohung vergessend, begann er wieder zu lesen. Nach wenigen Minuten aber vermißte er sie und konnte sie nirgends finden. Betrübt kniete er nieder und rief sie an. Aber keine Spur war von ihr zu gewahren. Da gedachte er des Ortes, an dem sie sich einst verborgen gehalten hatte. Er ergriff das Buch Han und blätterte es sorgfältig durch. In der Tat fand er das Bild aus Gaze an der alten Stelle. Er rief sie an. Sie verharrte unbeweglich... Er beugte sich zur Erde unter drängenden Bitten. Da trat sie vom Tische herunter und sagte: «Sollten Sie noch einmal nicht auf mich hören, müßte ich Sie auf ewig verlassen.» Sie schaffte ein Schachbrett und Musikinstrumente herbei. Nun spielten sie täglich Schach, obgleich es Lang ohne Lust tat.

Wenn sie ihn eine Weile allein ließ, begann er sogleich heimlich zu lesen. Damit sie es aber nicht gewahren sollte, verbarg er den achten Band des Buches Han unter den andern Büchern. Einmal überraschte sie ihn. Er versuchte das Buch, in dem er gelesen hatte, unbemerkt zur Seite zu bringen, doch schon war sie verschwunden. Mit bangem Herzen suchte er sie an der gewohnten Stelle, doch fand er sie nicht. Nach einigen Tagen aber entdeckte er sie wieder im achten Bande des Buches Han. Er flehte sie an, wieder zu ihm zu kommen, und schwor, nicht wieder zu studieren. Da stieg sie herunter und spielte mit ihm Schach. «Wenn Sie in drei Tagen nicht gelernt haben,

besser zu spielen, werde ich gehen!» sagte sie. Er
wendete Mühe an das Spiel, und am dritten Tage
schon gewann er ihr zwei Figuren ab. Sie war
voller Freude und reichte ihm ein Musikinstru-
ment. Nun gab sie ihm fünf Tage Frist, ein Lied
zu üben. Da hatte er vollauf zu tun und konnte
Hände und Augen nicht von der Arbeit wenden.
Nach einiger Zeit konnte er gut spielen. Nun
brachten sie ihre Tage damit hin, um die Wette zu
trinken. Bei diesem Leben vergaß er sein Studium. Auch trieb sie ihn an, auszugehen und Um-
gang zu suchen, und so kam Lang in den Ruf eines
geselligen Menschen. Sie pflegte jetzt zu ihm zu
sagen: «Nun können Sie sich wohl in die Welt
wagen und die Beamtenlaufbahn ergreifen!»

Eines Nachts sprach Lang zu seiner Gefährtin:
«Es heißt, wenn Mann und Frau zusammenleben,
so werden Kinder geboren. Nun bin ich mit Ihnen
schon so lange zusammen, wie kommt es, daß wir
kinderlos bleiben?» Sie sagte lächelnd: «Habe ich
Ihnen nicht gesagt, daß es ganz nutzlos ist, wenn
Sie so studieren? Nun haben Sie wahrhaftig nicht
einmal das Kapitel ‹Mann und Frau› begriffen.
Kissen und Matte, diese beiden Worte meinen
Arbeit!» Verwundert fragte er, welche Arbeit das
sei. Sie lächelte und schwieg. Als er aber dann ihre
Belehrung empfangen hatte, freute er sich über
alle Maßen. Er sagte: «Ich wußte nicht, daß es eine
Freude gibt, die so tief und unaussprechlich ist.»
Er sprach zu jedem, dem er begegnete, darüber,
und alle lachten über ihn. Sie hörte davon und
verwies es ihm, indem sie sagte: «Über heimliches
Wesen spricht man nicht.» Doch er erwiderte:

«Das Glück dieses himmlischen Zusammenseins kennt doch jeder Mann, was ist da zu verheimlichen?»

Nach neun Monaten gebar sie einen Sohn, für dessen Pflege sie eine alte Frau aufnahm. Eines Tags sagte sie zu Lang: «Nun lebe ich zwei Jahre mit dir und habe dir einen Sohn geboren. Ich kann dich jetzt verlassen. Bliebe ich noch länger, so gerietest du in Gefahr. Leicht käme die Reue zu spät!» Er weinte bei ihren Worten, neigte sich vor ihr und sagte: «Denkst du nicht an unser Kind?» Sie schwieg traurig eine lange Weile, ehe sie antwortete: «Es gibt für dich eine einzige Möglichkeit, mich aufzuhalten. Du mußt alle deine Bücher verbrennen.» Da sprach er: «Sind diese Bücher nicht mein Leben und deine Heimat? Wie kannst du so sprechen?»

Es ereignete sich jedoch bald darnach, daß Langs Verwandte die Schöne in seinem Hause sahen. Da sie nun wohl wußten, daß er sich niemals vermählt hatte, fragten sie ihn nach Namen und Herkunft der Frau aus. Lang schwieg, da er der Lüge unfähig war. Dies machte die Menschen mißtrauisch und brachte die Sache weit und breit ins Gerede. Schließlich erfuhr auch der Stadtmagistrat, Herr Schi, davon. Schi stammte aus Fu-kien, wo er in jungen Jahren das Doktorexamen bestanden hatte. Nun war er, da er von dieser seltsamen Sache vernommen hatte, neugierig geworden, die schöne Frau zu sehen. Er befahl, Lang und die Frau zu verhaften. Als sie aber von dem Befehl vernahm, verschwand sie spurlos. Der erzürnte Schi ließ Lang ins Gefängnis werfen und erklärte ihn seines Rangs für verlustig. Lang wurde mit Schlägen gefoltert, damit er den Aufenthalt der Verschwundenen verrate. Allein er schwieg trotzig. Auch die alte Kinderpflegerin wurde gezüchtigt, doch wußte sie nichts Wesentliches zu bekennen. Schi erklärte die Sache für eine Hexerei und begab sich zur Untersuchung der Umstände in Langs Haus. Er fand dort einen ganzen Raum angefüllt mit Büchern, die allzu zahlreich waren, als daß man sie hätte durchforschen können. So gab der Magistrat Befehl, alle zu verbrennen. Der Rauch stieg in dichten, undurchdringlichen Wolken auf.

Lang gewann seine Freiheit wieder. Ein Brief, den ein Schüler seines verstorbenen Vaters an die Behörden richtete, bewirkte, daß man ihn wieder in seinen Rang einsetzte. Noch in demselben Jahr bestand er das Herbstexamen, im darauffolgenden wurde er zum Tsin-schi promoviert.

Niemals vergaß er das Unrecht, das er erlitten hatte. Für Hsien-ruyü, die Entschwundene, erbaute er einen Sitz, vor dem er am Morgen und am Abend seine Andacht verrichtete.

SCHOLEM ALEJCHEM

1859–1916

Mein erster Roman

DAS ERSTE KAPITEL

Die erste Stelle und die Macht der Protektion

Wer je versucht hat, wie es schmeckt, wenn man mit leerem Magen bei einem winzigen Kerzenstümpfchen bis tief in die Nacht dasitzt und, in ein abgewetztes Pelzchen gehüllt, Grammatik büffelt: – Nominativ: bjelij swjeshij chljeb*, Genitiv: bjelowo swjeshewo chljeba; Dativ: bjelomu swjeshemu chljebu – und dabei, Gott behüte, Lust auf ein altbackenes Stück Schwarzbrot verspürt – und es ist keines da... wer weiß, was es heißt, auf einer harten Bank zu schlafen, die Faust als Kissen unter dem Kopf; und das Lämpchen qualmt, das Kind weint, und die Alte brummelt vor sich hin... wer das Gefühl kennt, wenn ein Absatz fehlt, eine Sohle sich nachschleppt und drückt, und man kann die Stiefel trotzdem nicht loswerden... wer es schon einmal probiert hat, seine Uhr ins Pfandhaus zu bringen, und der Pfandleiher will sie nicht nehmen, weil der Deckel nicht rein Silber ist und die Innereien keinen Vierer wert seien... wer es schon einmal erlebt hat,

---

* Russisch: frisches Weißbrot.

wenn ein guter Freund, den man um eine Gefäl-
ligkeit bittet, die Hand ohne Umstände in die
Tasche steckt, seinen Geldbeutel herauszieht und
schwört, daß er keinen Groschen hat... wer das
alles kennt und selbst erlebt hat, der wird vielleicht verstehen, wie mir zumute war, als ich eine
Stelle bekam – die erste Stelle in meinem Leben:
zwölf Rubel im Monat, mit Kost und Logis und
allem, was dazugehört!

Wie ich zu der Stelle gekommen bin, damit will
ich euch nicht bemühen, und ich glaube auch gar
nicht, daß ich verpflichtet bin, euch alles zu erzählen – daß ich einen Vetter habe, und der Vetter hat
eine Tante, und die Tante hat einen Bekannten,
und der Bekannte hat einen Verwandten, und der
Verwandte hat einen Schwager, ungebildet, aber
reich, der im Dorf wohnt und einen einzigen Sohn
hat, und für diesen sucht er einen Lehrer für Jiddisch, Russisch, Deutsch und Buchhaltung. Er
soll aus guter Familie sein und nicht viel kosten
– wie zugeschnitten für mich! Ich nahm meine
ganze Kraft zusammen und lief zum Vetter. Ich
bat den Vetter, er solle die Tante bitten, und die
Tante ihren Bekannten und der seinen Verwandten, damit dieser bei seinem reichen Schwager
bewirke, daß er mich nimmt und keinen anderen,
denn es gibt außer mir noch mehr solche Bürsch-
chen in Masepowka, welche Jiddisch, Russisch,
Deutsch und Buchhaltung können und auch bereit sind, für ein Stückchen Brot in die Welt hin-
auszureisen.

Es dauerte indes noch eine Weile, bis von meinem künftigen Arbeitgeber endlich die Zusage

kam, daß er mich anstellen wolle. Lange war er unentschlossen, ob er sich überhaupt einen Lehrer nehmen solle oder nicht, und wenn ja, ob mich oder einen anderen. Doch mit Gottes Hilfe entschloß er sich zum Lehrer, und seine Wahl fiel auf mich, weil bei ihm, wie er sagte, die Fachkenntnisse nur eine geringe Rolle spielten. Sachverständige liefen heutzutage wie rote Hunde herum, so drückte er sich aus. Das Wichtigste für ihn sei, daß der Lehrer aus einer guten Familie komme, und weil das bei mir der Fall sei, nehme er mich.

So äußerte sich mein neuer Prinzipal, aber ich fürchte, daß er sich getäuscht hat: Die übrigen Mitbewerber stammten ebenfalls aus guten Familien, nicht weniger als ich. Warum also? Die Verdienste meiner Ahnen oder Protektion?

Ja, groß und stark ist die Macht der Protektion! Wohl dem Menschen, der einen Vetter hat und der eine Tante, die einen Bekannten hat und dieser wiederum einen Verwandten mit einem reichen Schwager, der im Dorf wohnt und für seinen einzigen Sohn einen Lehrer für Jiddisch, Russisch, Deutsch und Buchhaltung sucht, der aus guter Familie stammt und nicht viel kostet...

DAS ZWEITE KAPITEL

*Mein Prinzipal wiegt mich mit seinen Angebereien
ein, und ich mache ein Nickerchen*

Wer war mein Brotherr? Was war er? Wie sah er aus? War er groß oder klein, dünn oder dick, blond oder schwarz? Ich glaube nicht, daß ihr das unbedingt wissen müßt, und seinen Namen zu kennen ist für euch auch nicht lebenswichtig. Es kann ja sein, daß er noch am Leben ist, da paßt es mir nicht, seinen Namen zu verraten. Ich erzähle euch lieber von unserem ersten Gespräch, als er mich gleich zu Beginn in seinen Wagen nötigte, eine vornehme Equipage mit zwei schönen Pferden. Dabei beehrte er mich mit einer Zigarre, der ersten Zigarre meines Lebens und der letzten zugleich, denn sie verleidete mir das Rauchen für immer.

«Sagt, junger Mann, fahrt Ihr heute zum ersten Mal aus der Stadt ins Dorf hinaus?» fragte er mich, indem er die graue Asche seiner schwarzen Zigarre betrachtete. «Sicherlich meint Ihr, junger Mann, daß unser Dorf Gott weiß was für ein Nest ist und daß wir Dorfjuden nicht wissen, wie man lebt? Euch wird vergönnt sein, junger Mann, das Landgut eines Dorfjuden zu besichtigen, Haus, Hof und Garten – ein Palast, ein Schloß! Gemächer und Zimmer, mindestens zwanzig, ich sag's Euch, ohne zu übertreiben, junger Mann. Was heißt da zwanzig? Mehr als dreißig! Ach, was brauche ich so viele Zimmer? Ich weiß es selbst nicht. Vielleicht für die Gäste... zu mir kommen öfters Gäste. Was sag' ich öfters? Jede Woche, jeden Tag! Es gibt überhaupt keinen Tag, an dem *nicht* Gäste kommen, und was für Gäste! Ein Gutsbesitzer, ein Polizeihauptmann, ein Kreiskommandant, ein Friedensrichter – mit ihnen allen stehe ich sehr gut. Soll ich so viele Broches*

* Hebräisch: «bracha» = Segen.

49

haben, wie Vierspänner an meiner Freitreppe vorfahren! Wenn ich frage: ‹Wer ist gekommen?›, sagt man mir: ‹Seine Durchlaucht, der Gouverneur in Person...› Da kann man doch nicht kleinlich sein, man muß ihn aufnehmen, wie es sich gehört, und ihm die größten Zimmer und den ganzen Garten abtreten. Und mein Garten – den *muß* man gesehen haben! Ein Wald, kein Garten! Meine Äpfel – meine Birnen – meine Pflaumen! Gibt's heuer auch Weintrauben? Alles gibt's bei mir, gelobt sei sein Name, und alles aus eigener Erde: süßen Likör aus meinen eigenen Weichselkirschen, Wein aus eigenen Trauben, eigene Rosinen und sogar Fische aus meinem eigenen Bach, und was für Fische: Karauschen und Karpfen, Schleien und Brachsen – solche Brachsen!» Dabei spreizt er die Arme weit auseinander, und ich rücke zur Seite, um ihn mit seinen «Brachsen» durchzulassen...

Er hört nicht auf zu prahlen, und ich lausche aufmerksam und verschlinge seine Worte. Die Kutsche schaukelt wie eine Wiege, die Pferde wedeln mit den Schwänzen und traben, traben ohne Unterlaß – und ich, ob vom sanften Schaukeln des weichen Wagens, ob vom Wedeln der Pferdeschwänze oder von den Prahlereien des Prinzipals – ich kann es nicht genau sagen, jedenfalls schlafe ich unmerklich ein... Es ist eine schöne, warme Sommernacht, ein sachtes Windchen stiehlt sich ins Innere der Kalesche und streichelt mein Gesicht wie mit Samthänden. Im Einschlafen höre ich noch, wie mein Nachbar genüßlich schnarcht.

Als wir an Ort und Stelle ankamen, war die

Sonne schon ein gutes Stück am Himmel empor-
gestiegen. Rein war sie in ihrer Schönheit und
leuchtete klar und lebendig, als ob sie mir freundlich zulächelte, um mir am neuen Arbeitsplatz
einen schönen, breiten «guten Morgen» zu wünschen.

DAS DRITTE KAPITEL

*Ein Lügenkatalog, ein kalter Blick und
eine warme Empfehlung*

Es gibt mancherlei Arten von Lügnern auf der
Welt. Man findet Lügner, die keiner zum Lügen
zwingt, niemand tritt ihnen auf die Zunge, einfach
so – sie haben ein Maul, und das redet.

Bei diesen Lügnern lassen sich dreierlei Sor-
ten unterscheiden – die Vergangenheitslügner, die
Gegenwartslügner und die Zukunftslügner. Der
Vergangenheitslügner wird euch nur Ammenmär-
chen auftischen, die weder Hand noch Fuß haben,
er wird euch schwören, daß er überall «selbst
dabei» gewesen ist – geht, versucht das Gegenteil
zu beweisen, sucht Zeugen dafür, setzt ihm zu ...!
Der Gegenwartslügner ist eigentlich gar kein
Lügner, sondern ein Aufschneider. Er wird euch
erzählen, was er alles hat, weiß und kann – geht,
legt euch mit ihm an ...! Der Zukunftslügner
endlich – das ist ganz einfach ein guter Mensch,
der euch goldene Berge verspricht: Er wird für
euch laufen, reden und alles tun, und ihr müßt
ihm vertrauen auf Treu und Glauben! Diese drei
Arten wissen zwar, daß sie lügen, doch bilden sie
sich ein, daß man ihnen glaubt.

Es gibt aber noch eine andere Klasse von Lügnern, die ihr Geflunker für wahr halten und überzeugt sind, daß auch die anderen das tun, was ihnen große Freude bereitet. Es sind Menschen, die in einer Einbildungswelt leben und tagträumen. Man kann sagen, sie sind eine Art Dichter, die sich immer neue Geschichten ausdenken und im nächsten Augenblick vergessen, was sie erzählt haben. Ihre Einbildungskraft bringt jedesmal frische Gedanken und nagelneue Ideen hervor.

Und genau zu dieser Art von Lügnern gehörte mein Arbeitgeber. Ihr habt sicher schon begriffen, daß sich das «Schloß» als ein ganz gewöhnlicher Bauernhof herausstellte und der «Palast» als ein mittleres Haus mit viel weniger als dreißig «Gemächern und Zimmern». Der «Wald» war nur ein ganz normaler Garten. Anstelle von Weintrauben wuchsen grüne Stachelbeeren, statt Wein gab es den üblichen Apfelkwaß, und für die gewaltigen Brachsen mußten winzige Hechtchen einspringen, die nicht etwa aus dem Bach kamen, sondern vom Fischmarkt.

Eine dicke Frau lief uns mit einem Schlüsselbund entgegen und warf einen kalten Blick auf mich, der mir nicht eben angenehm war. Er bedeutete wohl: «Was für ein Tölpel ist denn das?» Mein Brotherr hatte den Blick auch bemerkt und rechtfertigte sich mit einem verlegenen Grinsen: «Ich habe da den neuen Lehrer für das Kind mitgebracht.»

«Das Kind schläft noch», entgegnete sie ihm und schenkte mir einen zweiten Blick, von einer Kälte, die einem die Gedärme einfrieren konnte.

Zum Glück ließ uns der Prinzipal einen Imbiß bereitstellen und nötigte mich neben sich zu Tisch. Bis man den Samowar hereinbrachte, erzählte er mir in wenigen Minuten, was sein Sohn könne, wie gut er lerne und wie schön er schreibe.

«Er ist berühmt für sein Schreiben! Die ganze Welt trägt seine Briefe herum! Er kann Deutsch wie seine Muttersprache, und auch Französisch spricht er schon!»

Die Hausherrin mit den Schlüsseln deckte den Tisch mit Käse und Butter, saurem Rahm, Milch, Honig und anderen leckeren Dingen, und es wäre gar nicht so übel gewesen, hätte sie sich nicht mir gegenüber gesetzt und mich mit ihren «süßen» Blicken durchbohrt. Meinem Vorgesetzten blieb es auch diesmal nicht verborgen, und er zählte ihr hurtig meine Vorzüge auf: wer ich sei und was ich könne. Ich spürte, wie mein Gesicht sich rötete, die Augen glühten und der Kopf samt den Haaren brannte. Wenn man der lauten Anpreisung meines Prinzipals Glauben schenken wollte, bin ich ein Urenkel des Balschem*, stamme von lauter Rabbinern ab, komme aus einer vornehmen und steinreichen Familie und weiß mehr als jeder Student, Doktor oder Professor, ja mehr als drei Professoren zusammen...

Ob sie diese Lobhudeleien geglaubt hat, weiß ich nicht, aber mich dünkte, daß ihr kalter, harter Blick ein bißchen wärmer und weicher wurde.

---

* Rabbi Israel ben Elieser (1700–1760), Stifter der ostjüdischen Sekte der Chassidim.

53

Das «Kind» frißt für drei Soldaten, und
der Lehrer stirbt vor Hunger

Das «Kind» war ein großer, dicker, gesunder,
blonder, schöner, lebhafter und fröhlicher Bursche mit rosa Backen, keck aufgeworfenen Lippen, einer hohen weißen Stirne, mit gutmütigen
grauen Augen und fleischigen, blanken Händen,
die wie Pantoffeln aussahen. Drei Dinge liebte er:
Essen, Schlafen und Lachen, am meisten aber das
Essen, und gegessen wurde dort von früh bis spät.
Außer mit Tee und Kaffee, Zwischengerichten,
Vorspeisen, warmem Mittagessen und Nachtmahl
überhäufte die Mutter das «Kind» unaufhörlich
mit allerlei Schleckereien: eine Tasse Schokolade,
eine Brezel, ein Krapfen, ein Lebkuchen, ein bißchen Eingemachtes, oftmals eine Hühnerleber, ein
ganzer Geflügelmagen oder einfach nur ein Stück
Weißbrot, damit ihr Liebling nicht in Ohnmacht
falle. Und der Lehrer mußte das mit ansehen,
seinen Speichel herunterschlingen und den Hunger mit Kautabak betäuben.

Am Anfang, bevor er sich mit dem Schüler
geeinigt hatte, litt der Lehrer regelrecht Hunger.
Die Mutter des Schülers, die Herrin des Hauses
mit dem Schlüsselbund, hätte ihm lieber Schläge
als Essen gegeben. Im Haus gab's zwar genug
Eßbares und Milch zum Trinken, aber alles war
verschlossen. Manchmal pflegte sich der Hausherr
einzumischen, man solle dem Lehrer zu essen geben, worauf sein Weib stets mit den Schlüsseln
klapperte – ein Zeichen der Wut bei ihr – und

sagte: «Was soll das heißen? Man gibt ihm dreimal täglich zu essen.»

Das war aber eine große Lüge! Nicht ein einziges Mal bekam ich zu essen, von dreimal ganz zu schweigen. Wie oft bemerkte ich von weitem, daß man gute Fleischstücke wegwarf und Milchkrüge ausgoß – zu einer Zeit, als ich fast verging vor Lust nach einem Bissen Brot! Die Tage, an denen der Prinzipal nicht zu Hause war, konnte ich vor Hunger kaum überleben. Glücklicherweise gelang es mir jedoch noch rechtzeitig, mich mit meinem Schüler anzufreunden.

DAS FÜNFTE KAPITEL

Lehrer und Schüler spielen Karten miteinander
und machen sich einen guten Tag

«Wenn Ihr Wert darauf legt, Eure Stelle zu behalten, und wir Freunde werden wollen –», sprach eines Morgens das «Kind» zu mir, während wir allein in unserem Studierzimmer saßen, dessen Fenster in den Garten hinausgingen, «– also, wenn wir Freunde sein sollen und Ihr nicht kündigen wollt, müßt Ihr die ganzen Bücher und Schmöker unter den Tisch schmeißen, und wir werden zusammen ‹Dame› oder ‹Sechsundsechzig› spielen. Wir können uns auch aufs Bett legen, mit dem Gesicht nach oben, und zur Decke hinaufspukken.»

Und ohne viel Federlesens schleudert mein Schüler seine Bücher unter den Tisch, wirft sich aufs Bett, mit dem Gesicht nach oben, und spuckt durch die Zähne, und zwar so gekonnt und geschickt, daß er sofort die Decke trifft. Wir schütten uns aus vor Lachen.

Von da an begannen wir ein Leben zu führen «wie Gott in Odessa». Der Schüler unterrichtete den Lehrer in «Dame» und «Sechsundsechzig» – ich muß gestehen, daß ich damals keine Karte von der anderen unterscheiden konnte, doch je mehr ich mit dem Spiel vertraut wurde, desto inniger begann ich es zu lieben. Der Lehrer spielte Karten mit dem Schüler, warf die Bücher unter den Tisch, maß sich mit ihm in «Dame» und «Sechsundsechzig», spuckte, auf dem Rücken liegend, zur Decke empor oder naschte mit ihm von all den guten Sachen und fütterte sich ganz schön heraus dabei. Ein paar Monate später erhaschte er im Vorbeigehen sein Spiegelbild, sah ein Paar fette Backen und erkannte sich selbst kaum wieder...

In unser Studierzimmer kam niemand außer uns und dem Dienstmädchen, das uns zu essen brachte. Mein Prinzipal war selten zu Hause, und die Herrin mit den Schlüsseln hatte Tag und Nacht mit ihren Milchwaren und Krügen zu tun und steckte ihre Nase nie zu uns herein. Wir lebten wirklich frank und frei in den Tag hinein, unbeschwert von jeder Rücksichtnahme auf Mensch und Ding – es war das reinste Paradies! Nur einmal wandte sich der Hausherr an mich: «Nun, wie lernt er?»

«Ausgezeichnet!» sagte ich und verzog keine Miene dabei.

«Ja? Was hab' ich Euch gesagt?» triumphierte

er, und ich wunderte mich, daß ich ihm gerade in die Augen sehen konnte.

In diesem Haus, wo einer dem anderen etwas vormachte, wo jeder log und betrog, wo die Verleumdung über allem hing und die Unwahrheit in der Luft schwebte – in diesem Haus konnte man lügen lernen.

DAS SECHSTE KAPITEL

Die ersten Liebesbriefe von Braut und Bräutigam,
das erste Feuer entbrennt

Eine Arbeit gab es trotzdem bei uns: Post empfangen und Briefe beantworten. Und Briefe erhielten wir fast jeden Tag. Ich sage «wir», weil wir sie gemeinsam beantworten mußten. Die Briefe waren an meinen Schüler gerichtet und kamen von seiner «vielgeliebten» Braut, die er, wie er mir selbst gestand, gar nicht so gern hatte.

Anfangs kamen die Briefe nicht so häufig, ein- oder zweimal in vierzehn Tagen, doch mein Auftauchen erleichterte dem Schüler das Schreiben, und so flogen die Briefe öfters hin und her.

«Da, lest und antwortet ihr! Was zerhackt sie mir den Kopf!» regte sich mein Schüler auf und warf mir den Brief seiner vielgeliebten Braut vor die Nase.

Ich überflog ihn, und es gefiel mir, was sie schrieb:

Mein lieber, teurer Bräutigam!

Wisse, daß Deine Grüße mich schon langweilen. Einer gleicht dem anderen wie Zwillinge aus einem Mutterleib oder wie zwei Wassertropfen aus ein und demselben Bach. Ich möchte etwas Neues von Dir hören, ein frisches Wort, das mir das Herz erwärmt und die Seele erhellt! Zu kalt ist das Herz, zu dunkel die Seele!

Von mir, Deiner treuen Braut...

Ich brauchte nicht lange zu überlegen und antwortete für meinen Schüler mit diesen Worten:

Meine liebe, treue Braut!

Du schreibst mir, meine Worte glichen einander wie Zwillinge aus einem Mutterleib. Wie kann es denn anders sein, da sie aus ein und demselben Gefühl geboren sind? Du sagst, sie seien wie zwei Wassertropfen aus demselben Bach. Wie könnte es anders sein, da sie doch *einer* Quelle und *einem* Herzen entspringen? Du forderst ein frisches Wort von mir – gibt es ein frischeres Wort als «Liebe»? Erhellt sich Deine Seele etwa nicht, wenn ich an Dich denke, teure Braut?

Von mir, Deinem treuen Bräutigam...

Nicht lange darauf kam folgende Antwort:

Lieber, teurer Bräutigam!

Deine süßen Worte haben mich diesmal erfrischt und erwärmt, und es wurde mir hell in allen Winkelchen. Ich möchte schwören, daß ich eine neue Art von Gesang vernommen habe, eine Paradiesmelodie von einer teuren, einer leuchtenden Seele. Es war, als ob mir eine neue Haut geschenkt würde, als ob mir Flügel wüchsen, mit denen ich in der Luft schwebe. Eine ganze Engels-

58

kapelle fliegt mir entgegen, begrüßt mich und
bringt mir das Herz meines lieben, teuren, süßen
Bräutigams, der so schöne Worte schreibt, daß
mein Herz und meine Seele ihm völlig, völlig
ergeben sind, von jetzt an in alle Ewigkeit!

Von mir, Deiner Dich liebenden
und ewiglich treuen Braut...

Meine liebe, süße, teure und getreue Seele!
Nein, Du hast Dich nicht getäuscht, meine
teure Braut! Das waren keine gewöhnlichen, kalten Worte, sondern Gefühle, die von einem Herzen in das andere strömen, Fäden, die eine Seele
mit der anderen verbinden und auf ewig verknüp-
fen. Und die gleiche Engelskapelle, die Dir meinen Gruß überbracht hat, beglückte mich mit
einem noch viel freundlicheren Gruß von Dir,
und mit der gleichen Engelskapelle schicke ich
Dir jetzt, mein teures Herz, einen heißen Kuß
– einen heiligen Kuß von Deinem Freund, der
Deine lichte Gestalt für immer und ewig in seinem Herzen trägt in Wirklichkeit und im Traum.

Von mir, Deinem glühend
verliebten Bräutigam...

DAS SIEBTE KAPITEL

Material für einen neuen Briefsteller

Ein Funke verfliegt sich zufällig von Gott weiß
woher und fällt auf ein Strohdach, das Feuer
fängt. Der Wind bläst hinein, und ein höllischer
Brand entsteht, eine Feuersbrunst!

Die ersten Briefchen waren wie der anfängliche Funke, der, angeblasen, sich erhitzte und sich zu einem Höllenfeuer entflammte. Immer heißer und heißer wurden die Briefchen, das Feuer brannte stärker und stärker. In meinem Herzen brach ein schrecklicher, verzehrender Brand aus, der meinen ganzen Körper erfaßte, meine Nerven entzündete, mein Blut zum Sieden brachte und mich krank machte. Ich war kein Mensch mehr und verlor sogar den Appetit. Ich schlief kaum mehr und lief wie abwesend umher. Meine Seele lag dort, in den Briefen, die mein einziger Trost und meine ganze Freude waren. Kam ein Brief, war für mich ein Festtag angebrochen. Ich öffnete den Brief, las ihn in einem Zug durch und beantwortete ihn sofort. Mein Schüler brauchte ihn nur noch abzuschreiben, und ich mußte ihn dazu noch antreiben ...

Wieviel Herzblut hat es mich gekostet, meinen Schmerz zu verstecken und im Innersten meiner Seele zu bewahren! In meinem Kämmerlein mußte ich oft den Kopf im Kissen begraben und mich still ausweinen – dann aufstehen, ein fröhliches Gesicht machen und mich mit meinem lieben Schüler an die Arbeit setzen, das heißt «Dame» oder «Sechsundsechzig» spielen.

Es war noch ein Glück, daß niemand aus meinem Gesicht ersah, wie ich zuckte und langsam ausging wie ein flackerndes Kerzenlicht. Ein Glück auch, daß mein Schüler mich nicht so genau unter die Lupe nahm, sonst hätte er es bestimmt gemerkt. Wenn ich mir vorstelle, was für einen Eindruck es auf ihn gemacht hätte: Ich be-

decke die Briefe seiner Braut mit Küssen...! Und
wie sollte man solche Briefe nicht küssen?

Lest selbst, was sie mir schreibt:

Mein Engel, meine Seele, mein Trost!
Ich muß Dir die Wahrheit sagen, mein Teurer,
und Dir gestehen, daß ich Dich bis heute nicht
gekannt habe. Ich hätte nie gedacht, daß ich in Dir
einen solchen Quell von höchsten Gefühlen, er-
habensten Gedanken, tiefstem Verstand und einen
solchen Wissensschatz finden würde! Aus Deinen
klugen Worten erkenne ich, wie belesen Du bist,
wie umfassend Deine Bildung ist.
Ich wundere mich, daß ich das nicht früher
bemerkt habe. Das beweist mir nur Deine Naivität und Einfachheit, was Dich in meinen Augen
noch liebenswerter als bisher macht. Sollte ich
mich nicht glücklich schätzen, daß meine Wahl
auf einen Menschen gefallen ist, in dem die besten
Vorzüge vereint sind: Schönheit, Klugheit, Bildung, Treuherzigkeit und Güte? Deine Güte zeigt
sich allenthalben in Deinen ebenso weisen wie
süßen Worten. Du beschenkst mich mit den lieben Briefen von Deiner gütigen Hand. Ich danke
Dir tausendmal und bitte Dich, mich auch in Zukunft nie zu vergessen.
Deine treue, Dich ewig liebende Braut...

Darauf antwortete ich ein bißchen verschlüsselt:

Meine Teure, Liebe, meine Kluge und Schöne!
Du hast mich nicht gekannt, weil Du mich
nicht gesehen hast, denn der, den Du gesehen

hast, war nicht ich, sondern ein Abglanz von mir. Stell Dir vor, daß wir uns noch gar nicht kennen, daß wir uns noch nie begegnet sind und soeben geboren wurden. Ach, wie glücklich sind wir, daß wir die Welt nicht kennen, die falsche, bittere Welt mit ihren falschen, bitteren Menschen.

Von mir, Deinem sterblich verliebten Bräutigam...

Und ich erhielt von ihr folgende Antwort:

Mein Lieber, Teurer, mein Engel von Gott!
Der süße Brief, den ich von Dir erhalten habe, ist für mich ein Buch mit sieben Siegeln, ein Rätsel. Du schreibst so geheimnisvoll, daß ich mir lang den Kopf zerbrechen mußte, um Dich zu verstehen, doch scheint mir – ich wage es zu sagen –, daß ich Dich jetzt begriffen habe. Nach Deinen Worten sollten wir uns glücklich schätzen, daß wir die falsche, bittere Welt mit ihren falschen, bitteren Menschen noch nicht kennen – ein Zeichen dafür, daß ich wirklich unglücklich bin, denn ich kenne gerade die falsche, bittere Welt mit ihren falschen, bitteren Menschen! Wie süß ist der Gedanke für mich, daß es wenigstens *einen* anständigen, feinen, wahrhaftigen, klugen und guten Menschen gibt, und dieser eine bist Du, mein mir Zugedachter und Bescherter!
Bleib gesund, mein Teurer, schreib mir, was Du zur Zeit liest und was Du mir zum Lesen empfehlen kannst. Ich drücke Dir die Hand, in großer Liebe, und bin auf ewig

Deine treue, treue Braut...

Ich erwiderte ihr mit diesen Worten:

Mein Leben, meine Seele, mein Paradies!

Wenn Du Dich schon über mich wunderst, was für eine Überraschung, was für ein Rätsel mußt Du erst für mich sein? Ich konnte mir nie vorstellen, nicht einmal im Traum, daß ich solche Briefe von Dir erhalten würde. Aus den hebräischen Brocken, die Du jeweils dazwischenstreust, ersehe ich, daß Dir unsere heilige Sprache nicht fremd ist, und allein schon deshalb achte ich Dich so hoch, daß ich kaum wage, Deinen Namen auszusprechen, weil ich Deiner nicht wert bin. Mein Blick fällt auf Dein Porträt, und ich sage mir: «Das ist sie, die echte jüdische Tochter, mein Ideal, für das ich zu jeder Stunde bereit bin, mein Leben zu opfern!»

Du fragst mich, was Du lesen sollst? Ich schicke Dir hier eine ganze Liste der besten russischen und ausländischen Klassiker wie Gogol, Turgenjew, Tolstoi, Dostojewski, Puschkin, Lermontow – Shakespeare, Goethe, Schiller, Heine, Börne. Ich bin sicher, daß Du an ihnen Freude haben wirst. Antworte mir bald, denn jeder Tag, der mir einen Brief von Dir beschert, wird für mich zum Fest. Leb wohl, meine Teure! Dies wünscht Dir von ganzem Herzen

Dein Dich liebender und Dir ergebener
Bräutigam...

Und ihre Antwort auf diesen Brief:

Meine Krone, mein Schatz,
mein Trost, mein Herz!

Ich verstehe nicht, warum Du so staunst über
die paar hebräischen Wörter, die Du in meinen
Briefen gefunden hast. Hebräisch ist doch unsere
Nationalsprache, und die Bibel ist unser einziges
Volksgut, unser ganzes Vermögen! Hat eine jüdische Tochter etwa Anspruch auf Dank, weil sie
sich um jüdische Dinge kümmert? Schämen sollte
sie sich, wenn sie nicht wenigstens einige Lieder
von Jehuda-Halevi* auswendig kann. Es ist eine
Schmach und eine Schande für uns alle, wenn ein
jüdisches Mädchen, das das Gymnasium absol-
viert hat, nicht weiß, wer Mapu, Levinson, Smo-
lenskin, Gordon** und unsere eigenen Klassiker
sind ...! Für Deine Liste danke ich Dir vielmals.
Es tut mir leid, aber die Klassiker, die Du da
aufzählst, habe ich alle längst durchgelesen, zusammen mit anderen berühmten Schriftstellern
und Dichtern, wie zum Beispiel Byron, Swift,
Cervantes, Dickens, Thackeray, Shelley, Balzac,
Daudet, Hugo, Sienkiewicz, die Orzeszkowa und
noch viele andere. Ich wollte eigentlich etwas
Neues, etwas Modernes zum Lesen, und keinen
Roman, sondern ein ernstes Wort.

Bleib gesund, mein Lieber, Süßer, und über-

---

* Schöpfer hebräischer Lieder, Dichter und Religionsphi-
losoph (Córdoba 1080–1145).
** Hebräisch schreibende Autoren des 19. Jahrhunderts, die
einen spezifisch jüdischen Nationalismus vertraten.

schätze mich nicht – zuviel ist zuviel. Ich bin eine ganz gewöhnliche jüdische Tochter, die Dir mit Leib und Seele ergeben ist.

Deine treue Braut...

Und darauf erwiderte ich:

Aber vielleicht sind es jetzt schon genug Briefe, vom Bräutigam wie von der Braut? Ich fürchte, daß das kein Roman, sondern ein Liebesbriefsteller wird. Doch eine Sache muß ich noch sagen: Diese Briefe liegen bis zum heutigen Tage im hintersten Winkel meiner Tischschublade, kein Sterblicher hat sie je gesehen. Sie sind mir teuer wie ehrwürdige, alte Schriften, stille Zeugen meiner ersten Freuden und Leiden. Es sind die vertrockneten und verblaßten Blumen auf dem Grab meiner ersten Liebe, meines ersten Romans.

DAS ACHTE KAPITEL

Ich bade mich in Lügen und fiebere
wie ein Kranker

Ist der Mensch verliebt, sieht man es ihm an Gesicht und Nase an. Man muß ihn nur aufmerksam beobachten: wie seine Augen umherschweifen, wie er seltsam lächelt, falsche Antworten gibt, sich jeden Augenblick im Spiegel betrachtet, jeden Tag seine Halsbinde wechselt; und wenn er geht, tanzt er und ist mit der ganzen Welt befreundet – schämte er sich nicht vor den Leuten, würde er den Kaminfeger abküssen...

Da war aber niemand, der mich beobachtet hätte. Mein Schüler fragte mich zwar ein paarmal beim Damespiel, warum ich so zerstreut sei und meine eigenen Steine schlüge. Ich wunderte mich und fragte: «Was für Steine?» Und der Prinzipal machte bei Tisch einmal eine Bemerkung, daß ich schlecht aussähe, worauf ihn die Hausherrin mit den Schlüsseln – mit geheucheltem Mitleid und geheimer Freude – aufklärte, daß der Lehrer schon seit einiger Zeit nichts mehr esse...

«Was ist los?» fragte mein Brotherr und antwortete gleich an meiner Stelle: «Das kommt von zuviel Arbeit, zuviel Lernen. Den ganzen Tag sperrt ihr euch ein, ihr zwei, sitzt und lernt. Geht doch einmal hinaus!»

«Wann haben wir Zeit hinauszugehen, wo es doch so viel Arbeit gibt?» mischte sich da mein Schüler mit gespielter Naivität ein. Ich hatte Lust, ihm ins Gesicht zu spucken und hinauszuschreien: «Gewalt, Gewalt, jüdische Kinder! Was für Lügner ihr seid! Lügner auf Lügner, einer größer als der andere!»

Ich sagte es aber nicht. Statt der Wahrheit zog auch ich die Lüge vor: «Ich habe Heimweh...»

«Kunststück, hat er Heimweh!» untermauerte der Prinzipal meine Lüge mit der ganzen Kraft seiner reichen Phantasie.

«Er hat auch Grund dazu: Seine Familie ist die erste, die einzige, und nicht nur in seiner Stadt – man darf sagen, daß es in der ganzen Gegend keine zweite solche Familie gibt. Gehörte nicht sogar, heißt es, der Kowner Rabbi dazu?»

«Ein Onkel», sage ich schamlos.

«Und der Maggid von Porez* war auch, wie ich meine, ein Onkel von Euch?»

«Ein Großonkel», lüge ich.

«Und Epstein, der große Epstein – wie ist er mit Euch verwandt?»

«Im zweiten oder dritten Glied.»

«Und Reb Mojschele Halperin ist doch auch, sagt man, ein entfernter Verwandter von Euch?»

«Von Mutterseite her», lasse ich fallen.

«Na, und die Toltschiner», sagt er, «die Toltschiner Kapitalisten sind doch nahe Verwandte von Euch, hab' ich gehört?»

«Schwesternkinder», sage ich lässig, «– unsere Schwesternkinder von der Mutterseite her.»

Ich bin sehr zufrieden, weniger über meine neugeborenen Verwandten als darüber, daß ich fortan ungestört allein sein kann mit meinen süßen Träumen, meinen heiligen Gefühlen und mit den lieben, den holden, teuren Briefen der Braut meines Schülers, die mir mehr bedeuten als alle meine erfundenen und wirklichen Freunde samt allen nahen und entfernten Verwandten.

Lest nur, was sie mir weiter schreibt:

Mein einziger Trost, mein Engel vom Himmel! Was hat das zu bedeuten, daß Du so traurig bist? Warum waren Deine letzten Briefe so melancholisch? Wieso sprichst Du vom Tod? Was sollen die Rätsel, die Du mir aufgibst? Weshalb nennst Du Dich den Unglücklichsten aller Unglück-

---

* Im Mittelalter berühmter Wunderrabbi und Volksredner.

lichen? Wie kannst Du mir so viel Leid antun?
Warum willst Du mir nicht das große Geheimnis
enthüllen, das Du in Dir trägst? Was für Geheimnisse kannst Du vor *mir* haben, die Dich so innig
liebt, nur Dich allein, und schon, in Gedanken an
unsere Zukunft, die Tage zählt bis zu unserem
baldigen, glücklichen, ewigen Bund ...!

Und hier die Antwort des Bräutigams:

Meine heilige Seele, mein Augapfel!
Meine Göttin!
Ich flehe Dich an: Vergib mir meine letzten
Briefe, vergiß alles, was ich Dir geschrieben habe!
Du hast recht, Teure, Du hast recht: Ich darf nicht
klagen, mich einen Unglücklichen nennen. Un-
glücklich ist, wer nie geliebt hat und nie geliebt
wurde. Ich kann nur sagen: Für mich sind Deine
Briefe Glücks genug – genug, um einen einzigen
Blick auf Dich zu werfen und zu sterben.
Nein, ich habe mir selbst geschworen, nie wie-
der vom Tod zu reden! Du willst mein großes
Geheimnis wissen? O nein! Du wirst es erst in der
glücklichen (oder unglücklichen) Stunde erfahren,
wenn wir uns vor dem Traualtar sehen; dann wird
Dir alles gewahr werden ...
Bleib mir derweil gesund, meine Teure, meine
Heilige, und schreib mir, schreib mir, schreib mir!
Dein unglücklicher Glücklicher
oder Dein glücklicher Unglücklicher,
für den es besser wäre, wenn die Zeit sich hinziehen und hinziehen würde ... auf immer und
ewig.

Die Hochzeitsvorbereitungen und meine närrischen Träume

Wer jemals auch nur den dritten Teil meiner Verliebtheit durchgemacht hat, wird meine Lage verstehen, als die glückliche oder unglückliche Zeit der Hochzeitsvorbereitungen für uns gekommen war. Und wer die bisherigen Kapitel mit Aufmerksamkeit gelesen hat, wird begreifen, wie mir ums Herz war, als meinem Schüler die Hochzeitskleider angemessen und angefertigt wurden, was wie üblich drei Wochen dauerte. Die Martern der Grabengel* sind nichts gegen die Schmerzen, die ich litt, und die Hölle ein Paradies, gemessen an meinem großen, bitteren Leid.

Ihr denkt wohl: Eifersucht, Haß? Gott bewahre! Ich wußte ja genau, daß nicht mein Schüler geliebt wurde, sondern ich, der wirkliche Verfasser dieser Briefe. Und ich wußte auch, daß ich ihr nur – unter vier Augen – mein heiliges Geheimnis enthüllen, nur ein einziges Wort sagen mußte. Sie würde mich verstehen, und alles könnte noch gut werden.

Aber wie? Wie soll ich es anstellen, daß ich wenigstens ein paar Minuten mit ihr reden kann, allein, unter vier Augen? Ich zerbrach mir den Kopf, schmiedete siebzigtausend Pläne, einer unsinniger als der andere, und erging mich in sieb-

---

* Nach dem Volksglauben wird der Tote im Grab von Engeln gezüchtigt; damit büßt er seine Sünden und erhält Zutritt zum Himmel.

zigtausend Phantastereien, eine törichter als die andere. Ich bekenne freimütig, daß mir damals Ideen durch den Kopf krochen, die so häßlich waren, daß ich mich schäme, sie zu Papier zu bringen, obwohl seither ein hübsches Stück Zeit verflossen ist. Glaubt ja nicht, daß ich, Gott behüte, meinem Nebenbuhler nach dem Leben trachtete und meinen Schüler vergiften wollte! Möge Gott alle jüdischen Kinder vor so garstigen Gedanken bewahren! Ich betete nur um irgendein Gotteswunder: Mein Schüler möge, ohne fremdes Zutun, erkranken, sich hinlegen und still ins Jenseits verschwinden – wenn er mir nur das Feld räumt!

Ich bekenne ebenfalls, daß dieser Gedanke mich Tag und Nacht verfolgte. Ich wartete ständig darauf, daß mein Schüler sich erkältete, Schweißausbrüche bekam, sich im Durchzug eine Lungenentzündung holte, hustete, im Fieber dahinsiechte, auf ebenem Weg ausglitt und sich das Genick brach, aus heiterhellem Himmel von einem Stein an den Kopf getroffen oder von einem tollwütigen Hund gebissen wurde und selber den Verstand verlor. Der Sturm könnte auch einen Baum mitsamt der Wurzel ausreißen und ihn damit erschlagen, oder sonst ein Wunder – Hauptsache, er räumt mir das Feld!

Gleichzeitig wurde ich von Gewissensbissen geplagt: Der Arme ist doch ganz unschuldig, wie hat er das verdient? Warum muß er so jung aus der Welt scheiden? In meinem Herzen beweinte ich ihn schon, trauerte ich wirklich um ihn und schrieb meiner teuren Geliebten einen Kondolenzbrief, der mit einem sehr traurigen Lied endete. Darin beweine und beklage ich meinen jungen Schüler aufrichtig, weil er die Welt so früh verlassen mußte.

Diese Welt verglich ich mit einem Friedhof und ihn selbst mit einem jungen Baum:

«Er steht und klagt. Mit wehem Schall
Singt laut die Friedhofnachtigall,
Sogar die Sterne weinen Tränen...»

Wie es weiterging, habe ich vergessen. In meiner blühenden Phantasie malte ich mir aus, wie wir beide, ich und meine Geliebte, zum Jahrestag seines Todes auf den Friedhof pilgerten, um uns ein bißchen auszuweinen und ihm als Geschenk frische, duftende Blumen und ein Lied darzubringen, das so endete:

«Auf deinem Grabe blühen Blumen süß,
Und deine Seele komm' ins Paradies...»

Daß Blumen auf einem Grab blühen – warum nicht? Auf jeden Fall blühte mein Schüler... er blühte wie eine Rose. Er wurde jeden Tag gesünder, sein Gesicht strahlte, sein weißer, milchiger Körper setzte Fett an, er war zufrieden, fröhlich, lebhaft und glücklich – nicht vor lauter Liebe, sondern weil er an einen neuen Ort, in eine große Stadt und zu neuen Menschen kommen würde und seine eigene Familie, die er satt hatte und die ihn tödlich langweilte, nicht mehr zu sehen bräuchte.

Dies gestand er mir selbst mehr als einmal. Ins Gesicht aber sagte er den Seinigen, daß er große Sehnsucht nach ihnen haben werde und nicht wisse, wie er das überhaupt aushalten könne.

«Aber nach mir wirst du dich doch sehnen?» fragte ich meinen Schüler.

«Gewiß! Gewiß!» versicherte er mir und umarmte mich herzlich. «Dich werde ich mitnehmen! Wir wollen uns auch dort einen guten Tag machen, ‹Dame› spielen, ins Theater gehen – ich lass’ dich nicht fort, niemals!»

Ich wußte, daß das eine große Lüge war. Er, der inmitten von Lügen und Verleumdungen geboren, aufgewachsen und erzogen war, konnte auch jetzt nicht anders als lügen.

DAS ZEHNTE KAPITEL

Willkommen, Gäste!

Nie werde ich vergessen, wieviel Ehre man uns bezeigte, als wir zur Hochzeit eintrafen. Es fing damit an, daß man uns eine großartige Kutsche an die Bahn schickte und uns in ein sehr schönes Haus brachte. Jeder erhielt sein eigenes Zimmer, und man bewirtete uns mit gutem Kaffee, Buttergebäck und einem schönen Imbiß, bestehend aus frischen Krapfen und gebratener Ente.

Menschen waren dort – wie Sand am Meer! Sie empfingen uns, gaben uns den Schalom – immer neue Gesichter.

Auf mich wirkten alle diese Leute wie Ameisen, die mir vor den Augen herumkrabbelten und summten wie die Fliegen. Ich war in meine eigenen Gedanken versunken, die alles andere als fröhlich waren. «Wie in aller Welt schaffe ich es, daß ich sie allein sehe? Wer weiß, ob mir das gelingt? Und was wird sein, wenn sie das heilige Geheimnis erfährt?» Und wenn und was, Gott behüte... ich getraue mich nicht mehr, etwas zu sagen – o Schreck, o Schreck!

Noch zu Hause hatte ich in meine Tasche – nur keine Angst! – nicht etwa einen Revolver, sondern einen Brief gesteckt, in dem ich «ihr» auf drei vollen Bogen meinen Roman von Anfang an beschrieb und auch einen kurzen Lebenslauf beifügte. Aber wie übergibt man ihr den Brief? Durch wen? Und wird sie überhaupt Zeit finden, ihn zu lesen?

Die Verwandten der Braut liefen hin und her wie vergiftete Mäuse und drängten die Kellner zur Eile mit dem Hochzeitsmahl. Die Diener wurden angehalten, die Musikanten und den Rabbi schleunigst herbeizuschaffen, weil die Braut und der Bräutigam doch fasteten.

Daß der Bräutigam *nicht* fastete, kann ich selbst bezeugen. Er verzehrte in unserer Studierstube und in meiner Gegenwart glatt eine halbe Ente, brüstete sich mit seinem Fasten und trug dabei eine Miene zur Schau, als ob er sich wirklich kasteite und von tiefen, ernsten Gedanken erfüllt wäre.

Geboren, aufgewachsen und erzogen inmitten von Lügen und Verleumdungen, log er sogar am Hochzeitstag.

Inzwischen waren die Musikanten erschienen,

und man schickte sich an, die Braut zu bedecken*. Der Tumult wurde immer größer, alles redete durcheinander, jeder tat so, als ob er arbeitete: «Schneller, schneller! Vorwärts! Hopp, hopp! Na, wird's endlich?»

Man packte uns an den Händen – wer, weiß ich nicht – und schleppte uns herum – wohin, weiß ich nicht. Man sprach zu uns, redete mit uns – was, weiß ich nicht. Mir drehte sich der Kopf, es schwindelte mir vor den Augen, dröhnte mir in den Ohren – und das Herz, das Herz! Tick-tack, tick-tack!

Die Musikanten spielten. Die Fiedel schluchzte, die Trompete trompetete, die Flöte flötete, die Kesselpauke machte bum-bum-bum! Aber das Herz, das Herz – tick-tack, tick-tack...!

DAS LETZTE KAPITEL

Der «Epilog» des Romans

Unter all den Leuten, die sich vor meinen Augen herumdrehten, fiel mir jemand auf, der sich, genau wie ich, unter den Gästen wie ein Wildfremder benahm, ein junger Mann mit Brille und langem Haar. Er schien nur eine Beschäftigung, eine Arbeit zu haben: alles zu beobachten und alles zu sehen, und wie sich noch herausstellen sollte, ging er dieser Arbeit mit großem Eifer nach – er beobachtete ohne Unterlaß.

---

* Das Gesicht der Braut wird vor ihrem Gang zum Trauhimmel mit einem seidenen Tuch bedeckt.

Jetzt betrachtete er *mich* durch seine Brille. Ich war seltsam beunruhigt. Mir schien, als schaute er mir tief ins Herz hinein – durch und durch! Gewiß kannte er mein Geheimnis, mein heiliges Geheimnis! Ich senkte den Blick, fühlte aber noch immer seine Brille auf mich gerichtet. Ich spürte, daß er mich unablässig fixierte. Unwillkürlich hob ich die Augen und begegnete wieder seiner Brille, die mich wie ein Magnet zu ihm hinzog.

Ich weiß nicht, wie es geschah, aber plötzlich standen wir nahe beieinander, ich und der junge Mann mit der Brille. Wir redeten wie üblich von der Hochzeit, von der Zeremonie des Bedeckens und natürlich von Braut und Bräutigam.

Beide Schwiegereltern geleiteten den Bräutigam an der Hand zur Braut, die mit aufgeflochtenem Haar auf einer Bank mitten im Hause saß. Sie verbarg ihr Gesicht in beiden Händen – offenbar weinte sie.

Die Musikanten spielten. Die Fiedel schluchzte, die Trompete trompetete, die Flöte flötete, die Kesselpauke machte bum-bum-bum! – und mein Herz tick-tack, tick-tack!

«Jetzt, jetzt!» durchzuckt es mich, «noch eine Minute, eine Minute – und alles ist verloren!»

«Ein Stück Vieh!» schrie mir der junge Mann mit der Brille direkt ins Ohr hinein.

«Wieso ein Stück Vieh?» frage ich und blicke mich nach allen Seiten um.

«Da sitzt es doch!» sagt er und deutet mit der Brille auf die Braut.

Mein Gesichtsausdruck verriet ihm meine Bestürzung. Er flüsterte mir ganz leise ins Ohr: «Ein

Kalb, eine reine Kuh, ein koscheres Stück Rind-
vieh! Keine Ahnung von Orthographie und eine
Xanthippe dazu. Und bekommt so einen braven
Mann. Ihr seid, glaube ich, sein Lehrer?»

Ich weiß nicht, ob er mich oder ich ihn beiseite
rief, ob wir es beide gleichzeitig taten: Jedenfalls
saßen wir uns nach zwei Minuten wie alte Bekannte gegenüber, und der junge Mann mit der
Brille – er war der Lehrer der Braut – erzählte
mir Sachen über sie, die ich lieber nicht gewußt
hätte…

«Und ihre Briefe?» schrie ich. «Um Gottes willen, ihre Briefe!»

Als der junge Mann mit der Brille diese Worte
hörte, griff er sich an die Brust und begann zu
lachen; er krümmte sich geradezu vor Lachen.

«Ihre Briefe? Ha-ha-ha, ihre Briefe! Nein, das
ist zuviel für mich – *ihre* Briefe!»

«Wessen Briefe waren es denn sonst?»

«Ihre? Ha-ha-ha! *Ihre* Briefe? Meine! Ha-ha-ha!
Meine Briefe! Meine! Meine! Meine!!!»

Ich dachte schon, der junge Mann habe den
Verstand verloren oder der Schlag werde ihn treffen. Er packte mich an beiden Händen, wirbelte
mit mir durch das ganze Haus, schlug mir auf die
Schultern und hörte nicht auf zu lachen: «Ihre,
ha-ha-ha, *ihre* Briefe!»

Vielleicht habt ihr einmal einen süßen Traum gehabt: ein schöner Palast, gute Speisen, die besten
Weine, frische Früchte direkt vom Baum, ein
Duft von Balsam – ein Paradies! Und dazu eine
«sie» in Gestalt einer Prinzessin mit Haaren aus

Gold und aus Silber... Und ihr geht nicht, ihr schwebt, ihr fliegt, fliegt immer höher und höher, geradewegs in den Himmel... Plötzlich hört ihr vom Wald her ein Pfeifen: fii-juu-jit! Flügel schlagen und schwirren, und immer ein sonderbares Lachen – ha-ha-ha –, das im ganzen Wald widerhallt und mit einem langgezogenen Gähnen endet: aaa-jii! Vor euren Augen tut sich ein tiefer Abgrund auf – jetzt, jetzt fallt ihr hinein! Ihr wacht zitternd und mit Kopfweh auf, findet lange nicht zu euch selbst...

Genau diesen süßen Traum durchlebte ich, als der junge Mann mit der Brille sich über mich beugte und nicht aufhörte, über meine Briefe zu lachen, während er mir die Tugenden meiner Geliebten vorrechnete...

Er lachte, und mir triefte das Blut, Tropfen um Tropfen, in mein wundes Herz, in die vergiftete Seele.

Dort, im Saal, spielten die Musikanten. Die Fiedel schluchzte, die Trompete trompetete, die Flöte flötete, die Baßgeige brummte, die Kesselpauke machte bum-bum-bum! Und mein Herz war öd und leer, meine Seele wüst und dunkel – dunkel, dunkel bis in alle Winkel.

MIQUEL LLOR

1894–1966

Ein Tintenfleck

Ein plötzlicher Windstoß, der unvorbereitet Fenster und Türen auf- und zuschlug, veranlaßte ihn, die Augen aufzureißen. Es waren die Anzeichen des Herbstes. Die großen, weichen Septemberwolken zogen vorbei und bedeckten das sonnige, von keinem Kaminrauch beschmutzte Barcelona mit schattigen Flecken. Ein schläfriger Sonntag hüllte die Stadt ein. Im Osten drohte Regen. Der Eukalyptusbaum am Zaun zitterte.

Er trat ans Fenster. Hinter den Haselnußsträuchern hörte man Kinder lachen. Er sah, wie Laieta mit vorsichtigen Schritten aus dem Haus ging. «Sollte es die Eile einer Verliebten sein?» fragte er sich boshaft. Wo sie doch noch fast ein Kind war...! Gestern, um es in einer geläufigen Redewendung zu sagen, vergnügte sie sich noch mit Seilspringen. Gewiß, sie war ein Mädchen, das gut aussah, das Abbild ihrer Mutter. Nur hatte Margarida einen ausgereifteren Charakter. In der Tochter wiederholten sich einige Züge ihres Vaters Josep: die Erziehung machte aus ihr ein Mädchen, das viel lachte, bei der Wahl ihrer Freundschaften keine großen Ansprüche stellte und der Mode des Tages nachlief.

Er fuhr damit fort, die Papiere in Ordnung zu

bringen, die der Wind endgültig durcheinandergeworfen hatte. Diese kurzen Pausen von wenigen Minuten waren für ihn eine Erholung. Sie gaben ihm den Frieden hier drinnen zurück, mit den auf den Regalen schlafenden Büchern und den vielen hübschen Kleinigkeiten, die seinen Blick beschäftigten, eingehüllt in das Schweigen, welches das Ticken der Uhr noch verstärkte.

Und die alte Frage stellte sich wieder ein: Warum hatte er Margarida gehen lassen? Warum hatte er erlaubt, daß Josep sie ihm wegnahm und daß die Neigung der ersten Tage auf seinen Freund gelenkt wurde? Offenbar aus Feigheit.

Jetzt, nach reichlich zwanzig Jahren, wo der brennende Schmerz erloschen war, verstand er, daß er gut daran getan hatte, sie nicht zu halten. Er hätte sich dazu zwingen müssen, seinen Hang zum Vagabundieren, zum Herumbummeln abzuwürgen, um sich die Last einer Familie aufzuhalsen. So hingegen war er in seiner durch nichts zu ersetzenden Klausur reif geworden.

Er konnte sich über die im Laufe der Jahre geleistete und zu außergewöhnlichen Zeiten verrichtete Arbeit nicht beklagen: die Pfeife, die kostbaren Tropfen Cognac, das Herumstreunen der Katze, das mitten in der Nacht entfachte Feuer und die Rückendeckung durch die Unterstützung von Eltern und Geschwistern, die ihn mit heimlichem Stolz aushielten. Und das Erstaunen, wenn an jedem Winterabend Barcelona Lichtreflexe auf die Wolken warf, und die Sommernächte, so still mit den wie unbeweglichen, wie versteinerten Sternen, ohne einen Lufthauch, der sie weicher gemacht hätte. Es waren Träumereien, die das wichtige Getue Joseps verunmöglicht hätte. Bei all diesen Ablenkungen gab es keinen Tadel und keine Bitterkeit, wie sie eine mit den Jahren nicht selten streitsüchtig gewordene Frau mit sich bringt. Gewiß, es waren die Ausflüchte eines egoistischen Junggesellen, der vieler anderer sicherer Wonnen, wie sie die verheirateten Freunde kannten, beraubt war.

Schön und gut. Er lehnte sich in den weichen Sessel zurück und stopfte die Pfeife, wie jedesmal mit dem Gefühl einer unbekannten Freude, wenn er sie anzündete.

Margarida vor allem hatte es sich sehr wohl überlegt, als sie Josep heiratete, der eine unternehmungslustige Natur war, frei von störenden Gedanken, ein treuer Gatte, ein Vater, wie er im Buch steht.

Aber damals war sie gekommen, und indem sie sich mit den Ellbogen auf den Stapel von Wörterbüchern gestützt hatte, veranlaßte sie ihn, die Geschichte der in Sternen und Sternbildern dargestellten Gottheiten zu erzählen und zu wiederholen, mochte sie ihn auch wegen der Zurückgezogenheit, in welcher er sich einschloß, kritisieren.

«Hier drinnen wirst du am Ende ein Junggeselle», hatte sie ihm mit einer kleinen verärgerten Falte um den Mund gesagt. Aber sie wiederholte es nach jenem Nachmittag nicht mehr, an dem sie gekommen war, um einer Freundin Glückwünsche zu schreiben, und ihm den... Baudelaire? befleckt hatte. Nein, den hätte sie kaum verstanden. Der Ronsard der Jubiläumsausgabe war es, den er aus Angst, er könne seinen Glanz verlieren, nicht zu benutzen wagte. Sicher hatte er ihn noch mit den anderen Autoren aus dem sechzehnten Jahrhundert, lauter liebenswürdigen Leuten, die zu leben wußten, auf dem oberen Bücherbord stehen.

Ohne noch länger zu zögern, trat er an das Bücherfach. Er mußte sich ein wenig strecken und seinen Arm anstrengen, um das obere Bord zu erreichen. Bei der heutigen Kühle spürte er seine Gelenke wieder. Auf die Entfernung konnte er die Titel nicht gut unterscheiden, und er mußte einen Stapel Bücher herunterholen.

Da war der Band. Vielleicht war es schon fünf Jahre her, seitdem er ihn zum letzten Mal aufgeschlagen hatte. Eine einwandfreie Ausgabe. Erstklassiges Papier. Er strich mit der Hand zärtlich darüber. Manchmal kam Margarida, um bei Licht ein paar Strophen zu lesen. Die Helligkeit bildete einen goldenen Glanz um ihr Haar. Die dicken, samtigen Nachtschmetterlinge stießen gegen den Lampenschirm, waren für einen Augenblick betäubt, fielen auf das Buch.

Er drehte Blatt für Blatt die Seiten um, und der Fleck erschien, ein großer Tintenfleck am Anfang der Frühlingskanzone*. Und er erinnerte sich an die ganze Szene, als wäre es gestern gewesen. Margarida, über den Tisch gebeugt, weiß gekleidet und hastig schreibend. In einer unge-

---

* Wohl Anspielung auf das Gedicht «Elegie du Printemps» von Pierre de Ronsard (1525–1585).

duldigen Bewegung schwang sie die Feder über die Seite. Margarida sah ihn danach mit einem derart kindlichen Zittern in den Augen an – es waren veilchenblaue Augen –, daß er zu lachen begann. Sein Lachen steckte sie an, und die Unterhaltung ging so lange weiter, bis sie zu ihm mit einer Andeutung von Unausgesprochenem sagte: «Ich versichere dir, daß du hier am Ende Junggeselle wirst.»

«Das heißt?»

Bei diesen Worten drückte er in einer leidenschaftlichen Anwandlung ihren bloßen und kühlen Arm, während seine Gedanken stillstanden und der Herzschlag so stark wurde, daß ihm der Puls weh tat. Die Unschicklichkeit der Geste seiner glühenden Hand veranlaßte sie, ihren Arm zurückzuziehen. Der Schrecken ließ das Lächeln erstarren.

Als wäre weiter nichts geschehen, fuhr Margarida mit kränkender Gleichgültigkeit in der Unterhaltung fort: «Doch, glaub mir, du bist mit all dem hier zu sehr verwöhnt, und einer Frau wird es schwerfallen, diese Manie unter Kontrolle zu bekommen. Wenn sie dagegen ankämpfen soll, so wird ihr diese Entscheidung sehr schwer gemacht.»

«Bist du sicher?» verteidigte er sich mit stockender Stimme und einem Gefühl von Kälte in der Brust.

Die Situation ist bekannt. Es handelt sich um eine Art Mann, den du hast und doch nicht hast; er sperrt sich ein, und du darfst nicht jammern. Du bist in seiner Nähe, aber das muß auch schon genug sein! Und niemand gibt der Frau recht, die sich nachher beklagt.

Aber es schien ihm, daß sie es im Grunde bereute, so grausam zu sein. Wäre er weniger vorsichtig oder weniger feig gewesen und direkter vorgegangen, so hätte er vielleicht jenes Mißtrauen, jene Vorahnung späterer Eifersucht unterdrücken können... Er hätte sie allerdings dazu zwingen müssen. Sie sah den Konflikt voraus, es war die Angst der Frau, die fürchtete, sie werde den Sperrkreis nicht durchbrechen können, von dem er selbst nicht wußte, worin er bestand. Sie forderte klares Verhalten und Verantwortungsbewußtsein. Sie wollte einen Mann, der Sicherheit bot.

Sie hatte sich an das Fenster gelehnt und wußte nicht, was sie noch sagen und wie sie reagieren sollte; ihre Miene war abwartend, sie glättete eine Falte des Vorhangs. Ohne die Folgen dessen, was er sagen würde, zu überblicken, ohne die späteren Qualen, wenn es einmal zu spät sein würde, vorauszusehen, überzeugt, daß er für das Wohl beider arbeite, während er nichts anderes tat, als sich den gekränkten Stolz zu verhehlen, sagte er mit dumpfer Stimme: «Du hast vollkommen recht. Ich werde am Ende ein Junggeselle.» Und er klappte den Ronsard zu, da der Tintenfleck bereits trocken war.

Margaridas Hand ließ den Vorhang los. Sie nahm den zur Hälfte geschriebenen Brief, und da ihre Mutter sie auf der Gartentreppe ihres Hauses rief, sagte er an der Türe: «Gute Nacht.»

Nach ein oder zwei Monaten fing sie an, mit

Josep auszugehen; bevor ein Jahr um war, heirateten sie. Und seit der ganzen Angelegenheit waren vierundzwanzig Jahre vergangen. Was sich seitdem alles verändert hatte: der Tod der Eltern, der Krieg, zunehmende Unruhe. Die Kinder des Bruders waren Jungen geworden, die sich bereits wie Männer aufspielten. Das Meer suchte Barcelona wie immer von einem Ende zum anderen, es hatte wie jeden Herbst den malvenfarbigen Ton. Die Sonne an Wintermittagen, die einen milden Sommer vortäuschte, brachte das Grün der Agaven am Bach zum Glänzen und färbte die Gartenzäune rot; jedes Frühjahr war geschmückt mit Fliederzweigen, mit zögernden kleinen Regenschauern und perlmutternem Himmel. Die Bücher hatten sich an den Wänden hochgerankt, wie die Bougainvillea, die bereits das halbe Haus bedeckte, was ihm jenes geheimnisvolle Aussehen gab, als wäre es der gespenstische Bilddruck einer Ruine in einer Gewitternacht. Die Neffen gingen zelten, nahmen Sonnenbäder, hinterließen die Spuren ihrer genagelten Schuhe im Sand des Gartens und brachten neue, unvorstellbare Lebensauffassungen mit. Und die Großen mußten, ohne dies zu merken, im Geschmack und im Lebensstil der Zeit steckengeblieben sein, als Margarida vier Verse in seinem Ronsard las. Aus ihr war eine immer noch gut aussehende Frau geworden, wie das Bild über dem Kanapee zeigte – es hatte den ersten Preis auf der Ausstellung erhalten. Sie war darauf in Samt gekleidet, hatte eine Perlenkette um den Hals und einen Fächer aus Perlmutter. Wenn sie Klavier spielte, blätterte Josep mit Hingabe die Seiten um.

Gegen Ende des Studienjahres konnte sie vor Sorge nicht schlafen, aus Angst, ihre Söhne könnten auf der Universität Schiffbruch erleiden, eine bis jetzt unbegründete Sorge.

Sie waren nach wie vor Freunde. Sie verbrachten den Sommer immer noch als Nachbarn. Sie mußte die Erinnerung an jenen vagen Wunsch des Junggesellen in der Nachbarschaft vergessen haben. Aber er konnte sich nicht erinnern, sie jemals wieder in der Bibliothek gesehen zu haben.

Der Tintenfleck in der Mitte der Frühlingskanzone war nicht verschwunden. Er ließ den Blick über die eine oder andere Lieblingsstrophe gleiten. Er stellte fest, daß das Papier allmählich seine Makellosigkeit verlor. Hier und dort erschienen gelbe Flecken. Das Zeichen der Jahre ... Waren sie gut verwandt worden ...? Waren sie schlecht verwandt worden ...? Wer könnte es sagen?

Er ließ das Buch auf dem Tisch und schloß das Fenster. Die Luft war so bewegt, daß die schwärmerischen Posen des Eukalyptusbaums melodramatisch wurden. – Über dem Meer erhellte ein Bündel dunkelblauer Blitze eine Wolke, als wolle ein Unsterblicher sich einen Spaß daraus machen, den Menschen en passant eine Vorstellung von seiner furchtbaren Göttlichkeit zu vermitteln.

Während er die Fensterflügel festhakte, sah er bei den Haselnußsträuchern wieder Laieta mit fliegendem Haar und wehendem Rock, dieses Mal ohne Eile, Hand in Hand mit Blai, dem jüngsten Sohn seines Bruders, seinem Patenkind, mit dem überschwenglichen, dem aufrichtigen, dem zuversichtlichen Blai. Sie sahen sich beim Gehen an, als hätten sie das Glück entdeckt. Er unterließ es, den Fensterkeil anzubringen. Die Tochter Margaridas mit dem kleinen Blai? Es waren Kinder, die jeden Sinn für Konventionen verloren hatten...! Er mußte die Eltern informieren. Es handelte sich um einen unerträglichen Vorausgriff, eine Gefahr für beide. Ein Junge, der gerade eben halbwüchsig war...! Was für eine Waghalsigkeit! Sie hatten keine Ahnung, daß sie entdeckt waren. Er würde sie schon bremsen. Er würde... Was würde er? Er begann zu zweifeln. Wozu nahm er sich vor, sich als Richter, als Eiferer aufzuspielen? Er war doch der Onkel, der in den Wolken lebte, die Zuflucht der Neffen, wenn es darum ging, die Wirkungen der Verbote und des Biedersinns der Eltern zu vermindern (das Donnerstagkino der einen und die Leckereien, welche dem Kleinen den Appetit beim Essen nahmen, die schöne Krawatte des Onkels, an welcher der Große seine Freude hatte, die Möglichkeit unvorhergesehener Dinge für alle und von Verstößen gegen all die familiären Normen).

Er sollte den Gesetzesfanatiker spielen?

Er fing an zu lachen. Sie waren schon nicht mehr im Garten. Sie mußten ins Haus getreten sein, um sich vor den Großen, *den anderen,* zu verstecken, vor all jenen, die das Wunder, das sie eben erst entdeckt hatten, die eigene und nur für sie geschaffene Welt, die es vor und nach ihnen nicht gab, nicht verstehen würden.

Was das Schicksal doch für ein Spiel war...! Und er war an seinen Beobachtungsposten gebannt, blätterte neben jenen lebensfrohen Gestal-

ten in allen möglichen Ronsards... Jemand ging
auf dem Gang und trällerte eine Melodie. Es war
Blai, der nach oben kam. Er trat vor die Tür.

«Wohin so schnell, Junge?»

«Ich will andere Schuhe anziehen!» Und er sah
ihn mit jener Naivität an, die nie etwas zu verbergen hatte.

«Ich habe nicht den Eindruck, daß sie schmut-
zig sind.»

Der Neffe guckte seine Füße an. Er meinte ein
wenig schüchtern: «Die da sind nicht ordentlich
genug. Wir haben nämlich Gäste unten.»

«Ah...!»

Beide warteten einen Augenblick lauernd ab,
bis der Onkel plötzlich vorschlug: «Könntest du
vielleicht kurz hereinkommen, wenn es dir nichts
ausmacht?»

«Gerne... Pate.»

Er kam folgsam herein, mit der ungezwunge-
nen Miene und den roten Backen eines Jungen,
der sich seit kurzem rasiert, den strähnigen, wind-
zerzausten, in die Höhe stehenden sonnverbrann-
ten Haaren, den hellen Augen, mit einem Gewim-
mel winziger Fische auf dem Grund.

«Es sieht aus, als hättest du Eile...»

«Der Grund ist... daß wir weggehen.»

«Ihr geht weg?» fragte der Onkel nochmals.

«Ja, wir gehen weg.» Und darauf sagte er nichts
mehr.

Es war das erste Mal, daß er ihn bei einer geistigen Regung beobachtete, die nur den Gedanken
vorbehalten war. Blai merkte, daß er ihn durch-
schaute. – Eine entzückende Verlegenheit brachte

ihn zum Erröten. Er, der so viele unüberlegte, leichtfertige Streiche verheimlichte, hatte das Lügen noch nicht gelernt. Aber das Geheimnis war zu gut verborgen. Es enthielt den Anfang seines Lebens als Mann. Er bestand die Probe, nicht ohne Unruhe, aber er bestand sie. Der Onkel öffnete die Tischschublade: «Setz dich!» Und er zeigte auf den anderen Sessel. «Ich habe dich nur hereingerufen, um... Willst du eine Zigarette rauchen?» Und er zog aus der Schublade die glänzende Schachtel mit den Festtagszigaretten. «Bediene dich!»

Er hatte ihn noch nie in dieser Art eingeladen, als handle es sich um einen Freund. Denn es war nicht das gleiche, ob es sich nach einem Namenstagsessen um einen Scherz zwischen lärmenden Verwandten handelte oder wie heute um die Einladung eines Mannes mit persönlichen Geheimnissen, die nicht preisgegeben werden durften, der das Geheimnis seiner Liebe vor Indiskretionen schützte. Und nun war es eben dieser nämliche Junge, der bis vor kurzem neben ihm hergelaufen war, alle möglichen Fragen an ihn gerichtet hatte, viele, auf die sich nur schlecht antworten ließ (er würde es bald nicht mehr nötig haben, welche an ihn zu richten), der ihm seine jugendlichen Zerstreuungen anvertraute.

Er sah ihn klar vor sich, schon so groß und doch so klein, mit den Händen auf den Tisch gestützt; es waren Hände, die Faustschläge austeilen konnten, aber in diesem Augenblick schüchtern wirkten, als wisse er nicht, was er damit anfangen solle.

«Du rauchst», beharrte der Onkel, «wir brauchen es nicht zu verheimlichen.» Und er streckte ihm die Schachtel hin. Aber Blai wagte nicht zuzugreifen.

Verängstigt, wehrlos und mit leidender Miene sagte er: «Nein, Pate...» Die Röte erreichte auch die Stirn und die Ohren.

«Warum? Die Zeit, als du heimlich rauchen mußtest, ist vorbei.»

Die unsichere Hand griff nach der Zigarette. Dann folgten das Klicken und das Flämmchen des Feuerzeugs. Der Rauch stieg auf, brachte den Jungen zum Husten, vielleicht auch seine Augen zum Tränen. Mit der anderen Hand schob er den Ronsard ungesehen zur Seite, da er den Zugang zum Aschenbecher verhinderte, und ließ ihn am anderen Ende des Tisches liegen.

«Sie sind gut, nicht wahr?» fragte der Onkel aus seiner berauschenden bläulichen Wolke heraus.

«Besser als erstklassig.» Und ein gemeinsames, unmotiviertes, sinnloses Lächeln bekräftigte das neue Einvernehmen.

Eine Menge Stimmen riefen im Garten Blais Namen. Vor allem bei einer – sie war heller und kräftig – riß er die Augen weiter auf. Er sah den Onkel an, ängstlich, bloßgestellt, aber gleichzeitig, als wünsche er ihn wie immer zum Komplizen bei den Streichen der Kinder des Hauses.

«Schau her. Ich wollte dich nur ein paar Minuten hier haben, da ich dich nicht mehr so oft sehe wie vorher.»

«Wie vorher?»

«Ja, bevor wir... zusammen rauchten.»

Er war bereits an der Tür. Er drehte sich um. «Ich wollte dir noch sagen...», fing er mit dumpfer Stimme an.

«Noch nicht. Das hat Zeit. Schau, laß nicht länger auf dich warten.»

«Bis dann, Pate!»

«Vergiß nicht, daß ich einen Cognac habe, den du nicht überall findest. Ein paar Tropfen wirken Wunder.»

Er hörte, wie sich die langen, hoffnungsvollen Schritte entfernten. Es verging sicher nicht mehr viel Zeit, und dieses junge Volk würde tun, was ihm behagte. Sie würden neuen Rechten zur Geltung verhelfen, sie würden sie von der Seite, aus der Ferne mit Nachsicht betrachten. Margarida würde die der Situation angemessene Miene aufsetzen, die Miene einer umsichtigen Mutter, sie, die mit jeder beliebigen Entschuldigung in das Arbeitszimmer kam, sich an den Tisch setzte und dort den Ronsard liegenließ, den Blai gerade wie ein Hindernis in die Ecke geschoben hatte.

Er machte das Fenster zu, zog aber die Vorhänge ganz auf, damit sie den Rest des Tags nicht minderten, aber mit dem Bedauern, ihn nun für immer zu verlieren. Es war richtig, daß sie jetzt den Kampf aufnahmen, mit dem Blick auf das wunderbare künftige Leben. Aber was für eine Freude war vergleichbar mit der, welche er vorgezogen hatte: sich in die Behaglichkeit zu flüchten, hier oben in seinem egoistischen Wachtturm mit seinen Büchern in Reichweite, mit so vielen Bildern, so vielen Akzenten, so vielen Ideen, daß er sich nun durch Jahre und Wochen, an heißen Mittagen und nebelfeuchten Abenden einem jener Jungen zur Verfügung stellte, die im Geheimnis des Gartens seufzten, wenn sie Lust dazu hatten, und die ausrufen mußten: «Schau, was die damals schon alles wußten!»

Bestimmt hatte er gut daran getan, Margarida laufenzulassen, war sie auch damals einen Augenblick vor der Tür stehengeblieben, als bringe sie es nicht über sich, ganz wegzugehen, freilich ohne den Kopf zu drehen. Denn nur wenn sie den Kopf umgewandt und ihn mit ihren veilchenblauen Augen angeschaut hätte, dann hätte sie ihren Entschluß geändert. Gewiß wäre es ein Unglück für beide gewesen, wegen seiner Unsicherheit und seinen Grillen. Sie hatte sich für die Sicherheiten entschieden, für die gut verwaltete Familie, für das Bild über dem Kanapee, für die Perlen und für den wie durch Nachlässigkeit halb geöffneten Fächer; er für den Schluck Cognac, für das Schweigen. Nur sah es manchmal so aus, als hätte sich Margarida nie von der Türschwelle wegbewegt, als hätte sie immer noch einen goldenen Schimmer auf der Stirn, als sei sie in Weiß gekleidet, blicke auf das Gartentor hinaus und helfe ihm bei der Arbeit.

Er klappte den Ronsard endgültig zu und stellte ihn auf das obere Bücherbord zurück. Er wollte das Licht anknipsen, zog es dann aber doch vor, noch ein Weilchen die restliche Helle des unvergleichlichen Barcelonaer Sonntags zu genießen. Er holte die Cognacflasche aus dem Schrank – es handelte sich um die Sorte, von der ein paar Tropfen Wunder wirken – und setzte sich mit dem Glas in der Hand, damit ihn die Wärme etwas weicher machte. Er konnte sich über sein Schicksal nicht beklagen. Der kleine Blai würde die Rose brechen, die sie aus den Händen fallen ließen.

FRIEDRICH CHRISTOPH WEISSER
1761–1836

Der seltene Schriftsteller

Castenius, ein privatisierender Gelehrter, der am
Anfange des vorigen Jahrhunderts lebte, schrieb,
bloß um ein zanksüchtiges Ehepaar, einen Schneider und seine Frau, zu bessern, ein kleines Buch
unter dem Titel «Die zänkischen, vor Gottes Gericht sich verklagenden Eheleute». Der ehrliche
Mann hatte sein Publikum einst des Abends am
Fenster belauscht, und noch in der nämlichen
Nacht wurde sein Werk, dem er den vernomme-
nen Zank von Wort zu Wort einverleibte, geschrieben und gedruckt. Die Eheleute, welchen
schon am folgenden Morgen ein Knabe die Schrift
ins Haus bringen und für einen Groschen feilbie-
ten mußte, erschraken um so heftiger, ihre gest-
rige Streitigkeit darin zu finden, da der Verfasser
die Jahrzahl auf dem Titel um fünfzig Jahre zu-
rückgestellt hatte. Konnte man die Erscheinung
anders als durch ein Wunder erklären, und wer
wird sich durch ein Wunder nicht bekehren lassen? Der gute Castenius erreichte also seinen löb-
lichen Zweck vollkommen, und der Schneider
und seine Frau befolgten gewissenhaft den Rat,
den sie am Ende des Büchleins fanden, dasselbe in
ihrem nußbaumenen Schrank, den der Verfasser
durch das Fenster in ihrer Stube bemerkt hatte, zu

verwahren, damit, wann eines von ihnen den Frieden zu brechen Miene machte, das andere es sogleich zu seiner Schutzwehr bei der Hand hätte. Zur Ehre der Frau und der Frauen überhaupt darf nicht unbemerkt bleiben, daß nicht jene, sondern der Mann, auf dessen Seite auch bei dem von Castenius belauschten Zank das Unrecht war, das zweimalige Hervorholen des Buchs in den nächsten vier Wochen notwendig machte.

Ehre noch im Grabe dem Schriftsteller, der vielleicht der einzige ist, von dem sich mit Gewißheit sagen läßt, weder schnödes Gold noch eitler Ruhm, sondern einzig und allein die edle Begierde, zu nutzen und zu bessern, sei die Triebfeder seiner Autorschaft gewesen! Vernimmt man vollends, der gute Castenius habe nicht einmal aus eigener Erfahrung gewußt, wie es seinem verheirateten Nächsten zumute sei, und bedenkt zugleich, daß aus ganz natürlichen Ursachen in der Regel auch der beste Hagestolz beim Anblick einer bösen Ehe eine kleine Schadenfreude schwerlich unterdrücken kann: so erscheint seine Handlung noch in einem höhern Glanz.

Sollte übrigens nur je für hundert Ehepaare, die sich an der Göttin *Eintracht* versündigen, ein eigenes Buch geschrieben werden: so könnten wir mit unendlich größerem Recht als der weise Salomo ausrufen: «Es ist des Bücherschreibens kein Ende!» Doch die Schriftsteller wie Castenius sind ebenso selten als die Eheleute, die sich durch Erinnerungen an das Jüngste Gericht abschrecken lassen, von Zeit zu Zeit ihr Herz gegeneinander zu erleichtern, und seine Schrift wird also wohl die einzige ihrer Art bleiben, ob es gleich vielleicht nicht ganz überflüssig wäre, wenn man durch eine Friedenspredigt für unfriedliche Eheleute die Gemeinnützigkeit des Kalenders, der ohnehin für jedes Jahr erscheinen muß und nicht leicht in einer Haushaltung fehlt, zu vermehren trachtete.

Das Buch und die Uhr

Ein vor mehreren Jahren verstorbener berühmter Gelehrter und Professor auf einer der angesehensten Universitäten empfing von einem auswärtigen Kollegen sein in zwei Quartbänden bestehendes Werk zum Geschenk. Das Buch selbst war ihm unbrauchbar. Aber der schöne Marmorband brachte ihn auf den Einfall, es als Fußgestell für seine Penduluhr zu benutzen. Lange trug das gelehrte Werk geduldig seine Last, und vielleicht konnte kaum ein anderes Exemplar sich rühmen, seinem Besitzer wesentlichere Dienste zu leisten. Aber wer ein Buch zum Uhrentragen verurteilt, kann unmöglich wünschen, daß der Verfasser selbst sein Werk in diesem Stand der Erniedrigung erblicke, und wie groß war daher die Verlegenheit unseres Professors, als der Mann, vor dem er den Gebrauch, den er von seinem Buche machte, am meisten zu verbergen Ursache hatte, ihn einst unvermutet mit einem Besuch überraschte! Zwar suchte er es den Blicken des Eintretenden dadurch zu entziehen, daß er sich, den Rücken gegen dasselbe gekehrt, so schnell als möglich davor hinstellte. Allein, was mußte jener davon denken, daß der Hausherr während des ganzen Besuchs unaufhörlich auf einer Stelle blieb! Und welche peinliche Lage für diesen selbst! Zum Glück brach der Fremde seinen Besuch kurz ab. Aber eben dieser Umstand und die Kälte, mit welcher er Abschied nahm, ließen kaum zweifeln, daß, wenn er auch nicht bemerkte, was man ihm verbergen wollte, er doch über die Aufnahme, die er erfahren hatte, nichts weniger als vergnügt war.

Vielleicht hätte der Professor sich durch einige Komplimente am besten aus der Sache gezogen. Er hätte zum Beispiel recht passend sagen können: «Indem ich Ihr Werk, mein Bester, in eine so genaue Verbindung mit meiner Uhr setzte, was konnte ich damit wollen, als *Zeit* und *Ewigkeit* sinnbildlich paaren? Ferner, muß nicht jeder, der Ihr Buch an dieser Stelle erblickt, von selbst den Schluß machen, Sie wären ein Autor, der mehr als irgendein anderer mit der Zeit fortschreite, oder gar einer, der, statt von der Zeit sich tragen zu lassen, diese selbst trage, und der überdies stets am besten wisse, was die Glocke geschlagen hat? Welcher Autor endlich kann außer Ihnen sich rühmen, daß ein Besitzer seines Buchs wenigstens den Titel desselben ebenso oft liest, als er – nach der Uhr sieht?» Durch diese und hundert andere gleich schmeichelhafte Gründe konnte dem Schriftsteller bewiesen werden, daß sein Buch zur Unterlage einer Uhr machen, ebensoviel sei, als seine Büste in ein Pantheon stellen, oder ihn selbst unter Könige begraben, und vielleicht läßt künftig mancher, um desto leichter zu dieser Ehre zu gelangen, seine Werke statt in Oktav in Quart drucken.

MAX BEERBOHM
1872–1956

Das Verbrechen

Letztes Frühjahr befand ich mich an einem trost-
losen Regentag allein in einem Landhaus, wobei
ich wußte, daß ich bis zum Abend allein sein
würde. Es war ein abgelegenes Haus in einer ent-
legenen Gegend, von seinem Besitzer möbliert
vermietet. Meine Stimmung ist sehr dem Wetter
unterworfen, und Alleinsein ist mir verhaßt. Auch
gebiete ich ungern über Dinge, die nicht mir gehören. «Paß auf, daß uns nichts geschieht», sagen
Glas und Porzellan. «Keine Tintenkleckse, gefäl-
ligst», mahnt der Teppich. «Komm uns bloß nicht
mit Eselsohren, Daumenabdrücken und Rücken-
aufknacken», zetern die Bücher.
   Die Bücher in diesem Haus boten einen besonders unerfreulichen Anblick – aufdringliche
Reihen von kleinformatigen scharlachroten oder
himmelblauen Klassikerausgaben. Nachdem ich
sie mißmutig gemustert hatte, kehrte ich ihnen
den Rücken und begann dem Regen zuzuschauen,
wie er an den Fensterscheiben herunterlief, die
vom Sturmwind jeden Augenblick eingedrückt
zu werden drohten. Ich habe Bekannte, die immer wieder den Verhandlungen vor dem Strafge-
richtshof in London beiwohnen, berühmte Tat-
orte aufsuchen, über die betreffenden Verbrechen

ihre eigenen Theorien entwickeln, Souvenirs dieser Verbrechen sammeln und sich Kriminologen nennen. Ich für mein Teil mache mir nicht so viel aus Verbrechen, ich bin da höchstens sensationslüstern. Ich merkte deshalb nicht, was diese Fachleute zweifellos gemerkt hätten, daß nämlich die Situation, in der ich mich befand, alle Voraussetzungen erfüllte, unter welchen Schandtaten begangen werden. Ich stöhnte nur darüber, und ich dachte an Lear in seiner Hütte auf der Heide. Im Kamin heulte der Wind, und der Regen klatschte nachgerade den Schornstein herunter, so daß das Feuer bedrohlich zu zischen begann. Es wollte doch nicht etwa ausgehen? Ich griff zu dem danebenhängenden Blasebalg und begann ihn kräftig zu betätigen. «Vorsicht! – nicht gar so kräftig, ich gehöre nicht dir!» keuchte er. Ich ging etwas sachter damit um, ließ jedoch nicht locker, bis ich mir wieder ein stetig prasselndes Feuer verschafft hatte. Vor dieses Geprassel setzte ich mich hin. Die Verzweiflung hatte ich gebannt, doch mein Mißmut war nicht vergangen, im Gegenteil. Ich fand, die Gedanken eines andern, irgendeines andern, wären mir lieber als meine eigenen. So stand ich denn auf und trat wieder vors Büchergestell. Etwa ein Dutzend Bücher auf dem untersten Regal waren von der richtigen Größe, oktav, und sahen aus, als seien sie angeschafft worden, um gelesen zu werden. Ich gedachte mein unbestreitbares Recht auszuüben und eines davon zu lesen. Aber welches? Nach längerem Besinnen fiel meine Wahl auf den Roman einer Schriftstellerin, der ich zwar schon mehrfach persönlich begegnet war, deren Werke ich aber nur vom Hörensagen kannte.

Was ich von ihr wußte, sprach ausschließlich zu ihren Gunsten. Ihr «Schaffen» war nicht umfangreich, und ihr «Niveau» galt als beträchtlich. Was ihren Werken nachgerühmt wurde, war vor allem ein großer «Lebensdrang». Das Buch in meiner Hand war die dritte Auflage ihres neuesten Romans, und hintendrin waren zahlreiche Presseurteile abgedruckt, die ich überflog, um zu sehen, ob mich die Erinnerung nicht täusche. Richtig – «ein unbändiger Lebensdrang», sagte einer der Kritiker. «Voller Lebensdrang, prallvoll», hieß es bei einem andern. «Ein Buch, das Bestand haben wird», lautete das Urteil eines dritten. Woher in aller Welt wollte der Mann das wissen? Unter den obwaltenden Umständen war ich jedoch gewillt, an den Lebensdrang dieser Schriftstellerin zu glauben. Lebensüberschuß war etwas, das die Verfasserin selber in reichlichem Maße besaß; er sprach aus ihren Worten, aus ihren Blicken, aus ihrem ganzen Gehaben. Sie und ihr ganzes Gehaben waren, wenn ich mich recht erinnerte, etwas zuviel für mich gewesen. Das erste Mal, als ich ihr begegnete, behauptete sie etwas, das ich – keineswegs nachdrücklich – in Zweifel zog. Es war das erste und letzte Mal, daß ich mich ihrer Ansicht entgegenstellte. Nicht daß sie mir grob gekommen wäre, durchaus nicht. Sie hatte mich lediglich auf geschwisterliche Art und zugleich mit der Wißbegier einer Tochter gebeten, ihr meine Gründe auseinanderzusetzen. Ich gab mir nun alle Mühe, und sie hörte aufmerksam zu, doch ich spürte derweilen, daß all meine Mühe vergeblich war. Wenn ich stockte, sprang sie für mich ein und sagte genau, was ich hatte sagen wollen, worauf sie mir erklärte, warum es falsch sei. Ich lächelte tapfer, wie Männer lächeln, wenn sie damit sagen wollen, das sei gerade das Reizende an den Frauen, daß logisches Denken nicht ihre Stärke sei. Sie erkundigte sich angelegentlich – wie jemand, der Sinn für Humor hat –, was es da zu lächeln gäbe. Kurz, die Begegnung war für mich ernüchternd; noch jetzt regt sich in mir bei der Erinnerung daran ein leiser Groll. Ich hatte den kürzeren gezogen, und wie! Kein Mann läßt sich gerne von einer Frau im Streitgespräch besiegen. Und von einer Schriftstellerin besiegt zu werden, ist wohl die Art von Niederlage, mit der sich ein Mann, der selber schreibt, am schwersten abfindet. Ein «Kampf der Geschlechter», heißt es, stehe der Welt bevor, wobei Frauen das Recht auf Männerarbeit fordern und die Männer es ihnen verweigern und zum Gegenangriff übergehen werden. Das erscheint durchaus glaubhaft. Was die kommenden Dinge anbetrifft, ist alles glaubhaft. Falls es jedoch zu diesem Kampf der Geschlechter kommt, werden wohl kaum alle Männer Schulter an Schulter dicht gedrängt gegen alle Frauen stehen. Man hat nicht das Gefühl, daß die Hafenarbeiter sich sehr gegen Frauen wehren werden, die in den Kohlengruben arbeiten wollen, oder die Klempner gegen angehende Dachdeckerinnen. Ich selber habe noch nie etwas dagegen gehabt, wenn eine Frau sich auf dem Gebiet der schönen Künste betätigte – abgesehen von der Schriftstellerei. Daß sie ein paar Gedichtchen oder *pensées* verfaßt oder Eindrücke von einer Fahrt mit einer Dahabije, sagen wir bis Biskra, schildert, vielleicht sogar eine Kurzgeschichte oder zwei zu Papier bringt, das mag noch angehen, selbst wenn es zum Zwecke der Veröffentlichung geschieht. Eine Berufsschriftstellerin dahingegen mit einer künstlerischen Leidenschaft, einer Füllfeder und einem literarischen Agenten, mit Vorschuß auf die Tantiemen aus dem Absatz in Kanada und Australien, mit ausgedehnter Menschenkenntnis und einer im Grunde vernünftigen Einstellung, das alles paßt gar nicht recht zu meiner Vorstellung – meiner verkehrten Vorstellung, wenn man so will – von einer Frau, wie sie sein soll.

«Sie verfügt über ausgedehnte Menschenkenntnis und eine im Grunde vernünftige Einstellung», hieß es in einer der Kritiken hinten in dem Buch, das ich mir ausgesucht hatte. Der Wind und der Regen im Kamin hatten noch nicht nachgelassen, doch das Feuer hielt sich wacker. Ich gedachte es ihm nachzutun. Frohgemut und ohne Vorurteil wollte ich lesen. Ich schürte das Feuer, schob meinen Sessel etwas zurück, damit sich nicht etwa unter der Einwirkung der Hitze der Einband verziehe, und begann mit dem ersten Kapitel. Eine Frau saß, mit Schreiben beschäftigt, in einer Laube am Ende eines kleinen Gartens über einem weiten Tal in Südengland. Die Frau war so beschrieben, daß sie sympathisch wirken mußte – eine Frau durch und durch, nicht eigentlich schön, außer in den Augen derer, die sie gut kannten; nicht auffällig gekleidet, aber so, wie es mit ihrem besonderen Typ in Einklang stand. Ihre Feder glitt emsig über das Papier, und unterdessen wurde die Frau noch ausführlicher geschildert. Schließlich kam sie jedoch an einen kniffligen Punkt ihrer Arbeit. Sie hielt inne, schob sich das Haar aus der Stirn und schaute über das weite Tal hin. Hier wurde nun eine Beschreibung der Landschaft eingelegt, aber nur kurz; schon kam nämlich die Schreibbeflissene über die schwierige Stelle hinweg, und ihre Feder glitt emsiger denn je übers Papier, bis auf einmal der Ruf «Mutti» ertönte und ein siebenjähriges Kind hereinstürzte, mit dem zusammen die Frau sympathischer als je wirkte; worauf die Erzählung dann einen Sprung nach rückwärts tat und zu einem acht Jahre früheren Zeitpunkt wieder einsetzte, als die Frau noch ein Mädchen war, dem man die künftige literarische Größe noch nicht ansah, obwohl... ich folgte einer Augenblicksregung, ehe ich mich dessen versah.

Niemand hätte über das, was ich getan hatte, verblüffter sein können als ich selbst – so säuberlich, ruhig und gelassen war es geschehen. Zugeklappt stand das Buch aufrecht hinter der Kamineinfassung, mit dem Rücken gegen mich, ganz wie auf einem Büchergestell. Ja, da stand es nun. Und während die Flammen an dem blauen Leinenband emporleckten, entströmte ihm ein angenehmer, wenn auch etwas scharfer Geruch. Mein Erstaunen wich da einer köstlichen Genugtuung. Wie dilettantisch ist doch jede, auch die beste schriftliche Kritik! Ich begriff, warum der Mann der Tat für den Mann des Wortes nur Verachtung übrig hat. Doch was mich am meisten freute: ich

hatte in meinem Alter, ausgerechnet ich, zu guter
Letzt doch noch ein Verbrechen begangen. Zwar
stand es in meiner Macht, es rückgängig zu machen. Ich konnte von meinem Buchhändler ein
unversengtes Exemplar kommen lassen und es ins
Regal stellen, wo dieses gestanden hatte, das jetzt
so herrlich glühte. Nichts dergleichen! Getan war
getan. Fortan hatte ich mir die weiße Rose des
Diebstahls und die rote Rose der Brandstiftung
ans Gewissen gesteckt. Falls der Hausbesitzer es
sich einfallen ließ, mir deswegen zu schreiben,
sollte ich ihn in mein Geheimnis einweihen? Nein.
Mit seinem Schürhaken stieß ich den Band vorsichtig weiter ins Kohlenfeuer hinein. Aus dem
fast völlig aufgezehrten Einband schossen kleine
bunte Flammenzungen empor – Flämmchen, die
funkelten wie Saphir, Amethyst, Smaragd. Rei-
zend! Selbst die Verfasserin müßte ihre Freude
daran haben. Nun, vielleicht ja doch nicht. Die
Ärmste, diesmal hatte sie den kürzeren gezogen,
und zwar so gründlich, daß ich mir fast wie ein
Rohling vorkam, als ich die verkohlten äußeren
Seiten mit dem Schürhaken entfernte und das
Feuer an die vorerst nur gebräunten heranließ.

Diese gingen rasch in Flammen auf. Doch mir
schien, das Feuer mache, sich selbst überlassen,
keine großen Fortschritte. Ich stieß das Buch um.
Die Flammen umzüngelten es, doch bald ließen
sie davon ab, als hätten sie genug davon. Ich nahm
die Feuerzange, stellte das Buch wieder aufrecht
hin und kratzte hinten und vorn die Seiten ab. Es
kam mir fast so dick vor wie zu Anfang. Mit
Schürhaken und Zange zerteilte ich es in zwei,

drei Stücke, wobei die inneren Seiten so weiß aufleuchteten, wie sie der Buchbinder erhalten hatte. Seltsam. In alten Zeiten wurde doch gelegentlich auf dem Marktplatz vom Scharfrichter ein Buch öffentlich verbrannt. Ob er wohl im Stundenlohn arbeitete? Ich hatte mir immer vorgestellt, es sei eine Leichtigkeit gewesen – eine lustige kleine Feuersbrunst, und dann Feierabend. Vielleicht waren andere Bücher weniger widerstandsfähig als dieses hier? Allmählich beschlich mich das Gefühl, die Kritiker hätten gar nicht geahnt, wie recht sie hatten. Das war nun wirklich ein Buch von einem unbändigen Lebensdrang, ein Buch, das Bestand hatte – da half alles nichts. Ich nahm mir vor, das Gegenteil zu beweisen, indem ich es noch weiter zerstückelte, auf den Kohlen verteilte und immer wieder auflockerte. Von Zeit zu Zeit fiel mein Blick auf einen Satz oder ein Satzfragment mitten auf einer angesengten Seite, ehe die Flammen sie verzehrten; «...be dich immer gehaßt, du...», ist mir noch in Erinnerung, und «...end. Tolstoi hat doch recht gehabt.» Wer hatte wen immer gehaßt? Und was, was nur hatte Tolstoi zu Recht behauptet? Es war lächerlich, aber ich hätte es gerne gewußt. Zu spät! Verwünscht sei die Frau – sie gewann wieder die Oberhand. Wütend stieß ich ihre Druckseiten in die rotglühenden Kohlen hinein. Rotglühend? Zu meinem Entsetzen stellte ich fest, daß sie allmählich grau wurden. Sie fraßen nichts mehr. Fetzen verkohlten Papiers, ganze Schichten von bräunlichen und weißen Seiten verdeckten mit der Zeit die Kohlen. Ich verstreute eine Schachtel Wachsstreichhölzer darüber. Ich griff wieder zum Blasebalg. Ich stocherte. Ich hielt eine Zeitung über das Ganze. Überhaupt, ich tat alles, was mir nur einfiel. Vergeblich, das Feuer ging aus – dunkel, trübselig, zuletzt völlig erstorben.

Abermals war ich dieser Frau unterlegen. Bloß wußte sie nichts davon. Ich empfand keine Bitterkeit ihr gegenüber, als ich mich in meinem Sessel zurücklehnte und so verharrte, um dem immer noch tobenden Sturm zuzuhören. Es war einzig und allein mein Fehler. Ich hatte Unrecht getan. Es wurde sehr kalt in dem kleinen Zimmer. Wer trug Schuld daran, wenn nicht ich? Im Übereifer hatte ich Unrecht getan, aber ich hatte es getan und mich darüber gefreut. Ich hatte nicht an die Worte eines weisen Königs gedacht, der einst gesagt hatte, die Leuchte der Ungerechten wird auslöschen und der Verächter Weg bringt Wehe.

MAXIM GORKI

1868–1936

Blasen

Seitdem aus Iwan Iwanowitsch Iwanow «unser bekannter und talentierter Schriftsteller» geworden war, pflegte er sich alljährlich seinen Weihnachtsbaum selbst zu schmücken.

Aus diesem Grunde blieb am Abend des einunddreißigsten Dezember im Jahr achtzehnhundertundneunzig der am Himmel emporsteigende Mond urplötzlich vor Verblüffung mitten auf seinem Wege stehen. Mit hochgezogenen Brauen und aufgesperrtem Mund – er verbiß sich nur mühsam das Lachen – sah er zur Erde hinab und wollte seinen Augen nicht trauen. Denn er sah durch Iwan Iwanowitschs Fenster, und was er erblickte, war dies: Mitten in dem großen Raum stand eine Tanne, aus deren dunklem Grün fröhlich Kerzenflämmchen leuchteten; den Baum aber umkreiste langsamen Schrittes Herr Iwan Iwanowitsch, die Hände auf dem Rücken, festlich angetan und glücklich lächelnd.

Außer den Kerzen trug die Tanne keinerlei Schmuck, doch war sie über und über mit Zeitungsausschnitten behängt; auch baumelten im Geäst etliche Spielzeugtiere aus Gummi: Hunde, Esel, Schweine und dergleichen. Einsam wanderte Iwan Iwanowitsch um seinen Weihnachtsbaum.

Ab und zu blieb er vor einem der Papierchen stehen, glättete es mit sorgfältiger Hand, räusperte sich und begann mit vor Entzückung bebender Stimme zu lesen.

«Die neue Erzählung unseres bekannten und so talentierten Schriftstellers Herrn I.I. Iwanow zeugt erneut von dem Adel seiner gesamten Lebensauffassung sowie von seiner warmen Menschenliebe und bestärkt uns nur in unserer Überzeugung von der Höhe dieser Begabung...»

Selig lächelnd faltete Iwan Iwanowitsch das Papierchen zusammen. Dann zog er ein am Schwanz aufgehängtes Gummihündchen zu sich her, stellte es auf seine Hand, betrachtete es offensichtlich mitleidig und sprach laut und überzeugt zu ihm: «Hast du gehört? Während *du* bei mir keinerlei Begabung feststellen konntest! Nichts als schimpfen kannst du und mich schlechtmachen, du... Aber du tust's ja aus Neid, ich weiß genau! Aus purem Neid, weil ich nun mal ein Talent bin. Aber Neid ist häßlich. Na, beneide mich nur. Und ich hänge dich dafür am Schwanz auf – siehst du wohl!»

Er ließ das Hündchen zurückschnellen, und noch lang zappelte es an seinem Faden, als tue ihm die unbequeme Stellung weh.

Iwan Iwanowitsch war bereits beim nächsten Ausschnitt.

«Die russische Literatur ist mit der Person I.I. Iwanows um ein starkes Talent bereichert worden...»

«Haha!» lachte das Talent Iwan Iwanowitsch und griff sich ein Gummischweinchen. «Na, und?

Hängst du gut? Siehst du wohl, so gefährlich kann Ungerechtigkeit ausarten. Du schreibst da einfach, ich sei ein Federfuchser. Andere aber halten mich geradezu für einen zweiten Turgenjew. Und die sind in der Überzahl, wohlverstanden! Zähl doch selbst zusammen: zweiundsechzig höchst schmeichelhafte Kritiken hängen an dem Baum hier, und von euch, die ihr mir ewig am Zeug flickt, ganze sieben. Na also!»

Iwan Iwanowitsch schnippte mit dem Finger kräftig gegen den Schweinsrüssel, und schon las er eine weitere Kritik.

«Wenn Pessimisten heute laut über die Verarmung der russischen Literatur wehklagen, so scheint mir, sie wissen einfach nicht Bescheid, wo doch gerade jetzt eine Gestalt sich erhebt wie dieser geniale Iwan Iwanow…»

Iwan Iwanowitsch spürte, daß ihm vor lauter Freude sogar sein Rücken errötete. Ganz verwirrt vor Glück sah er um sich, aber er war ja allein im Zimmer. Diese Rezension war ihm die teuerste von allen. Als er sie damals erhielt, lief er, den sonst die Religion völlig kalt ließ, in die nächste Kirche und verrichtete ein Dankgebet für den unbekannten Kritiker.

Nachdem er diese Bescheinigung seiner Genialität von Anfang bis zum Ende laut und deutlich vorgelesen hatte, seufzte er tief auf und küßte sie ehrfürchtig. Darauf wandte er sich an die im Weihnachtsbaum hängenden Abbilder der Kritiker, die so unzufrieden mit seinen Schöpfungen waren, hob mahnend den Zeigefinger und sprach mit hohler Stimme: «Geht in euch, ihr Heiden!»

Und dann nahm er sie nacheinander ab, knüllte sie zusammen und warf das Bündel in eine Ecke. Von den freundlichen Rezensionen freilich trennte er sich nur schwer. Gerührt blinzelte er ihnen zu. Er wollte sich so gern noch länger daran erlaben. Bloß wie? Ein paar Augenblicke stand er und dachte angestrengt nach. Dann nahm er auch sie vom Baum, glücklich lächelnd, und belegte mit ihnen das ganze Sofa in der Zimmerecke. Zuletzt löschte er die Kerzen, zog sich aus und begab sich auf dem vielen, von seinem Ruhm strotzenden Papier zur Ruhe...

Nun war alles dunkel und still. Zuweilen raschelte Papier, ein wohltuend das Ohr umkosendes Geräusch. Zuweilen auch hörte man jemanden stillvergnügt vor sich hin lachen: «Haha! Hihi!»

Dann gab es nur noch ein kräftig-geruhsames Schnarchen.

Der Mond am Himmel blies die Backen auf, schwamm seines Weges und verbiß sich das Lachen.

Ihm träumte, er liege schlafend auf einem Haufen Rezensionen und um sein Lager stehe ein Chor von Kritikern, der singe nach der Melodie von «Schlaf, Kindchen, schlaf»:

> «Schreib, schreibe du,
> Gib der armen Seele Ruh'...»

Die Gesichter der Kritiker glänzten allesamt vor Milde. Nur – ganz komisch – besaß keiner von ihnen Zähne, so daß die dunklen, weit aufgerisse-

nen Mundhöhlen an gähnend leere Ofenschlünde
denken ließen. Einschläfernde Wärme quoll daraus hervor, und immer dieselbe leise plätschernd
einlullende Melodie:

> «Schreib, schreibe du,
> Schreibe, schreibe, schreibe du...»

Iwan Iwanowitsch sah sie der Reihe nach an und
sagte bewegt: «Ich danke Ihnen! Ich danke Ihnen
gehorsamst! Bei Gott, ich bin ganz verwirrt... es
ist mir direkt peinlich... Schließlich, wer bin ich
denn? Aber ich bin bereit... Tausend Dank! Ich
bin einfach gerührt! Und ich schreibe Ihnen auch
einen Roman, etwas besonders Gutes... Vielen
Dank, meine Herren, vielen Dank!»

Er fühlte, wie es heiß durch seinen Körper lief,
eine höchst angenehme Empfindung...

Plötzlich flossen alle Kritiker in eine einzige
strahlende Gestalt zusammen, und zwar in die
einer Frau. Üppig von Wuchs, das gedunsene Gesicht stark geschminkt, warf sie verführerische
Blicke unter gemalten Lidern hervor, lächelte
mit grellrotem Mund Iwan Iwanowitsch zu wie
einem alten Bekannten. Ihr Gewand prangte in
Gelb, Rot und Grün.

In einer Hand hielt sie einen rutenähnlichen
Zweig, in der andern ein kranzartiges, lorbeer-
duftendes Gebilde. «Was soll das?» Etwas nervös hüllte sich Iwan Iwanowitsch fester in seine Decke. «Ich... Womit kann ich dienen?
Mir scheint, wir kennen uns... Wer sind Sie
denn?»

Sie lachte schallend.

«Kennst du mich nicht mehr? Ich bin doch die Ruhmesgöttin!»

«Entschuldigen Sie vielmals!» rief Iwan Iwanowitsch. «Aber, um Gottes willen, ich kann vor Ihnen nicht aufstehen, ich bin doch nicht angezogen, vielmehr bin ich völlig ausgezogen... Ihr Besuch kommt mir unerwartet, und doch... ich bin höchst erfreut...»

«Hab dich nicht so, Wanjetschka!» sprach die Ruhmesgöttin mit mütterlicher Stimme. «Als ob ich auf solche Mätzchen Wert legte. Ich will dich nur krönen. Hier – empfange meinen Kuß!»

Sie beugte sich zu ihm und sog sich mit ihren überschminkten Lippen an seinem Mund fest. Der Kuß schmeckte ganz deutlich nach Druckerschwärze, fand Iwan Iwanowitsch.

«Iwan!» sprach die Ruhmesgöttin weiter. Mit einem Arm hielt sie ihn umhalst, während sie ihm mit der freien Hand den Kranz auf den Schädel stülpte, wie einen Faßreifen. «Iwan! Komm mit mir auf den Parnaß! Komm! Man erwartet dich!»

«Herrin –! Verstattet nur, daß ich mich ankleide!»

Iwan Iwanowitsch bebte vor Wonne.

«Iwan! Das Genie hat vor dem Auge der Welt nichts zu verbergen, glaube mir nur!»

«Und wenn ich mich erkälte...?» fragte Iwan Iwanowitsch.

«O nein...», beruhigte die Ruhmesgöttin. Damit zerrte sie ihn aus seiner Decke, preßte ihn an sich und begann sein Gesicht abzuküssen. Iwan Iwanowitsch hatte das Gefühl, an ihrem Busen hinzuschmelzen und gleichzeitig aufzulodern. Ihm

war, als bekomme er am ganzen Leibe Brand-
blasen, schlimmer noch, o Gott! Jetzt dehnte
und blähte sich sein ganzer Körper, schwoll an
zu einer einzigen riesigen Wasserblase.

«Was machst du mit mir?» schrie er so laut, daß
er beinahe geplatzt wäre.

Die Göttin lächelte triumphierend, und Iwan
Iwanowitsch verlor das Bewußtsein.

An dem Gefühl kalter Nässe kam er wieder zu
sich. Und sobald er dies tat, begriff er die erstaun-
liche und phantastische Verwandlung, die ihm geschehen war.

Er fand sich als ganz ordinäre Wasserblase wieder. Eine der kurzlebigen Blasen, die bei Sudel-
wetter auf Pfützen sich bilden. Er begriff sofort,
daß es sich tatsächlich um ihn selbst handelte, um
«unseren bekannten und talentierten Schriftsteller», der da auf der Oberfläche einer trüben, kleinen, schlammig umrandeten Wasserlache dahin-
trieb. Um ihn her schwamm eine Unzahl seines-
gleichen; sie pufften ihn aus dem Weg, und dann
platzten sie, unter Gezisch. Über der Pfütze hing
beständig ein seltsames, monotones Geräusch:
zischend, piepsend wie übersäuerter Teig, den
man knetet.

Vom hoffnungslos grauwolkig verhangenen
Himmel fielen verzagt die Regentropfen; sie fielen
in die Pfütze, daß das Wasser sich von ihrem
Aufprall kräuselte, und dann sprangen immer
neue Blasen auf, schwammen ziellos umher, pufften einander, zischten und platzten. Kaum hatten
sie während ihrer kurzen Lebensdauer Zeit genug,

ihre Umgebung und den grauen Himmel wider-
zuspiegeln. Jede wiederholte das Gezisch der andern und trieb sich auf der Pfütze herum, alle
gleich kläglich, trüb und unglücklich...

Iwan Iwanowitsch hielt sich zuerst abseits. Er
blähte sich so stark es irgend möglich war, ohne
zu platzen, und sah mit herablassender Neugier
umher, um festzustellen, wo er überhaupt sei.

Was war hier los?

An ihm vorbei trieb eine Menge kleiner Blasen
zum Pfützenrand. Eine davon zischte schulmei-
sterlich den andern zu: «Der Sinn des Lebens liegt
in der Schönheit...»

«– heit – heit – heit...», echote eine der Schü-
lerblasen im Kielwasser des Lehrers. Dabei gab sie
sich das Aussehen eines Neunmalklugen, der alles
und jedes weiß, blies sich gewaltig auf – und
platzte.

«Der Schriftsteller ist eine Schalmei, daraus Le-
bensweisheit quillt, in Harmonie von Wort und
Ton... Auch ist er ein Pinsel in der Hand des
Lebensgeistes, ein Pinsel, womit der Weise malt
auf die Tafeln der Kunst...»

An dieser Stelle platzte der Redner, und zwar
ohne die geringste Spur zu hinterlassen.

«Die Redensarten sind mir doch bekannt?»
dachte Iwan Iwanowitsch. «Und die Gesichter
auch, scheint mir... Aber es ist doch komisch.
Warum beachtet mich denn keiner?»

Und dabei blies er sich noch etwas stärker auf.

Aber dann bekam er einen Stoß und erblickte
neben sich eine ihm unbekannte Blase.

«Guten Tag, Iwanow! Kennen Sie mich nicht?

Erinnern Sie sich an die Kritik Ihrer Erzählung im ‹Gemurmel der Abgelebten›? Die war von mir!»

«Ach!» rief Iwanow, angenehm überrascht. «Sie sind das! Glauben Sie mir, daß ich... daß ich Ihnen... ich freue mich riesig! Tausend Dank! Ihr Artikel war zugleich feinsinnig und gescheit, wirklich schmeichelhaft!»

«Ganz nach Verdienst... Ihr Talent hat mir summa summarum Material für zehn Feuilletons geliefert, ganz zu schweigen von der genußreichen Lektüre Ihrer lichtvollen Ausführungen... Wirklich, ein enormes Talent!»

«Hihi! Sehr angenehm... Es tut wohl, wenn man gefällt. Das bedeutet doch, man hat die Sache genau richtig angepackt. Trotzdem gibt es Leute, die mich herunterreißen...»

«Aber, ich bitte Sie! Kann man derlei überhaupt ernst nehmen? Was verstehen solche überhaupt von Literatur? Während ich – vergessen Sie das nicht – mich schon seit einhundertunddrei Jahren mit Literaturkritik befasse! Jawohl!»

«Ich bin Ihnen zutiefst verbunden. Aber sagen Sie – was soll das hier? Wo sind wir eigentlich?»

Der Kritiker drehte sich einmal flink um seine Achse, bevor er antwortete: «Auf dem Parnaß! Auf unserem zeitgenössischen Parnaß!»

Iwan Iwanowitsch wurde ganz klein vor Verblüffung.

«Ach so...», sagte er nur, nach geraumem Schweigen. «Sieh mal an! Eigentlich ganz nett, nur etwas eng und feucht, finden Sie nicht auch?»

«Ach, man gewöhnt sich. Zugegeben, der Platz ist reichlich feucht, aber...»

Plötzlich fühlte sich Iwan Iwanowitsch be-
sprüht, als habe sein Gesprächspartner niesen müssen. Er sah sich um – da war kein Kritiker mehr.

«Wie schnell sie doch platzen!» dachte er und
schrumpfte noch mehr zusammen. Um ihn her
sprangen neue und immer neue Blasen auf. Mit
einem Mal kamen sie auf der Pfütze angehüpft,
erfaßten mit feinem Gehör irgend etwas kurz vor
ihrer Existenz Gesagtes, wiederholten dies eine
Wort oder diesen einen Satz monoton, ihr Leben
lang, und verschwanden.

Sie pufften einander kräftig, wenn auch möglichst unauffällig. Es war deutlich zu sehen, daß
sie einander nicht ausstehen konnten, und ebenso
deutlich zu hören, wie Bosheit, gekränkte Eitelkeit und Neid aus ihrer Rede zischte. Jede versuchte, sich größtmögliche Beachtung zu verschaffen; jede schubste die andere aus dem Weg;
jede einzelne war bemüht, die empfindlichste
Stelle der Nachbarblase herauszufinden, damit der
Stoß auch recht schmerzhaft sei.

«Wir spiegeln das Leben... Wir spiegeln das
Leben...», zischte es ringsumher.

«Wo ist denn das Leben? Oder vielmehr – wie
sehen sie es denn, das Leben?» dachte Iwan Iwanowitsch.

Dieser trübe, blasenübersäte Tümpel glich dem
Leben recht wenig – falls man von den albernen
Gefühlen, Ideen und Reden absehen wollte, welche
die Blasen von sich gaben. Viel zahnloses Gezisch,
viel Anstrengung und Getue, mehr zu scheinen als
eine Blase – aber das Ende war immer gleich be-
trüblich. Ein kurzes Pschsch! – und statt der bis-

herigen Blase zitterte ein kleines Gekräusel, das sich seinerseits geschwind auf der Wasserfläche verlor...

Iwan Iwanowitsch wurde es unbehaglich.

«Eigentlich – müßte man es ihnen sagen. Man müßte es ihnen wirklich sagen! Etwa so: ‹Meine Herren! Sie befinden sich völlig außerhalb des Lebens! Geben Sie acht! Seine Rache ist gräßlich! Sie alle, wie Sie hier auf diesem Tümpel versammelt sind, geben sich der Täuschung zu leben hin! Auf zum Leben, meine Herren! Zum wahren Leben! Lassen Sie uns die Streitaxt begraben! Lassen Sie uns leben!› Jawohl, wenn ich so zu ihnen spreche, wird sich mir die allgemeine Aufmerksamkeit zuwenden. Und ich werde mit einem Schlag alle unter mir lassen...»

Iwan Iwanowitsch blies sich ordentlich auf, um auch die nötige Puste zu seiner Heldentat zu haben. Er blies sich aus Leibeskräften auf und begann mit lauter Stimme: «Meine Herren! Ich will Ihnen...»

Aber da platzte er.

Und erwachte.

Zuallererst tastete er nach den Rezensionen. Als er sie lieblich unter seinen Fingern knistern hörte, begriff er, daß alles in bester Ordnung war.

«So ein dummer Traum!» dachte er. «Geradezu unglaublich blödsinnig! Pfui Teufel!»

Freilich schien ihm, nachdem er die Augen wieder geschlossen hatte, das Zimmer erfüllt von trüben Luftblasen, ziellos umhertreibend, lautlos platzend... Doch hinderte diese Vision ihn keineswegs daran, erneut und tief zu entschlummern.

116

VOLTAIRE
1694–1778

Von der Enzyklopädie

Ein Diener Ludwigs XV. hat mir erzählt, daß eines Tages, als sein Herr, der König, in kleinem Kreis im Trianon zu Abend speiste, das Gespräch sich zuerst um die Jagd drehte und dann um das Schießpulver. Jemand sagte, das beste Pulver gewinne man durch eine Mischung aus Salpeter, Schwefel und Kohle zu gleichen Teilen. Der Duc de La Vallière, der mehr darüber wußte, behauptete, zur Herstellung eines guten Kanonenschießpulvers benötige man nur je einen Teil Schwefel und Kohle auf fünf Teile gut filtrierten, gut eingedampften, ausgedünsteten und gut auskristallisierten Salpeters.

«Es ist komisch», sagte der Duc de Nivernois, «daß wir uns damit vergnügen, täglich im Park von Versailles Rebhühner oder auch Menschen zu töten oder uns an der Grenze selber töten zu lassen, ohne genau zu wissen, womit man tötet.»

«Leider», antwortete Madame de Pompadour, «geht es uns mit allen Dingen dieser Welt so. Ich weiß nicht, woraus die rote Schminke besteht, die ich auf meine Wangen streiche, und man brächte mich in arge Verlegenheit mit der Frage, wie man die Seidenstrümpfe macht, in denen meine Beine stecken.»

«Es ist schade», meinte darauf der Duc de La Vallière, «daß Eure Majestät unsere enzyklopädischen Wörterbücher beschlagnahmt haben, deren jedes uns hundert Pistolen gekostet hat. Darin würden wir bald die exakte Antwort auf all unsere Fragen finden.»

Der König rechtfertigte seine Beschlagnahme. Man habe ihn gewarnt, die einundzwanzig Foliobände, die man auf den Schminktischen sämtlicher Damen finde, seien die gefährlichste Sache der Welt für das Königreich Frankreich. Er habe sich höchstselbst vergewissern wollen, ob dies wahr sei, bevor er gestatte, daß man das Werk lese. Gegen das Ende des Soupers sandte er drei Kammerdiener, sein Exemplar herbeizuschaffen, worauf ein jeder von ihnen mühsam sieben Bände anschleppte.

Unter dem Stichwort «Pulver» erfuhr man, daß der Duc de La Vallière recht hatte, und bald darauf lernte Madame de Pompadour den Unterschied zwischen der alten spanischen Schminke, mit der die Damen von Madrid sich noch immer ihre Wangen röten, und der Schminke der Damen von Paris kennen. Sie lernte, daß sich die Damen Griechenlands und die Damen Roms mit Purpur geschminkt hatten, welches man aus der Stachelschnecke gewann, und daß unser Scharlachrot folglich das Purpur der Antike war, ferner, daß die spanische Schminke mehr Safran enthielt, die französische dagegen mehr Koschenille, das Rot der Schildlaus.

Sie ersah, wie man ihre Strümpfe wob, und die dazu verwendete Maschine erstaunte und entzückte sie. «Ah! Welch ein schönes Buch!» rief sie aus. «Majestät haben also diesen Speicher aller nützlichen Dinge beschlagnahmt, um ihn allein zu besitzen und um der einzige Gelehrte in unserem Reich zu sein?»

Alle fielen über die Bände her, wie die Töchter des Lykomedes über die Kleinodien des Odysseus, und jeder fand darin augenblicklich, was er suchte. Jene, die Prozesse auszutragen hatten, entdeckten zu ihrer Überraschung den in ihrer Sache zu erwartenden Schiedsspruch. Der König bekam darin all seine Kronrechte zu lesen. «Wahrhaftig», sagte er, «ich weiß nicht, warum man mir über dieses Werk so viel Schlechtes gesagt hat.»

«Nun», sagte der Duc de Nivernois zu ihm, «sehen Eure Majestät nicht, daß man dies tat, *weil* es sehr gut ist? Auf Mittelmäßiges und Plattes haut keiner ernstlich ein. Wenn aber Frauen eine Neue lächerlich machen wollen, kann man Gift drauf nehmen, daß sie hübscher ist als sie.»

Derweilen wurde eifrig geblättert. Der Comte de C*** aber sagte laut: «Eure Majestät können sich glücklich schätzen, daß es unter Ihrer Herrschaft Männer gegeben hat, welche nicht nur mit allen Künsten und Wissenschaften vertraut waren, sondern sie auch der Nachwelt vermitteln konnten. Alles ist hier vorhanden, von der Fertigung einer Stecknadel bis zum Guß und zur Richtung Ihrer Kanonen, vom unendlich Kleinen bis zum unendlich Großen. Danken Sie Gott dafür, daß er in Ihrem Reich Menschen hat zur Welt kommen lassen, die so dem ganzen Universum gedient haben. Andere Völker müssen die ‹Enzyklopädie› kaufen oder sie kopieren. Nehmen Sie all mein Besitztum, aber geben Sie mir meine ‹Enzyklopädie› zurück.»

«Und doch», erwiderte der König, «wird behauptet, es steckten in diesem so notwendigen und bewundernswerten Werk sehr viele Fehler.»

«Majestät», sagte der Comte de C***, «bei Ihrem Souper hat es zwei mißlungene Ragouts gegeben. Wir haben darauf verzichtet, und doch haben wir vortrefflich gespeist. Hätten Sie gewünscht, daß man wegen zwei mißratener Speisen das ganze Mahl zum Fenster hinauswerfe?»

Der König spürte die Macht der Vernunft. So kam denn ein jeder wieder zu seinem Eigentum. Es war ein schöner Tag.

Die Mißgunst und die Unwissenheit gaben sich aber noch nicht geschlagen. Diese beiden unsterblichen Schwestern zeterten auch weiterhin, schmiedeten Ränke und stifteten Verfolgungen an. Die Unwissenheit ist hierin sehr bewandert.

Und was geschah dann? Die Ausländer machten vier Ausgaben dieses französischen Werks, das in Frankreich verboten war, und lösten dafür an die achtzehnhunderttausend Taler.

Franzosen, achtet darauf, in Zukunft Eure Interessen besser wahrzunehmen!

Die Fehler in den Büchern

Eine Geschichte um Nasreddin Hodscha

In der Stadt häuften sich die Fälle von Gewalttaten beträchtlich; der Polizeimeister sah sich genötigt, das Tragen aller Waffen zu verbieten. Aber trotz dieses Verbotes trug Nasreddin Hodscha* seinen Krummsäbel weiter.

Eines Tages begegnete ihm der Polizeimeister auf der Straße und bemerkte sofort den Säbel, den der Hodscha unter seinem Kaftan verborgen hatte.

«Weißt du nicht, daß das Tragen jeglicher Art von Waffen in der Stadt verboten ist?» fuhr der Polizeimeister den Hodscha an.

«Das ist aber keine Waffe», erwiderte darauf der Hodscha gelassen.

«Was ist es denn?»

«Das ist mein Messer, mit dem ich die Fehler in den Büchern auskratze und verbessere.»

«Willst du mich auslachen, Hodscha!» rief der Polizeimeister außer sich. «Warum nimmst du dafür kein Taschenmesser?»

---

* Die volkstümliche Gestalt soll im 14. Jahrhundert gelebt haben.

«Hast *du* eine Ahnung von Fehlern!» antwortete der Hodscha bekümmert. «Manchmal entdecke ich so große Fehler, daß nicht einmal *dieses* Messer genügt.»

HJALMAR SÖDERBERG

1869–1941

Eine Tasse Tee

Es heißt, daß man in England einen guten Teil
seines sozialen Ansehens riskieren kann, wenn
man Branntwein oder damit vergleichbare Ge-
tränke in der Öffentlichkeit zu sich nimmt. Na ja,
jedes Land hat seine Sitten. Ich setzte mich gestern
abend nicht übel in die Nesseln, als ich im Kaffeehaus eine Tasse Tee trinken wollte... es kann ja
gleichgültig sein, was für ein Café es war.

Die Sache ist die, daß ich gerade damit beschäftigt bin, an einen Roman in zwei Teilen, in dem
ich den Schwindel des ganzen modernen Gesell-
schaftslebens enthüllen werde, letzte Hand anzulegen. Nur noch das Schlußkapitel fehlt mir, und
ich hatte mir eben vorgenommen, es gestern zu
schreiben. Ich stand also morgens um acht Uhr
auf, setzte mich, brennend vor Schreibfieber, im
bloßen Hemd ans Pult und begann: «Die Okto-
berdämmerung breitete sich immer dichter über
der Stadt aus, während der Herbstregen...» Weiter kam ich nicht, als mein Telephon klingelte. Es
war einer meiner Freunde, der Geld leihen wollte
– eine Bagatelle, einige hundert Kronen –, aber
er brauchte es sofort. Ich konnte natürlich nicht
nein sagen, und da ich zufälligerweise niemanden
hatte, den ich damit hinschicken konnte, mußte

ich selbst gehen. Ich ging also – und auf dem Heimweg, gerade vor meiner Haustür, traf ich einen anderen meiner Freunde, der damit beschäftigt war, in einer Droschke herumzufahren und eine Gesellschaft zu gründen, und der mich fragte, ob ich nicht Lust hätte, den Posten des Kassendirektors zu übernehmen. Ich wollte nicht so ohne weiteres nein sagen, das hätte ja unhöflich ausgesehen; ich stimmte deshalb erst einmal zu, mit ihm zu frühstücken, um die Sache weiter zu diskutieren. Erst frühstückten wir also, und dann begannen wir zu diskutieren. Es war zwei Uhr geworden, und wir waren eben nahe dabei, zu einem definitiven Resultat zu kommen, als meine Jungfer, die auf unerforschliche Weise meinen Aufenthaltsort ausfindig gemacht hatte, hereingestürzt kam und berichtete, daß meine Schwiegermutter im Sterben liege. Meine Schwiegermutter wohnt auf Kungsholmen; ich nahm also eine Droschke und fuhr hin. – Ganz richtig, meine Schwiegermutter lag wirklich im Sterben, aber sie starb erst gegen sechs Uhr. Endlich konnte ich ans Heimkehren denken und meinen Roman fertig schreiben... Aber siehe da: auf dem Jakobsplatz blieb ich wie gewohnt vor Silvanders Geschäft stehen, um mir eine neue Art Handschuhe anzuschauen, und als ich mich umdrehte, um heimwärts weiterzugehen, stand ich dem dritten meiner Freunde gegenüber, einem Mann, der es leid geworden war, Gesellschaften zu gründen, und der lieber Schach spielen wollte. Er fragte mich also, ob ich Whisky trinken und Schach spielen wolle. «Tausend Dank», antwortete ich ihm ohne

Nachdenken, denn ich hatte meinen Roman ganz
und gar vergessen, und als ich mich im nächsten
Augenblick wieder daran erinnerte, hatte ich nun
schon ja gesagt und konnte nicht mehr nein sagen – das hätte von Charakterlosigkeit gezeugt.
Wir gingen also zu ihm nach Hause, und bis um
elf Uhr tranken wir dort Whisky und spielten
Schach. Da sagte ich gute Nacht und ging heim
mit dem unerschütterlichen Vorsatz, meinen
Roman fertig zu schreiben – und nun beginnt
die Geschichte.

Hört also zu:

Mein Heimweg dauerte ungefähr zehn Minuten. Als ich die Hälfte gegangen war, bemerkte
ich, daß ich müde und etwas schläfrig war, und
ich hatte unwillkürlich den Gedanken, daß es
vermutlich mit dem Schreiben nicht gut gehen
werde, wenn ich nach Hause ginge und mich in
dem Zustand, in dem ich war, an den Schreibtisch
setzte.

«Hier rechts liegt ein gemütliches Kaffeehaus»,
sagte ich zu mir. «Wenn ich da hineingehe und
eine große Tasse starken Tee trinke und mich
dann heim begebe und schreibe, wird das Schlußkapitel meines Romans wunderbar.»

Ich ging also hinein.

Im Café saß wie gewöhnlich das schwedische
Volk und trank Punsch. Ein einziger kleiner Tisch
war frei, und der stand in der Mitte des Saales.
Dort ließ ich mich nieder.

«Kann ich eine Tasse Tee haben», sagte ich zu
einer der Bedienerinnen.

Da wurde es vollkommen still im Saal. Rundherum saß das schwedische Volk mit dicken Bäuchen und rosigen Wangen und trank Punsch; und in regelmäßigen Abständen stieß es mit den Gläsern an und sagte: «Nun trinken wir aus in einem Zug!»

Aber als ich eine Tasse Tee verlangte, wurde es vollkommen still im Raum.

«Eine Tasse Tee?» fragte die Bedienerin mit unsicherem Tonfall.

«Ja», antwortete ich, «eine Tasse Tee!»

«Soll es nur Tee sein? Wollen Sie nicht Butter und Brot? Und Branntwein und Bier? Und Punsch?»

«Nein danke», antwortete ich freundlich. «Ich will nur eine Tasse Tee.»

«Jawohl», antwortete sie.

Man starrte mich von allen Seiten an. Während einer ganzen Minute gab es keinen, der sein Glas in einem Zug leerte.

Rundherum sprach man von mir, und ich hörte einen Teil von dem, was gesprochen wurde.

«Das ist ein verrückter Ausländer», sagte einer.

«Pfui Teufel, wieviel Heuchelei und Schwindel gibt es nicht heutzutage», sagte ein anderer.

«Er ist besoffen und will nüchtern werden», sagte ein dritter.

«Wie kann man nüchtern werden wollen, wenn man besoffen ist», sagte ein vierter.

Die Bedienerin kam mit meinem Tee. Ich bezahlte sofort und gab ihr eine Krone Trinkgeld, damit sie nicht glauben sollte, ich trinke bloß Tee, weil mein Geld nicht dazu ausreichte, Punsch zu trinken.

Aber ich kam nie so weit, diesen Tee auszutrinken. Ich saß ganz still und friedlich und rührte darin und versuchte durch mein ganzes Benehmen meinen Nachbarn klarzumachen, daß ich ihnen nicht böse war – als ein alter Kamerad aus Uppsala, den ich seit fünfzehn Jahren nicht mehr gesehen hatte, plötzlich vor mir stand und mit starren Augen auf mich und auf meine Teetasse stierte.

«Bist du's denn wirklich?» fragte er entrüstet. «Willst du wirklich diese Brühe trinken?»

«Ja», sagte ich schüchtern.

«Aha, so weit ist es schließlich mit dir gekommen. Schändlich ist das.»

Ich meinte, er scherze, und wollte etwas im selben Ton antworten.

«Ich glaub', du versuchst, geistreich zu tun», antwortete mein alter Kamerad.

Und jetzt erst merkte ich, daß er stockbetrunken war.

Ohne Umschweife gestand er mir dann, daß er mich von der ersten Stunde unserer Bekanntschaft an nie habe leiden können. Er habe sofort bemerkt, daß ich ein Schwindler – oder, wenn ich wolle, daß er sich deutlicher ausdrücke – ein Schweinehund sei. Er habe sich immer nach einer passenden Gelegenheit gesehnt, mir das sagen zu dürfen, und jetzt sei es gesagt!

Mein alter Kamerad hatte sich mehr und mehr in Hitze geredet; zuletzt schrie er, daß man es im ganzen Saal hörte. Alle lauschten entzückt, und der Oberkellner erschien in der Tür. Er war ein großer, hochroter Kerl.

«Was ist denn los?» fragte er mit drohender Stimme und sah sich in der Gesellschaft um.

Da zeigten alle auf mich und sagten im Chor: «Es ist der Herr da; der sitzt hier und ist unverschämt!»

Im nächsten Augenblick befand ich mich auf der Straße, und was meinen Roman betrifft, so gedenke ich ihn heute fertig zu schreiben.

JOHN GALSWORTHY

1867–1933

Gleichnis eines Romanciers

Vor langer Zeit hatte der Prinz von Felicitas Gelegenheit, auf eine Reise zu gehen. Es war an einem Abend im Spätherbst, mit wenigen bleichen Sternen und einem Mond, nicht größer als die Kuppe eines Fingernagels. Und als er durch die Gemarkungen seiner Stadt ritt, war die weiße Mähne seiner bernsteinfarbenen Stute alles, was er im Halbdunkel der Hauptstraßen deutlich erblicken konnte. Sein Weg führte durch ein Viertel, das ihm nur wenig bekannt war; und er stellte überrascht fest, daß sein Pferd, statt mit der gewohnten sanftmütigen Energie vorwärtszutraben, vorsichtig von einer Seite auf die andere schritt, ab und zu innehielt, den Hals bog und die Ohren spitzte – wie aus Furcht vor einem unsichtbaren Etwas in der Dunkelheit; und zu beiden Seiten hörte man Lebewesen rascheln und wuseln, während ständig ein leiser, kalter Hauch, wie von Flügeln, die Wangen des Reiters umfächelte.

Der Prinz drehte sich schließlich im Sattel um, aber die Dunkelheit war so groß, daß er nicht einmal seine Begleiter sehen konnte.

«Wie heißt diese Straße?» fragte er.

«Hoheit, sie wird Vita Publica genannt.»

«Sie ist sehr dunkel.»

Während er noch sprach, stolperte sein Pferd; doch nach einer Anstrengung hatte es wieder festen Boden unter den Füßen und stand heftig zitternd still. Und all die Künste seines Meisters vermochten das Tier nicht zum Weitergehen zu bewegen.

«Hat in dieser Straße niemand eine Laterne?» fragte der Prinz.

Seine Begleiter begannen sogleich laut nach jemandem zu rufen, der eine Laterne hätte. Nun wollte es der Zufall, daß ein alter Mann, der in seiner Hütte auf einem Strohsack schlief, von diesen Rufen geweckt wurde. Als er hörte, daß der Prinz von Felicitas selbst da war, kam er hastig mit seiner Laterne herbei und stand zitternd neben dem Pferd des Prinzen. Es war so dunkel, daß ihn der Prinz nicht sehen konnte.

«Entzünde deine Laterne, Alter», sagte er.

Der alte Mann zündete mit Mühe seine Laterne an. Ihre blassen Strahlen entwichen zu beiden Seiten; grimmig schön war der Anblick, den sie offenbarten. Hohe Häuser, prächtige Innenhöfe und ein Palmengarten; vor dem Pferd des Prinzen eine tiefe Senkgrube, auf deren zackige Ränder das brave Tier die Hufe gesetzt hatte; und soweit der Schein der Laterne reichte, in beiden Richtungen die ausgefahrene Straße hinunter, herausgerissene Pflastersteine und glatte Mosaikböden aus Marmor; Dreckpfützen, die tief hängenden Früchte eines Orangenbaumes und die dunklen, eiligen Schatten riesiger Ratten, die quer über die Straße von Haus zu Haus schossen. Der alte Mann hielt die Laterne höher, und sogleich hätten Fledermäuse, die dagegenflogen, das Licht ausgeschlagen, wäre es nicht durch die Einfassung aus Horn ein wenig geschützt gewesen.

Der Prinz saß still auf seinem Pferd und betrachtete zuerst das ausgefahrene Stück Weg, das er zurückgelegt hatte, und dann das ausgefahrene Stück Weg, das vor ihm lag.

«Ohne ein Licht», sagte er, «ist diese Straße gefährlich. Wie heißt du, Alter?»

«Mein Name ist Cethru», antwortete das alte Rauhbein.

«Cethru!» sagte der Prinz, «es soll hinfort deine Aufgabe sein, mit deiner Laterne diese Straße auf und ab zu gehen, die ganze Nacht lang und jede Nacht» – und er schaute Cethru an: «Verstehst du, Alter, was du zu tun hast?»

Der alte Mann antwortete mit einer Stimme, die zitterte wie eine rostige Flöte: «Jawohl! – auf und ab gehen mit meiner Laterne, damit die Leute den Weg sehen.»

Der Prinz nahm die Zügel auf; aber der alte Mann taumelte vorwärts und berührte seinen Steigbügel. «Wie lange soll ich diese Arbeit tun?»

«Bis du stirbst!»

Cethru hielt seine Laterne hoch, und sie sahen, wie sein Gesicht, ausgemergelt und ledern, zuckte und zitterte, und sein schütteres graues Haar flatterte im Wind der Fledermausflügel, die um das Licht kreisten.

«Es wird sehr hart sein!» stöhnte er, «und meine Laterne ist ein gar armseliges Ding.»

Mit einem hoheitsvollen Blick beugte sich der Prinz von Felicitas vor und berührte des alten

Mannes Stirn. «Bis du stirbst, Alter», wiederholte er; und er bat sein Gefolge, an Cethrus Laterne Fackeln anzustecken, und ritt weiter die sich windende Straße hinunter. Die Hufschläge verhallten in der Nacht, und wieder hörte man das Wuseln und Rascheln der Ratten und das Geflüster der Fledermausflügel.

Cethru, alleingelassen auf der dunklen Straße, seufzte schwer; dann spuckte er in die Hände, schnallte sich den alten Gürtel enger um die Lenden, schlang die Laterne um seinen Stab, hielt sie auf Hüfthöhe und machte sich auf, die Straße entlang. Er kam nur sehr langsam vorwärts, denn er mußte viele Male stehenbleiben und die Flamme in der Laterne wieder zum Brennen bringen, welche die Fledermausflügel, sein eigenes Stolpern und die Püffe von Wegelagerern oder heimkehrenden Zechbrüdern ständig auslöschten. Um die lange Straße abzuschreiten, brauchte er die halbe Nacht, und die andere Hälfte benötigte er für den Rückweg. Der safranfarbene Schwan der Morgenröte, der langsam den Himmelsfluß zwischen den hohen Dächerufern heraufschwamm, bog den Hals durch das dunkle Luftwasser, um ihn dort unten herumstolpern zu sehen, mit seinem noch rauchenden Docht. Kaum erblickte Cethru den sonnenhellen Vogel, setzte er sich mit einem tiefen Freudenseufzer nieder und schlief ein.

Als es nun den Bewohnern der Häuser an der Vita Publica zu Ohren kam, daß dieser alte Mann jede Nacht mit seiner Laterne ihre Straße auf und ab ging; als sie bemerkten, wie die bleichen Strahlen in buntem Wechsel über Senkgruben und Gartentore glitten, über die fensterlosen Hütten und die reich behauenen Fassaden ihrer Paläste; als sie sahen, wie die Strahlen ihre Reise unterbrachen und in der Luft hingen wie eine Handvoll Narzissen, die man vor das schwarze Kraut Geheimnis hält – da sagten sie: «Es ist gut, daß der alte Mann da patrouilliert – wir werden besser sehen, wohin wir gehen; und wenn die Stadtwache ein Geschäft in Aussicht nehmen oder die Pflästerung instand setzen will, wird ihr seine Laterne ganz gute Dienste leisten.» Und sie pflegten ihm, wenn er vorbeiging, aus ihren Türen und Fenstern zuzurufen: «Holla, Cethru, Alter! Alles in Ordnung mit unserem Haus und der Straße davor?»

Aber statt einer Antwort hielt der alte Mann nur seine Laterne hoch, damit sie im Kegel des blassen Lichts das eine oder andere Auffällige sehen konnten. Und sein Schweigen verwirrte sie, einen nach dem andern, denn alle hatten erwartet, daß er antworten würde: «Gewiß! Mit *Eurem* Haus ist alles zum Besten, ihr Herren, und auch mit der Straße davor!»

So wurden sie verärgert über den alten Mann, der scheinbar zu nichts anderem fähig war, als seine Laterne hochzuhalten. Und allmählich begann es ihnen zu mißfallen, daß er an ihren Türen vorbeizog mit seinem blassen Licht, in dessen Schein sie unfehlbar nicht nur die reich behauenen Fassaden und verschnörkelten Tore der Innenhöfe und prächtigen Gärten sahen, sondern auch Dinge, welche dem Auge nicht angenehm waren. Und sie murrten untereinander: «Wozu ist dieser alte Mann mit seiner dummen Laterne nütze? Wir können auch ohne ihn alles sehen, was wir sehen wollen; sogar sehr gut kamen wir zurecht, bevor es ihn gab.»

So bewarfen ihn, wenn er vorbeiging, die Reichen, die gerade soupierten, mit Orangenschalen und leerten ihm den Bodensatz ihres Weines über den Kopf; und die Armen, die in ihren Hütten schliefen, drehten sich auf die andere Seite, wenn der Schein der Laterne auf sie fiel, und verfluchten ihn für die Störung. Auch die Zechbrüder und Wegelagerer behandelten ihn nicht höflich: sie fesselten ihn an die Mauer, wo er gezwungen war zu bleiben, bis ihn ein freundlicher Heimkehrer erlöste. Und ständig verdunkelten die Fledermäuse die Laterne mit ihren Flügeln und versuchten, die Flamme zu ersticken. Und der alte Mann dachte: «Dies ist ein schrecklich schweres Stück Arbeit; ich kann's, scheint es, niemandem recht machen.» Aber weil es ihm der Prinz von Felicitas so befohlen hatte, fuhr er fort, jede Nacht mit der Laterne auf und ab zu gehen und jeden Morgen, wenn über ihm der safranfarbene Schwan heraufschwamm, in Schlaf zu versinken. Aber sein Schlaf dauerte nicht lange; denn er sah sich genötigt, jeden Tag viele Stunden damit zu verbringen, Binsen zu sammeln und Talg für seine Laterne zu sieden, und so ähnelte sein hageres Gesicht immer mehr sprödem Leder.

Nun geschah es, daß die Stadtwache, der etliche Klagen vorgetragen worden waren, daß Leute in der Vita Publica von Ratten gebissen worden seien, bezweifelte, ob es ihre Pflicht war, die gefährlichen Tiere auszurotten. Darum leitete sie eine Untersuchung ein, zitierte die betroffenen Personen herbei und fragte sie, wie sie in einer derart dunklen Straße feststellen konnten, daß es sich bei den Tieren, von denen sie gebissen worden waren, tatsächlich um Ratten handelte. Da sich nun schon einige Zeit lang niemand fand, der mehr sagen konnte, als was er gehört hatte, und dies kein Beweis war, hatte die Stadtwache guten Grund zur Annahme, daß sie schließlich doch nicht gezwungen sein würde, dieses lästige Unterfangen zu beginnen. Aber dann trat jemand vor, der aussagte, daß er die Ratte, die ihn gebissen hatte, im Schein der Laterne eines alten Mannes selbst gesehen habe.

Als die Wachleute dies hörten, waren sie verstimmt, denn sie wußten, sollte es wahr sein, wären sie gezwungen, die leidige Angelegenheit in Angriff zu nehmen. So sagten sie: «Führt diesen alten Mann vor!»

Cethru wurde ihnen zitternd vorgeführt.

«Was hören wir da, alter Mann, von deiner Laterne und der Ratte? Und überhaupt, was hast du in der Vita Publica zu jener nächtlichen Stunde getrieben?»

Cethru antwortete: «Ich kam bloß mit meiner Laterne vorbei!»

«Sag uns – hast *du* die Ratte gesehen?»

Cethru schüttelte den Kopf. «Meine Laterne sah die Ratte, vielleicht!» murmelte er.

«Alter Kauz!» sagte der Hauptmann der Wache. «Gib acht, was du sagst! Wenn du die Ratte gesehen hast, warum hast du dann diesem bedauernswerten Bürger, der von ihr gebissen wurde, nicht geholfen – einmal, sich das Nagetier fernzuhalten, und dann, es zu erschlagen und damit das Volk vor gefährlicher Ansteckung zu bewahren?»

Cethru schaute ihn an und antwortete einige Augenblicke lang nicht; dann sagte er langsam: «Ich kam bloß mit meiner Laterne vorbei!»

«Das hast du uns schon erzählt», sagte der Hauptmann, «es ist keine Antwort.»

Cethrus lederige Wangen wurden weinrot – so erpicht darauf und gleichzeitig so unfähig zu sprechen war er. Und all die Wachleute höhnten, lachten und sagten: «Das ist ja wohl ein schöner Zeuge.»

Aber plötzlich redete Cethru: «Was sollte ich Ratten töten; es ist nicht meine Sache, Ratten zu töten.»

Der Hauptmann der Wache streichelte seinen Bart, schaute den alten Mann verächtlich an und sagte: «Wie mir scheint, Brüder, ist das ein arbeitsscheuer alter Vagabund, der niemandem etwas nützt. Wir wären gut beraten, denke ich, gegen ihn Anklage wegen Landstreicherei zu erheben. Aber darum geht es im Augenblick nicht. Infolge des wenig glücklichen Umstands, daß dieser alte Mann mit seiner Laterne vorbeikam, sieht es in der Tat so aus, daß Einwohner von Nagetieren gebissen worden sind. Es ist damit, fürchte ich, unsere Pflicht, Maßnahmen gegen diese schädlichen und so gewalttätigen Tiere zu ergreifen.»

Und unter dem Seufzen der Wachleute wurde es so beschlossen.

Cethru war froh, unbeachtet vom Gerichtshof wegzuschlurfen; er setzte sich unter einen Kameldattelbaum außerhalb der Stadtmauer und grübelte: «Sie waren grob mit mir! Ich habe nichts getan, soviel ich weiß!»

Und er saß lange da, über ihm die Dattelbüschel, golden wie Sonnenlicht. Dann, als der Abendgeruch der Magnolienblüten ihn warnte, daß die Nacht wie ein Schwarm dunkler Vögel auf die Ebene herniederfiel, erhob er sich schwerfällig und machte sich wie gewöhnlich auf den Weg zur Vita Publica.

Er war auf der dunklen Straße erst wenig vorangekommen, seine Laterne auf Brusthöhe haltend, als ein Platschen und Hilferufe an seine langen, dünnen Ohren drangen. Eingedenk der Ermahnung des Hauptmanns blieb er stehen und spähte umher, aber weil er so nahe beim Licht seiner eigenen Laterne war, sah er nichts. Gleich darauf hörte er nochmals ein Platschen und das Geräusch von Schlägen und Püffen; doch da er noch immer nicht imstande war, klar zu erkennen, woher es kam, war er gezwungen, verwirrt seinen Rundgang fortzusetzen. Aber er war kaum bis zur nächsten Biegung der schummrigen, gewundenen Straße gekommen, als ihn jammervolle, laute Schreie bedrängten. Wieder stand er still, von seiner eigenen Lampe geblendet. Irgendwo in der Nähe wurde jemand verprügelt, denn schemenhafte, sich schnell bewegende Gestalten tauchten aus dem tiefen Violett der Nachtluft in den Schein seiner Laterne. Die Schreie schwollen an, verhallten und schwollen wieder an; und der verstörte Cethru ging weiter auf seinem Weg. Aber fast am Ende seines ersten Rundgangs hielt ihn ein langes, tiefes Seufzen, wie das eines dicken Mannes in seelischer Not, wiederum auf.

«Zum Henker!» dachte er, «diesmal *will* ich sehen, was es ist», und er drehte sich rundherum und hielt seine Laterne einmal nach oben, einmal nach unten und dann auf beide Seiten. «Da ist der Teufel und die ganze Hölle los, heute nacht», murmelte er dann vor sich hin; «etwas holt hier schrecklich laut Luft.» Aber er konnte beim besten Willen nichts sehen, außer daß das feiste und doch seelenvolle Seufzen um so schmerzlicher wurde, je höher er seine Laterne hielt. Und verzweifelt machte er sich schließlich wieder auf den Weg.

Am Morgen, als er ausgestreckt auf seinem Strohsack noch schlief, kam ein Angehöriger der Wache zu ihm.

«Alter Mann, man verlangt nach dir bei Gericht. So steh denn auf und nimm deine Laterne mit.»

Schwerfällig erhob sich Cethru. «Was wollen sie denn jetzt von mir, Herr?»

«Ach», antwortete der Wachmann, «sie wollen sehen, ob sie deinen Machenschaften nicht ein Ende bereiten können.»

Cethru zitterte und war still.

Als sie nun das Gerichtsgebäude erreichten, war es offenkundig, daß eine große Sache im Gange war; denn die Richter waren in ihren Roben, und eine Menge von Anwälten, Patriziern

und gewöhnlichen Leuten drängte sich im ge-
schnitzten, hohen Gerichtssaal.

Als Cethru sah, daß alle Augen auf ihn gerichtet waren, zitterte er noch heftiger, und sein stau-
nender Blick hing wie gebannt an den drei Rich-
tern in ihren scharlachroten Roben.

«Dies ist also der Gefangene», sagte der älteste
Richter; «kommt zur Anklage!»

Ein kleiner Anwalt in tabakfarbenen Gewän-
dern stand auf seine kurzen Beine und begann zu
lesen:

«Insofern als in der siebzehnten Augustnacht
des Jahres fünfzehnhundert seit des Messias Tod
eine gewisse Celestine, eine Jungfrau aus dieser
Stadt, in der Vita Publica in eine Senkgrube fiel
und, während sie seelenruhig am Ertrinken war,
vom Patrizier Pardonix erspäht wurde, im Licht
einer Laterne, gehalten vom alten Cethru; und
insofern als der vorgenannte Pardonix sie rettete,
nicht ohne sein Leben ernstlich zu gefährden und
seine Kleider zu ruinieren, und heute krank mit
Fieber im Bett liegt; und insofern als der alte
Cethru der Grund für die Unannehmlichkeiten
des Bürgers Pardonix ist, weil ja seine wandernde
Laterne die ertrinkende Jungfrau entdeckte – infolgedessen klagt die Wache diesen Cethru an,
beschuldigt und bezichtigt ihn der ‹Landstreicherei ohne ernsthafte Beschäftigung›.

Und insofern als in dieser selben Nacht der
Wachmann Filepo, der drei kräftige Wegelagerer
festnehmen wollte, die er im Schein des vorgenannten Cethru Laterne gesehen hatte, von diesen
Schelmen angegriffen und um ein Haar erschlagen

worden wäre – infolgedessen klagt die Wache den Cethru an, beschuldigt und bezichtigt ihn der Komplizenschaft bei diesem Überfall, und zwar erstens aus dem Grund, daß er mit dem Licht seiner Laterne die Wegelagerer dem Wachmann und den Wachmann den Wegelagerern entdeckte; und zweitens, daß er, nachdem er sie so entdeckt hatte, untätig danebenstand und dem Hüter des Gesetzes keinen Beistand leistete.

Und insofern als in dieser selben Nacht der wohlhabende Bürger Pranzo, während er vor seiner Tür stand und die Ankunft von Gästen erwartete, für die er ein Festmahl bereitet hatte, im Schein des vorgenannten Cethru Laterne eine Bettlerin mit ihren Kindern im Straßengraben nach Abfällen wühlen sah, wodurch er völlig den Appetit verlor; und insofern als dieser Pranzo geklagt hat gegen das Recht, weil es zulasse, daß Frauen und Kinder verhungerten – infolgedessen klagt die Wache den Cethru an, beschuldigt und bezichtigt ihn des Aufruhrs und der Anarchie, weil er willentlich ruhige Bürger erschreckt, indem er ihnen ohne Anlaß unschöne Bilder zeigt, und er überdies die Gesetze gefährdet, indem er Menschen dazu bringt, zu wünschen, daß sie geändert werden.

Dies sind die Punkte der Anklage, wenn es dem Hohen Gericht beliebt!»

Und nachdem seine Rede somit beendet war, nahm der kleine Anwalt wieder Platz.

Darauf sagte der älteste Richter: «Cethru, du hast es vernommen; was gibst du darauf zur Antwort?»

Aber kein Wort, nur ein Zähneklappern kam von Cethru.

«Kannst du dich nicht verteidigen?» sagte der Richter. «Das sind schwere Anschuldigungen!»

Da sprach Cethru: «Wenn Euer Gnaden geruhen», sagte er, «kann ich etwas für das, was meine Laterne sieht?»

Und nachdem er diese Worte gesprochen hatte, blieb er auf alle weiteren Fragen stumm wie ein Fisch.

Die Richter beratschlagten untereinander, und der älteste von ihnen wandte sich auf die folgende Weise an Cethru: «Wenn du nichts zu deiner Verteidigung vorbringen kannst, Alter, und niemand ein Wort für dich einlegen will, müssen wir zur Urteilsverkündung schreiten.»

Da erhob sich im Hauptgang des Gerichtssaals ein jugendlicher Anwalt:

«Hohes Gericht», sagte er in einer lieblichen Stimme, heller als das Trillern einer Lerche, «es ist zwecklos, von diesem alten Mann eine Erklärung zu wollen, denn es ist offenkundig, daß er selbst nicht zählt und seine Laterne allein in dieser Sache betroffen ist. Aber, Euer Gnaden, bedenket wohl: Soll eine Laterne ein Gewerbe betreiben oder einen Beruf ausüben, kurz, etwas anderes tun, als sich nachts in den Straßen ergehen und ihr Licht aussenden, was, wenn man so will, Landstreicherei ist? Und, ihr Herren, was den zweiten Punkt der Anklage betrifft: Soll eine Laterne in Senkgruben hinabtauchen, um Jungfrauen zu retten? Soll eine Laterne Wegelagerer verprügeln? Oder überhaupt für irgend jemanden Partei ergreifen, sei es für die Gesetzeshüter oder für jene, die das Gesetz brechen? Doch gewiß nicht, ihr Herren, will mir scheinen. Und was jenen dritten Punkt der Unruhestiftung angeht: laßt mich bloß das Geheimnis des Laternenlichts erklären. Es wird gewonnen, Euer Gnaden, aus Öl und Docht, in Verbindung mit jenem köstlichen inneren Feuer, über dessen Ursprung ich nichts zu sagen weiß. Und wenn dann, ihr Herren, diese bleiche Flamme zum Himmel hinaufgelodert ist und sich jedem Winde beugt, verleiht sie dem menschlichen Auge Sehkraft. Und soll es nun dem alten Cethru angelastet werden, daß er und seine Laterne der Welt nicht wohlgefällig sind, weil sie nicht nur das Gute, sondern auch das Böse zeigen, so frage ich, ihr Herren, was gibt es auf der Welt so Wertvolles wie dieses Sehvermögen – ob es nun Schönes oder Häßliches enthüllt? Muß ich euch wirklich davon erzählen, wie diese Flamme ihre Fühler ausstreckt, anmutig hüpft und schwebt in der Dunkelheit und Dinge aus dem Nichts zaubert? Dieses unbeseelte Hervorrufen von Erscheinungen aus der Schwärze der Nacht ist segensreich, zeugt keineswegs von bösartiger Absicht; mit gleichem Recht könnte ein Mann, der zwei Esel auf der Straße herumführt, einer mager und der andere fett, wegen Böswilligkeit eingeklagt werden, weil nicht beide fett seien. Darum, Euer Gnaden, geht es im wesentlichen im Falle des reichen Bürgers Pranzo, dessen Magen aufgrund des Anblicks, den ihm Cethrus Laterne enthüllte, aus dem Gleichgewicht kam. Denn, ihr Herren, die Laterne zeigte nur, was da war, sowohl das Schöne als auch das Häß-

liche, nicht mehr und nicht weniger; und mag
Pranzo auch tatsächlich bestürzt sein, so ist er es
nicht, weil die Laterne aus Böswilligkeit verzerrte
Bilder erzeugte, sondern nur, weil sie – in aller
Ausgewogenheit – Dinge an den Tag brachte, die
Pranzo nie zuvor gesehen hatte. Und gewiß, Euer
Gnaden, würdet ihr als gerechte Männer nicht
verlangen, daß diese Laterne ihr Licht abwendet
von dem, was zerlumpt und häßlich ist, nur weil
es auch Schönes gibt, auf das ihr Licht fallen
könnte; wie sollte sie das als Laterne überhaupt
bewerkstelligen, wenn sie auch wollte? Und ihr
möget bedenken, ihr Herren, daß es wegen des im
Menschen tief verwurzelten Verlangens nach Eintracht und Gerechtigkeit in der Tat ewig so scheinen muß, als überschatte und trübe diese Laterne
das Schöne in ihrer unparteilichen Enthüllung der
Verhältnismäßigkeit der Dinge. – Wie ungerecht
und grausam also diese Laterne jenen erscheinen
mag, die, in Ermangelung jener Sehnsüchte, ihr
ganzes Leben lang nur das Angenehme zu sehen
wünschen, damit sie nicht, wie Pranzo, den Appetit verlieren – so ist es doch gegen die Gerechtigkeit, daß diese Laterne, selbst wenn dies möglich
wäre, daran gehindert werden soll, unwillkürlich,
nach ihrer Art, die Sonntagskinder des Lebens in
die Wange zu kneifen. Mir will scheinen, ihr Herren, daß ihr eher Pranzos empfindlichem Magen
die Schuld geben solltet. Der Alte hat gesagt, daß
er nichts für das kann, was seine Laterne sieht. Er
hat recht damit. Wenn Ihr jedoch, Euer Gnaden,
diese ausgeglichene, teilnahmslose Laterne wahrhaft für schuldig haltet, weil sie gleichzeitig ne-

beneinander den Totenkopf und das schöne Gesicht, die Klette und die Tigerlilie, den Schmetterling und die Kröte gezeigt hat – dann bestraft sie, Euer Gnaden; aber bestraft nicht diesen alten Mann, denn er selbst ist ja nur ein Räuchlein, ein vom Winde verwehter Distelflaum – ein Nichts!»

Damit schloß der junge Anwalt.

Wieder beratschlagten die Richter untereinander, und nachdem viele Worte gewechselt worden waren, sprach der älteste: «Was dieser junge Anwalt gesagt hat, scheint uns die Wahrheit zu sein. Wir können nicht eine Laterne bestrafen. Laßt den alten Mann gehen!»

Und Cethru ging in den Sonnenschein hinaus ...

Nun geschah es, daß der Prinz von Felicitas, der von seiner Reise zurückkehrte, wieder auf seiner bernsteinfarbenen Stute die Vita Publica hinunterritt.

Die Nacht war rabenschwarz, aber weit unten in der Straße brannte ein kleines Licht, wie ein roter Stern auf Spritzfahrt vom Himmel. Der Prinz, der vorüberritt, erkannte, daß es eine Laterne war und daß daneben ein alter Mann schlief.

«Wie das, Freund?» sagte der Prinz. «Du gehst nicht, wie ich dich gebeten habe, mit deiner Laterne auf und ab?»

Aber weder bewegte sich Cethru noch antwortete er.

«Hebt ihn hoch!» sagte der Prinz.

Sie hoben seinen Kopf an und hielten ihm die Laterne an die geschlossenen Augen. So hager war

144

das braune Gesicht, daß die Strahlen der Laterne nicht darauf verweilen wollten, sondern auf beiden Seiten in die Nacht entschlüpften. Seine Augen öffneten sich nicht. Er war tot.

Und der Prinz berührte ihn und sagte: «Lebe wohl, alter Mann! Die Laterne brennt noch. Geht mir einen andern holen, und laßt ihn sie tragen...!»

CHARLES DICKENS

1812–1870

Doktor Marigolds Rezepte

Sofort einzunehmen

Ich bin ein Billiger Jakob, und mein leiblicher
Vater hieß Willum Marigold. Zu seinen Lebzeiten
wurde manchmal die Vermutung geäußert, daß
sein Name in Wirklichkeit William lautete, worauf mein leiblicher Vater jedoch standhaft zu er-
widern pflegte: Nein, er heiße Willum. Was mich
betrifft, möchte ich zu dieser Meinungsverschiedenheit nur vom folgenden Standpunkt aus Stellung nehmen: Wenn es einem Mann in einem
freien Land nicht erlaubt sein soll, seinen eigenen
Namen zu kennen, was ist ihm dann in einem
Land der Sklaverei erlaubt? – Für den Fall, daß
man die Meinungsverschiedenheit durch das Mittel des Personenstandsregisters betrachten wollte
– Willum Marigold kam zur Welt, bevor amtliche Register aufkamen, und verließ sie auch vorher; und wenn sie zufällig vor ihm aufgekommen
wären, hätte er auch nicht viel davon gehalten.

Das Licht der Welt erblickte ich auf der öffentlichen Landstraße, und mein leiblicher Vater holte
einen Doktor für meine leibliche Mutter. Da dieser ein sehr gutherziger Herr war und außer einem
Teebrett keinerlei Bezahlung annehmen wollte,

wurde ich ihm zur Ehre und zum Dank «Doktor» genannt. Da habt ihr mich. Doktor Marigold.

Gegenwärtig bin ich ein untersetzter Mann in mittleren Jahren, in Kordsamthosen, mit hohen Ledergamaschen sowie einer Ärmelweste, deren Schnüre hinten ständig kaputtgehen. Man mag sie reparieren, wie man will, sie sind gleich wieder kaputt. Ihr seid im Theater gewesen und habt gesehen, wie der eine oder andere Geiger an seiner Geige herumschraubt, nachdem er sie ans Ohr gehalten und ihr aufmerksam gelauscht hat, als flüstere sie ihm heimlich ihre Befürchtung zu, daß sie nicht in Ordnung sei – und dann hört ihr die Saite springen. Genauso geht es mit meiner Weste, soweit eine Weste und eine Geige einander genau gleichen können.

Ich trage gern einen weißen Hut und einen Schal, leicht und lose um den Hals geschlungen. Sitzen ist meine Lieblingsstellung, und soweit ich etwas für persönliche Schmuckstücke übrig habe, sind es Perlmutterknöpfe. Da habt ihr mich noch einmal in Lebensgröße.

Aus dem Umstand, daß der Doktor ein Teebrett als Honorar annahm, werdet ihr schließen, daß auch mein Vater ein Billiger Jakob war. Richtig geschlossen. Das war er. Das Teebrett war sehr hübsch. Es stellte eine große Dame dar, die einen kiesbestreuten Serpentinenweg hinanstieg, um die kleine Kirche oben auf dem Hügel zu besuchen, dazu noch zwei Schwäne, die sich offenbar mit der gleichen Absicht dorthin verirrt hatten. Wenn ich die Dame groß nenne, meine ich nicht ihren Rang, der mir unbekannt blieb, sondern ihre Länge. Ihre Länge war – kurz gesagt, die Höhe.

Ich sah das Teebrett häufig wieder, nachdem ich zum unschuldig lächelnden (oder, wohl noch wahrscheinlicher, brüllenden) Anlaß geworden war, daß der Doktor es in seinem Sprechzimmer aufrecht auf ein Tischchen stellte. Wann immer meine leiblichen Eltern in jene Gegend kamen, pflegte ich meinen Kopf (der nach Aussage meiner Mutter damals flachsblond gelockt war, den ihr aber heute nicht von einem alten Besen unterscheiden würdet, bis ihr zum Stiel kämt und daran merktet, daß ich es nicht bin) zur Tür hereinzustrecken, und der Doktor freute sich immer, mich zu sehen, und sagte: «Aha, mein Herr Kollega! Komm du nur herein, kleiner Doktor Med.! Wie stehst du zu einem Sixpencestück?»

Der Mensch kann nicht ewig weitermachen, und auch meine Eltern konnten es nicht. Wenn es einen nicht zur gegebenen Zeit als Ganzes erwischt, erwischt es einen gern stückweise, und meist ist der Kopf das betreffende Stück. Nach und nach ging es auch meinen Eltern so. Mein Vater war nicht mehr richtig im Kopf, und meine Mutter war nicht mehr richtig im Kopf. Sie waren ganz harmlos, aber es regte die Familie auf, bei der ich sie untergebracht hatte. Obzwar die beiden alten Leutchen sich vom Geschäft zurückgezogen hatten, hatten sie auch jetzt nichts anderes im Sinn. Sobald der Tisch gedeckt war, begann mein Vater mit Schüsseln und Tellern zu klappern, wie wir es in unserem Gewerbe zu tun pflegen, wenn wir Geschirr versteigern, bloß hatte er nicht mehr die Hand dazu, so daß es meist Scherben gab. Und genau wie meine Mutter im Wagen gesessen war und dem Vater die Waren Stück für Stück gereicht hatte (während er auf dem Trittbrett stand und sie ausrief), genauso pflegte sie ihm jetzt jedes Stück, das ihren Hausleuten gehörte, zu reichen, und in ihrer Einbildung verkauften sie den Besitz der Familie vom frühen Morgen bis zum späten Abend. Zum Schluß konnten sie ihr Bett nicht mehr verlassen und lagen in demselben Zimmer. Nachdem nun der alte Herr zwei Tage und zwei Nächte lang völlig still gewesen war, beginnt er eines Morgens plötzlich ganz in seiner alten Art auszurufen: «Hierher, meine Herrschaften! Beim letzten Konzert des Gesangvereins im Wirtshaus ‹Zum Fröhlichen Fressen›, da hätten die Sänger wohl jedem gefallen, hätten sie nur eine Stimme besessen! Hierher, meine verehrten Herrschaften! Hier sehen Sie das naturgetreue Modell eines alten Billigen Jakob, garantiert gebraucht, ohne einen Zahn im Mund und ohne einen Knochen im Leibe, der ihm nicht weh täte! So naturgetreu, daß es genauso gut wäre, wenn es nicht besser wäre, genauso schlecht, wenn es nicht schlechter wäre, und genauso neu, wenn es nicht abgetragen wäre. Was bietet ihr für das naturgetreue Modell des alten Billigen Jakob, welcher zu seiner Zeit mehr Schießpulvertee mit den Damen getrunken hat, als es braucht, um den Deckel vom Waschkessel fortzublasen, soviel Meilen über den Mond hinaus wie nix mal nix, dividiert durch die Nationalschuld, bleibt als Rest das Armenhaus. Hierher, tapfere Söhne des Vaterlandes, was bietet ihr für den ganzen Posten? Zwei Shilling, einen Shilling, Tenpence, Eightpence, Sixpence, Fourpence, Twopence? Wer sagt Twopence? Der Herr mit dem Vogelscheuchenhut? Ich schäme mich für ihn, den Herrn mit dem Vogelscheuchenhut! Ich schäme mich, weil er keinen Gemeinschaftssinn offenbart. Jetzt werde ich euch aber sagen, was ich tue. Seht her! Ich gebe noch das naturgetreue Modell einer alten Frau drauf, die einmal mit dem alten Billigen Jakob getraut wurde – lang, lang ist's her, so lang, daß die Hochzeit auf mein Ehrenwort in der Arche Noah gefeiert wurde, bevor noch das Einhorn herbeieilen konnte, um Einspruch zu erheben. Nun? Was sagt ihr dazu? Was bietet ihr für die beiden? Ich werde euch sagen, was ich tue. Ich nehme es euch nicht übel, daß ihr so schwer von Entschluß seid. Wenn ihr mir ein Angebot macht, das euerer Stadt nur ein bißchen zur Ehre gereicht, so gebe ich noch eine Wärmflasche gratis drauf und leihe euch lebenslänglich einen Bratenrost. – Nun, was sagt ihr zu diesem großartigen Angebot? Sagt zwei Pfund, sagt ein Pfund, zehn Shilling, fünf Shilling, einen Shilling! Was, ihr sagt nicht einmal einen Shilling? Ihr sagt einen halben Shilling? Nein, für einen halben Shilling kriegt ihr den Posten nicht. Da schenke ich ihn euch lieber. He, gute Frau dort! Schmeißt den alten Mann und das alte Weib auf den Karren, spannt das Pferd vor, fahrt sie zum Kirchhof und begrabt sie!»

Das waren die letzten Worte von Willum Marigold, meinem leiblichen Vater, und sie wurden von ihm und seiner Frau, meiner leiblichen Mutter, an ein und demselben Tag wahrgemacht, was ich wissen muß, weil ich hinter ihrem Sarg herging.

Mein Vater war zu seiner Zeit ein großartiger Billiger Jakob, wie noch seine letzten Worte bezeugen. Jedoch ich bin ihm über. Das sage ich nicht, weil es um mich geht, sondern weil es allgemein anerkannt wird, von allen, die eine Vergleichsmöglichkeit haben. Ich habe hart daran gearbeitet. Ich habe mich an anderen öffentlichen Rednern gemessen, so an Parlamentsmitgliedern, Pfarrern, Advokaten, Volksrednern; wenn ich sie gut fand, machte ich mir etwas vom Guten zu eigen, und wenn ich sie schlecht fand, ließ ich sie sein. Jetzt werde ich euch aber was sagen. Noch wenn man mich ins Grab senkt, werde ich behaupten, daß in Großbritannien der Billige Jakob von allen Berufen am schlechtesten wegkommt. Warum gelten wir nicht als freier Beruf? Warum besitzen wir keine besonderen Privilegien? Warum sind wir gezwungen, einen Hausiererschein zu erwerben, während von den politischen Hausierern nichts dergleichen verlangt wird? Wo ist der Unterschied? Außer daß wir Billige Jakobs sind und sie sind Teuere Jakobs. Wenn ein Unterschied besteht, dann nur zu unseren Gunsten.

Denn paßt auf! Sagen wir einmal, es finden gerade Wahlen statt. Samstag abend stehe ich auf dem Trittbrett meines Wagens, auf dem Marktplatz, und rufe einen Posten Verschiedenes aus. Dabei sage ich: «Jetzt, meine verehrten, freien und unabhängigen Wähler, biete ich euch eine Chance, wie sie euch in euerem ganzen bisherigen Leben noch nicht geboten wurde und auch vorher nicht. Jetzt werde ich euch zeigen, was ich tue. Hier ist ein Rasierzeug, das euch sauberer rasieren wird, als die Insassen des Altersheims ihre Teller ablekken, hier ein Bügeleisen, das sein Gewicht in Gold wert ist, hier eine Bratpfanne, künstlich mit Bratenduft imprägniert, so daß ihr bis an euer Lebensende nur noch Brot darin zu braten braucht, wenn es euch nach Beefsteak gelüstet, und hier eine echte Präzisionstaschenuhr mit einem so soliden Silberdeckel, daß ihr nachts, wenn ihr vom Stammtisch heimkommt, damit Weib und Kinder wachklopfen könnt, um den Türklopfer nicht abzunützen; und hier ist ein halbes Dutzend Fleischteller, mit denen ihr Tschinellen spielen könnt, um das Baby zu beruhigen, wenn es brüllt. Wartet! Ich lege noch einen anderen Artikel drauf, gratis und franko, und das ist dieses prachtvolle Nudelholz! Wenn das Baby am Zahnen ist und es nur richtig in den Mund steckt und das Zahnfleisch damit reibt, dann kommen die Zähne bloß so herausgeschossen, daß es ein Pläsier ist. Halt! Ich lege noch was drauf, weil mir euere Gesichter nicht gefallen, denn ihr seht aus, als ob ihr heut erst etwas kaufen wollt, wenn ich draufzahlen muß, und heut abend möchte ich lieber draufzahlen, als überhaupt nichts einnehmen. Was lege ich noch drauf? Diesen erstklassigen Handspiegel, damit ihr seht, wie häßlich ihr ausschaut, wenn ihr nicht bietet! Na, was sagt ihr jetzt? Also los! Sagt ihr ein Pfund? Nein, soviel habt ihr nicht! Sagt ihr zehn Shilling? Nein, denn die seid ihr für die letzte Rate schuldig! Also, ich werde euch sagen, was ich tue. Schaut her, ich lege alles hierher aufs Trittbrett – so, das hätten wir! Rasierzeug, Bratpfanne, die Präzisionsuhr, Fleischteller, Nudelholz und Spiegel – für vier Shilling könnt ihr den ganzen Posten wegtragen, und ich schenke euch noch Sixpence für euere Mühe!»

So rede ich – der Billige Jakob. Aber am Montagmorgen erscheint auf dem selbigen Marktplatz der Teuere Jakob auf der Wahltribüne – in *seinem* Wagen –, und was sagt der? «Jetzt, meine hochverehrten, freien und unabhängigen Wähler, biete ich euch eine Chance» (er beginnt genau wie ich), «wie sie euch in euerem ganzen bisherigen Leben noch nie geboten wurde, und das ist die Chance, *mich* als eueren Vertreter ins Parlament zu schikken. Jetzt werde ich euch sagen, was ich für euch tun will. Hier sind die Interessen dieser prächtigen Stadt, die vor den Interessen der gesamten übrigen zivilisierten und unzivilisierten Welt den Vorrang erhalten werden. Hier ist euere Eisenbahnlinie, die gefördert, und hier die Eisenbahnlinie euerer Nachbarn, die zu Fall gebracht werden soll. Hier sind euere sämtlichen Söhne bei der Post angestellt. Hier ist Britannia, die euch zulächelt. Hier sind die Augen von ganz Europa auf euch gerichtet. Allhier ist allgemeiner Wohlstand für euch, alle Tage Schweinebraten, goldene Kornfelder, ein glückliches Heim und schallender Applaus aus euerem eigenen Herzen, alles in einem Posten, und das bin ich. Wollt ihr mich, wie ich dastehe, nehmen? Nein, ihr wollt nicht? Na, dann werde ich euch sagen, was ich für euch tun will. Also los! Ich gebe alles drauf, was ihr nur verlangt. Da! Kirchensteuer, Abschaffung der Kirchensteuer, höhere Malzzölle, keine Malzzölle, kostenloser allgemeiner Unterricht bis zur höchsten Stufe oder kostenlose allgemeine Ignoranz bis zur tiefsten Stufe, sofortige Abschaffung der militärischen Prügelstrafe oder jeden Monat ein Dutzend Hiebe für jeden Soldaten, gleiche Rechte für Frauen oder gleiche Unrechte für Männer – ihr braucht nur zu sagen, was ihr wollt, und ich bin uneingeschränkt euerer Meinung. Na also, wollt ihr mich zu eueren Bedingungen nehmen? Nein? Noch immer nicht? Na also, dann werde ich euch sagen, was ich für euch tun will. Ihr seid so freie und unabhängige Wähler, und ich bin so stolz auf euch – ihr seid ein so edler und aufgeklärter Wahlkreis, und mir liegt so viel an der Ehre und Auszeichnung, euch zu vertreten, was ja bei weitem das höchste Ziel ist, zu dem die Schwingen des menschlichen Ehrgeizes emporstreben können –, daß ich euch sagen werde, was ich tun will. Ich lege noch alle Wirtshäuser in euerer prächtigen Stadt drauf – gratis. Seid ihr jetzt befriedigt? Was? Noch immer nicht? Nun, ehe ich das Pferd wieder einspannen lasse und davonfahre, um es mit der nächsten prächtigen Stadt, die aufzutreiben ist, zu probieren, werde ich euch sagen, was ich für euch tun will. – Nehmt den ganzen Posten (nämlich mich), und ich streue zweitausend Pfund auf die Straßen euerer prächtigen Stadt, so daß jeder, der Lust hat, sie aufklauben kann. Noch immer nicht genug? Also paßt auf – aber das ist das Äußerste, was ich zu tun gewillt bin: Ich streue zweitausendfünfhundert Pfund aus! Was? Ihr wollt noch immer nicht? Holla, Herr Wirt! Einspannen! Nein, halt! Wartet doch noch einen Augenblick... Ich möchte mich um eines derartigen Bettels willen nicht von euch abwenden und gehe bis zu zweitausendsiebenhundertfünfzig Pfund! – Da, schaut her! Nehmt den ganzen Posten (nämlich mich) zu euerem eigenen Preis, und ich zähle zweitausendsiebenhundertfünfzig Pfund hier aufs Trittbrett meines Wagens hin, um sie in den Straßen euerer prächtigen Stadt auszustreuen, für jeden, der Lust hat, sie aufzuklauben. Was sagt ihr jetzt? Also los! Besser werdet ihr es nicht treffen! Ihr nehmt es? Hurra! Ich habe meinen Sitz!»

Diese Teueren Jakobs seifen das Volk erbärmlich ein; wir Billigen Jakobs tun das nicht. Wir sagen ihm die Wahrheit ins Gesicht und verschmähen es, ihm um den Bart zu gehen. Und was die Marktschreierei betrifft, schlagen uns die Teueren Jakobs mit Abstand. In unserem Gewerbe heißt es mit Recht, daß man in puncto Geschwätz aus einer Schießwaffe mehr herausholen kann als aus jedem anderen Artikel im Wagen – ausgenommen eine Brille. Ich selber lasse mich oft eine Viertelstunde lang über eine Flinte aus und denke, ich könnte ewig so weiterreden. Aber wenn ich den Leuten erzähle, was dieses Gewehr leistet und welches Wild schon mit diesem Gewehr erlegt wurde, gehe ich längst nicht halb so weit wie die Teueren Jakobs, wenn sie Lobreden über *ihre* Kanonen loslassen – die großen Kanonen, in deren Auftrag sie stehen. Außerdem betreibe ich mein Geschäft für mich selber, ich werde nicht auf höheren Befehl auf den Marktplatz geschickt – wie sie. Und obendrein wissen meine Schießgewehre nicht, was ich zu ihrem Lob zusammenschwatze, aber die großen Kanonen der Teueren Jakobs wissen es nur zu gut, und sie sollten sich alle zusammen schämen, bis ihnen übel wird. Das sind ein paar Gründe von vielen, warum ich behaupte, daß unser Gewerbe in Großbritannien schlecht wegkommt, und warum ich hitzig werde, wenn ich dran denke, wie die Teueren Jakobs sich aufspielen, als wären sie Gott weiß was und dürften verächtlich auf uns hinabschauen.

Um meine Frau habe ich vom Trittbrett meines Wagens aus geworben, wahrhaftig! Und das ging so zu: Sie war ein Mädchen aus Suffolk, und ich hatte meinen Stand auf dem Marktplatz von Ipswich, gerade gegenüber der Kornhandlung. Eines Samstags erblickte ich sie oben an einem Fenster, und sie gefiel mir auf den ersten Blick. Ich hatte mich verliebt und sagte mir: «Den Posten schlage ich mir zu – wenn er noch zu haben ist.» Am nächsten Samstag stelle ich mich mit dem Wagen auf den gleichen Fleck und beginne meinen Kram auszurufen. Ich war in großer Form, so daß die Leute aus dem Lachen nicht herauskamen und die Ware abging wie warme Semmeln. Ganz zum Schluß ziehe ich aus meiner Westentasche ein winziges Päckchen in Seidenpapier und lege los (indem ich zum Fenster hinaufrede, an dem sie steht): «Und hier, meine reizenden jungen Damen und Fräuleins, ist ein besonderer Artikel, der letzte des heutigen Abendverkaufs, den ich nur einer einzigen zudenke – der Allerschönsten, und ich würde ihn keiner anderen lebenden Seele verkaufen, nein, nicht für tausend Pfund. Was ist das für ein Artikel? Das werde ich euch sagen. Er ist aus reinstem Gold und nicht zerbrochen, obzwar er ein Loch in der Mitte hat, und er ist stärker als jede eiserne Fessel, die je geschmiedet wurde, obzwar so klein, daß keiner von meinen zehn Fingern hineinpaßt. Wieso zehn? Das werde ich euch sagen. Als meine seligen Eltern mir ihre Habe vermachten, und das ist so wahr, wie ich hier stehe, da bestand sie aus zwölf Bettüchern, zwölf Tischtüchern, zwölf Handtüchern, aus zwölf Messern, zwölf Gabeln, zwölf Suppenlöffeln und aus zwölf Teelöffeln; nur bei meinen Fingern fehlten zwei aufs Dutzend, und ich konnte bisher keine finden, die im Muster gepaßt hätten. Was ist dieser Artikel weiterhin? Das werde ich euch sagen. Es ist ein Reif aus massivem Gold – in einen Haarwickel aus Silberpapier verpackt –, den ich persönlich aus den glänzenden Locken der ewigschönen alten Dame in der Threadneedle Street, in der City von London*, gelöst habe. Ich würde es euch nicht erzählen, wenn ich nicht das Silberpapier als Beweisstück hätte, sonst würdet ihr es nicht glauben, nicht einmal mir. Was ist es noch? Es ist eine Männerfalle und eine Handfessel, ein unerschütterlicher Grundstein und ein fester Riegel, alles in einem und alles aus purem Gold. Und was ist es noch? Es ist ein Ehering! Jetzt werde ich euch aber sagen, was ich damit tue. Ich gedenke diesen Artikel nicht zu verkaufen, um keinen Preis, den ihr

---

* Die Bank von England.

mir bietet, sondern ich will ihn derjenigen schenken, die zuerst lacht – und morgen früh, mit dem Glockenschlag zehn, werde ich ihr einen Besuch abstatten und sie zu einem Spaziergang einladen, damit wir das Aufgebot bestellen.» Da lachte *sie*, und der Ring wurde ihr von Hand zu Hand zum Fenster hinaufgereicht. – Als ich sie am nächsten Morgen besuchte, sagte sie: «Ach du meine Güte! Sie sind doch nicht am Ende wirklich gekommen? Sie haben es doch nicht am Ende ernst gemeint?» – «Ich bin wirklich gekommen», sage ich, «und ich meine es ernst, und ich bin auf ewig der Deine!» So heirateten wir, nachdem wir dreimal aufgeboten wurden – was, nebenbei gesagt, ganz unserer Geschäftspraxis entspricht und wieder einmal zeigt, wie die Methoden des Billigen Jakob in der ganzen Gesellschaft verbreitet sind.

Sie war keine schlechte Frau, aber sie hatte ein hitziges Temperament. Wenn sie diesen einen Artikel mit Verlust hätte abstoßen können, hätte ich sie gegen keine andere Frau in ganz England eingetauscht. Nicht, daß ich sie überhaupt eintauschte, denn wir blieben bis zu ihrem Tode beisammen, dreizehn Jahre lang. Jetzt, meine Damen und Herren und verehrten Anwesenden, will ich euch ein Geheimnis verraten, wenn ihr es mir auch nicht glauben werdet. Dreizehn Jahre hitziges Temperament in einem Palast würden den Ungeduldigsten von euch auf die Probe stellen, aber dreizehn Jahre hitziges Temperament in einem Fuhrwerk würden den Sanftmütigsten von euch auf eine sehr harte Probe stellen. In einem Fuhrwerk wohnt man so eng beisammen! Es gibt

Tausende von Ehepaaren unter euch, bei denen es in fünf- und sechsstöckigen Häusern glatt wie Öl auf dem Schleifstein geht, aber falls sie in einem Fuhrwerk zusammenleben müßten, würden sie vor dem Scheidungsrichter enden. Ob das Rütteln und Schütteln etwas damit zu tun hat, wage ich nicht zu entscheiden, aber in einem Fuhrwerk trifft einen alles stärker und wird nicht so bald vergessen. Heftigkeit in einem Fuhrwerk ist gar so heftig, und Verdruß in einem Fuhrwerk ist gar so verdrießlich.

Dabei hätten wir ein so schönes Leben führen können! Ein geräumiger Wagen, die sperrigen Artikel außen angehängt und das Bett tagsüber unter dem Wagen verstaut, ein Kochtopf und ein Teekessel, ein Hängeschrank und ein Wandbord, eine Feuerstelle für kaltes Wetter und ein Schornstein für den Rauch, ein Hund und ein Pferd – was will man mehr? Man hält auf einem grünen Rasenfleck neben dem Feldweg oder der Landstraße an, bindet das alte Roß an einen Pflock und läßt es grasen, zündet ein Feuer auf der Asche der letzten Gäste an, kocht sich eine Suppe und möchte nicht mit dem Kaiser von Frankreich tauschen. Wohingegen, wenn man ein hitziges Temperament im Wagen hat, das einem giftige Worte und die härtesten Artikel vom Warenlager an den Kopf wirft – mit wem möchte man da nicht tauschen?

Unser Hund wußte genauso gut wie ich, wann es in ihr zu kochen begann. Bevor sie noch loslegte, heulte er auf, und dann nichts wie davon! Wie er es merkte, ist mir ein Rätsel geblieben, aber er wußte es so sicher, daß es ihn aus dem tiefsten

Schlaf emporriß – noch bevor sie loslegte. Dann heulte er auf, und nichts wie davon. In solchen Augenblicken hätte ich gern mit ihm getauscht.

Das Schlimmste war, daß wir ein Töchterchen bekamen, und ich habe Kinder von Herzen lieb. Wenn die Frau in Zorn geriet, schlug sie das Kind. Als es vier oder fünf Jahre alt war, wurde das so schlimm, daß ich so manches Mal mit der Peitsche über der Schulter neben dem Pferd einherging und schmerzlicher weinte und schluchzte als unsere kleine Sophy selber. Denn was konnte ich dagegen tun? Gegen ein solches Temperament kann man – in einem Fuhrwerk – nichts unternehmen, ohne handgreiflich zu werden. Es liegt in der Natur und der Größe eines Fuhrwerks, daß man handgreiflich werden muß. Und dann erschrak das arme Kind noch mehr und kriegte es meistens noch schlimmer zu spüren, und die Mutter beklagte sich bei den nächsten Leuten, denen wir begegneten, und dann hieß es: «Dieser Lümmel von einem Billigen Jakob prügelt seine Frau!»

Die kleine Sophy war so tapfer! Und sie hing so zärtlich an ihrem armen Vater, obwohl der nur so wenig tun konnte, um ihr zu helfen. Sie hatte eine wunderbare Fülle von glänzendem schwarzen Haar, das in natürlichen Locken um ihr Gesichtchen fiel. Ich wundere mich noch heute, daß ich nicht rasend wurde, wenn ich sah, wie sie vor ihrer Mutter davonzulaufen versuchte, und die Mutter ihr nach und erwischte sie beim Haar und zerrte sie daran und prügelte sie!

So tapfer war sie, hab' ich gesagt. Man kann es wohl sagen.

«Mach dir nichts draus, Vater!» flüsterte sie, während ihr noch die Tränen in den leuchtenden Augen standen. «Wenn ich nicht schreie, tut es mir nicht gar so weh, und sogar wenn ich schreie, schreie ich nur, damit Mutter mich losläßt!» Was habe ich sie nicht alles tapfer ertragen gesehen – mir zuliebe –, ohne zu schreien!

In jeder anderen Hinsicht pflegte ihre Mutter sie aber aufs beste. Sie war stets hübsch und sauber angezogen, und die Mutter wurde nicht müde, für sie zu waschen und zu nähen und zu stricken. So widersprüchlich geht es zu auf dieser Welt. Einmal bekamen wir ungesundes, feuchtes Wetter, als wir uns in der Moorgegend aufhielten, und das ist meiner Meinung nach der Grund, warum Sophy an einem bösen schleichenden Fieber erkrankte. Aber woher es immer kommen mochte – als sie krank war, wandte sie sich endgültig von ihrer Mutter ab und wollte nicht einmal mehr die Berührung ihrer Hand dulden. Wenn die Mutter ihr nur nahekam, begann sie zu zittern und rief: «Nein, nein, nein!» und klammerte sich fester an mich und verbarg ihr Gesicht an meiner Schulter.

Das Geschäft war aus diesem und jenem Grund (und nicht zuletzt wegen der Eisenbahn, die es mit der Zeit wohl gänzlich zugrunde richten wird) so miserabel gegangen wie nie zuvor, und der Geldbeutel war leer. Darum mußte ich eines Abends, als es Sophy sehr schlecht ging, meinen Verkaufsstand aufschlagen, sonst hätten wir am nächsten Tag nichts zu essen und zu trinken gehabt.

Ich konnte Sophy nicht dazu bewegen, mich

loszulassen und sich in ihr Bettchen zu legen, und ich brachte es auch nicht über mich. So trat ich also mit dem Kind auf dem Arm auf mein Trittbrett. Bei unserem Anblick erhob sich ein Gelächter, und ein blöder Tölpel (dem ich am liebsten den Hals umgedreht hätte) bot Twopence für sie.

«Nun, meine lieben Leute», begann ich, und das Herz lag mir wie ein schwerer Stein in der Brust, «zuerst einmal tue ich euch kund und zu wissen, daß ich euch das Geld aus den Taschen zaubern werde. Ich gedenke euch nämlich viel mehr dafür zu geben, als es wert ist, so daß ihr von nun an am Samstagabend eueren Lohn nur darum beziehen werdet, weil ihr mir wiederum zu begegnen und ihn bei mir günstig anzulegen hofft. – Aber ihr werdet mich nie mehr wiedersehen. Warum? Darum, weil ich mein Glück gemacht habe. Ich habe nämlich mein ganzes Warenlager in Bausch und Bogen abgestoßen, um fünfundsiebzig Prozent billiger, als ich dafür bezahlt hatte, und infolgedessen werde ich nächste Woche in den Adelsstand erhoben. Da schaut ihr, was? Ihr erblickt hier den künftigen Herzog von Billigen und Marquis von Jakobshausen, drum will ich euch heut abend geben, was euer Herz begehrt. Vorher muß ich euch aber noch erklären, warum ich diese kleine Dame auf dem Arm halte. Ihr wollt es gar nicht wissen? Dann sollt ihr es erfahren. Sie ist nämlich ein Feenkind und weiß alles. Sie flüstert mir zu, was es mit jedem von euch auf sich hat und was jeder braucht. Braucht ihr zum Beispiel eine Säge? Nein, sagt sie, denn ihr seid zu ungeschickt, um damit umzugehen.

Sonst hätte ich hier eine prachtvolle Säge, die jedem tüchtigen Mann zum lebenslänglichen Segen gereichen würde, für nur vier Shilling – dreieinhalb Shilling – zweieinhalb – zwei – anderthalb Shilling –! Aber keiner von euch kriegt sie um diesen Preis, von wegen eueres bekannten Ungeschicks, denn das würde zu Mord und Totschlag führen. Das gleiche gilt für diesen erstklassigen Hobel hier. Aber bietet nicht darauf, denn den kriegt ihr auch nicht. Jetzt werde ich sie fragen, was ihr braucht.» (Dabei flüsterte ich ihr ins Ohr: «Dein Kopf ist so heiß, mein Liebling, tut er dir sehr weh?» – und sie antwortet, ohne die schweren Augenlider aufzuschlagen: «Ein bißchen, Vater!») «Ei, sieh da! Meine kleine Wahrsagerin sagt, ihr braucht ein Notizbuch. Warum habt ihr das nicht gleich gesagt? Hier haben wir eines. Bitte seht es euch an. Zweihundert Seiten vom feinsten satinierten Velinpapier – zählt sie nach, falls ihr mir nicht glaubt –, prachtvoll gleichmäßig liniert, dazu ein unverwüstlicher Bleistift, um euere Ausgaben einzutragen, ein Taschenmesser mit zwei Klingen, um sie wieder auszuradieren, gedruckte Rechentabellen, um euer Einkommen zu kalkulieren, und einen Feldstuhl, damit ihr euch zu dieser Tätigkeit bequem hinsetzen könnt. Halt! Da ist noch ein Sonnenschirm als Draufgabe, um euch vor dem Mondschein zu schützen, falls ihr euch in einer stockfinsteren Nacht damit befaßt. Jetzt frage ich euch nicht, wieviel für diesen ganzen Posten, sondern wie wenig? Wie wenig meint ihr wohl? Geniert euch nicht, es zu sagen, denn meine kleine Wahrsagerin weiß es schon.» (Während ich tat, als flüsterte ich mit ihr, küßte ich sie, und sie küßte mich mit ihren heißen Lippen.) «Was! Sie sagt, ihr meint bloß drei Shilling und drei Pennies! Das hätte ich nicht gedacht, nicht einmal von euch, wenn sie's mir nicht sagte. Drei Shilling und drei Pennies! Und dabei Rechentabellen, mit denen ihr ein Einkommen bis zu vierzigtausend Pfund jährlich berechnen könnt! Bei einem Einkommen von vierzigtausend Pfund jährlich geizt ihr mit drei Shilling und drei Pennies! Na, dann werde ich euch was sagen: Die drei Pennies verachte ich dermaßen, daß ich das Ganze lieber für drei Shilling hergebe. Da habt ihr es! Drei Shilling – drei Shilling – drei Shilling – weg ist es! Reicht's dem glücklichen Käufer hinüber!»

Da niemand geboten hatte, sahen sich alle um und grinsten einander an, während ich Sophys Gesichtchen berührte und ihr zuraunte, ob ihr schwindlig wäre. «Nicht sehr, Vater. Es ist schon wieder besser», flüsterte sie. Ich wandte mich von den lieben, geduldigen Augen ab, die jetzt offen waren, und da ich über meine Ölfunzel hinweg nur grinsende Gesichter sah, fuhr ich in der besten Billigen-Jakob-Manier fort: «Wo ist der Metzger?» (Mein kummervoller Blick war gerade auf einen dicken jungen Metzger gefallen, der am äußersten Rand der Menge stand.) «Sie sagt, der glückliche Käufer wäre der Metzger. Wo ist er denn?» Alle schoben unter schallendem Gelächter den errötenden Metzger in die erste Reihe, und er fühlte sich gezwungen, in seine Tasche zu greifen und den ganzen Posten zu übernehmen. Wenn eine Person auf diese Art persönlich angesprochen wird, fühlt sie sich meist gezwungen, den Posten zu übernehmen – in gut vier Fällen von sechs. Dann hatten wir das genaue Gegenstück zu diesem Posten, das um einen halben Shilling billiger verkauft wurde – was immer große Freude erregt. Hierauf kam die Brille. Das ist kein sehr profitables Geschäft, aber ich setze sie auf und sehe, um wieviel der Lordkanzler die Steuern ermäßigen wird, und was der Liebste von dem jungen Mädchen in dem blauen Tuch jetzt gerade bei sich zu Hause tut, und was der Bischof zu Abend ißt, und alle möglichen anderen Dinge, die selten verfehlen, die Stimmung zu heben, und je gehobener die Stimmung, desto williger bieten die Leute. Dann kam ein Posten für die Damen – Teekanne, Teebüchse, Zuckerschale, sechs Teelöffel und eine Zuckerzange –, und die ganze Zeit erfand ich Vorwände, um meinem armen Kind einen Blick zu schenken oder ein paar Worte zuzuflüstern. Während des zweiten Postens für die Damen spüre ich auf einmal, wie sie sich an meiner Schulter ein wenig aufrichtet und über die dunkle Straße hinwegblickt. «Tut dir etwas weh, Liebling?» – «Jetzt tut mir nichts mehr weh, Vater, mir ist so leicht und gut. Aber ist dort drüben nicht ein hübscher Friedhof?» – «Ja, mein Herz.» – «Dann gib mir einen Kuß, Vater, und noch einen, und leg mich dort drüben in das weiche grüne Gras...» Ihr Köpfchen sinkt auf meine Schulter, und ich stolpere in den Wagen zurück und sage zur Frau: «Mach die Tür zu – schnell! Damit diese lachenden Menschen es nicht sehen!» – «Was ist geschehen?» schreit sie. – «Ach, Frau, Frau!» sage ich. «Du wirst meine kleine Sophy nie mehr an den Haaren zerren. Sie ist von dir fortgeflogen.»

Vielleicht klang das härter, als ich's meinte – aber von der Zeit an wurde die Frau hintersinnig und verfiel in die Gewohnheit, stundenlang mit verschränkten Armen und gesenktem Blick im Wagen zu sitzen oder nebenher zu gehen. Wenn der Jähzorn sie überkam (was jetzt eher seltener geschah), packte er sie auf eine andere Art, und sie schlug wild um sich, daß ich sie mit Gewalt festhalten mußte. Daß sie manchmal etwas über den Durst trank, machte die Sache auch nicht besser. So trottete ich ein paar Jahre lang neben dem alten Pferd einher und fragte mich, ob wohl viele Wagen durchs Land zogen, in denen solch eine Trübsal herrschte wie in dem meinen – wenn ich jetzt auch allgemein als der König unter den Billigen Jakobs angesehen wurde. Wir lebten traurig dahin, bis wir eines Sommerabends nach Exeter kamen und zufällig sahen, wie eine Frau grausam auf ein Kind losschlug, und das Kind schluchzte: «Schlag mich nicht! Ach, Mutter, Mutter, Mutter!» Da hielt meine Frau sich die Ohren zu und lief wie wild davon. Und am nächsten Tag fanden wir sie im Fluß.

Jetzt waren der Hund und ich allein im Wagen. Der Hund lernte, ein kurzes Bellen von sich zu geben, wenn niemand bieten wollte, und nochmals zu bellen und mit dem Kopf zu nicken, wenn ich ihn fragte: «Wer hat eine halbe Krone geboten? Sind Sie der Herr, Sir, der eine halbe Krone geboten hat?» Er brachte es zu einer ungeheueren

Popularität, und ich werde bis zu meinem letzten Tag glauben, daß er ganz von selbst darauf kam, jeden anzuknurren, der weniger als einen halben Shilling bot. Aber er wurde langsam alt, und als ich an einem Abend mit meiner Vorführung der Brille ganz York in Lachkrämpfe versetzte, verfiel er neben mir auf dem Trittbrett auf eigene Rechnung in Krämpfe und verschied.

Da ich von Natur aus zärtlich veranlagt bin, überkam mich von da an ein fürchterliches Gefühl der Einsamkeit. Während des Verkaufens kämpfte ich es nieder, weil ich ja meinen guten Ruf aufrecht zu erhalten hatte (ganz zu schweigen davon, daß ich mich selber zu erhalten hatte), aber privat übermannte es mich und drückte mich zu Boden. Das ist bei uns öffentlichen Persönlichkeiten oft der Fall. Wenn ihr uns auf dem Trittbrett seht, möchtet ihr euer ganzes Vermögen hergeben, um mit uns zu tauschen, aber wenn ihr uns privat seht, würdet ihr gern noch was drauflegen, um von dem Handel wieder loszukommen. Unter diesen Umständen schloß ich Bekanntschaft mit einem Riesen. Ohne meine Vereinsamung wäre ich vielleicht zu hochmütig gewesen, um mit ihm ins Gespräch zu kommen, denn beim fahrenden Volk gilt allgemein die Regel, daß die Gemütlichkeit beim Verkleiden aufhört. Sobald ein Mensch nicht imstande ist, seinen Lebensunterhalt mit Hilfe seiner unverkleideten Fähigkeiten zu erwerben, sehen wir auf ihn hinab. Und dieser Riese trat als Römer verkleidet auf.

Er war ein schlaffer junger Mensch, was ich der großen Entfernung zwischen seinen Extremitäten zuschreibe. Dazu hatte er einen kleinen Kopf und noch weniger drin, schwache Augen und schwache Knie, und überhaupt konnte man ihn nicht anschauen, ohne zu denken, daß viel zuviel von ihm da wäre – sowohl im Verhältnis zu seinen Gelenken wie zu seinem Verstand. Aber er war ein lieber, sehr schüchterner junger Mensch (seine Mutter vermietete ihn und verbrauchte das ganze Geld für sich), und wir wurden miteinander bekannt, als wir zu Fuß von einem Jahrmarkt zum anderen zogen, um es den Pferden leichter zu machen. Er nannte sich Rinaldo di Velasco. In Wirklichkeit hieß er Pickleson.

Dieser Riese, recte Pickleson, vertraute mir unter dem Siegel der Verschwiegenheit an, daß er nicht nur sich selber zur Last lebte, sondern daß sein Dasein ihm obendrein durch die Grausamkeit seines Meisters gegen dessen taubstumme Stieftochter verleidet war. Die Mutter des Mädchens war tot, so hatte es keine lebende Seele, die sich seiner annahm, und wurde sehr schlecht behandelt. Der Schausteller schleppte sie in seinem Wagen mit durchs Land, weil er nicht wußte, wo er sie sonst lassen sollte, und der Riese, recte Pickleson, ging so weit, zu glauben, daß der Schausteller schon öfter versucht hätte, sie unterwegs zu verlieren. Ich weiß nicht mehr, wie lange Pickleson brauchte, um diese Geschichte aus sich herauszuquetschen, denn er war so schrecklich schlaff und träge, aber mit der Zeit gelangte sie durch seine mangelhafte Zirkulation doch bis in den Kopf hinauf.

Als ich diesen Bericht des Riesen, recte Pickleson, vernahm und obendrein hörte, daß das arme Mädchen wunderschönes, langes, dunkles Haar hätte und oft daran gezerrt und dann verprügelt würde, konnte ich den Riesen nicht deutlich sehen; es war mir etwas in die Augen gekommen. Nachdem ich sie getrocknet hatte, schenkte ich ihm einen halben Shilling (denn er wurde so kurz gehalten, wie er lang war), welchen er in Gin mit Wasser anlegte. Das munterte ihn so auf, daß er mit lauter Stimme das lustige Lied vom Zähneklappern sang – eine höchst beliebte komische Darbietung, die sein Meister auf jede nur mögliche andere Art aus ihm als Römer herauszupressen versucht hatte, aber gänzlich ohne Erfolg.

Sein Meister, ein sehr heiserer Kerl, hieß Mim, und ich kannte ihn soweit, daß wir bei unseren zufälligen Begegnungen ein paar Worte zu wechseln pflegten. Zu diesem Jahrmarkt begab ich mich in Zivil, das heißt, ich ließ meinen Wagen vor der Stadt. Während der Vorführung sah ich mir all die Fuhrwerke von hinten an und stieß schließlich auf das arme taubstumme Mädchen, das an ein kotiges Wagenrad gelehnt dasaß und vor sich hin döste. Auf den ersten Blick hätte ich fast gemeint, sie wäre aus der Raubtiermenagerie entsprungen, doch als ich näher hinschaute, hielt ich mehr von ihr und dachte, wenn sie besser gepflegt und menschlicher behandelt würde, könnte sie meinem Kind gleichen. Sie war gerade so alt, wie meine Tochter jetzt gewesen wäre, wenn ihr hübsches Köpfchen nicht an jenem unglückseligen Abend auf meine Schulter gesunken wäre.

Um es kurz zu machen: Ich sprach vertraulich mit Mim, während er zwischen zwei von Picklesons Darbietungen vor dem Zelt den Gong schlug, und sagte zu ihm: «Sie ist eine Belastung für Euch. Was wollt Ihr für sie haben?» – Mim war ein grausamer Flucher. Unter Weglassung dieses Teils seiner Rede, der bei weitem der längste war, lautete seine Antwort: «Ein Paar Hosenträger.» – Worauf ich erwiderte: «Jetzt werde ich Euch sagen, was ich tue. Ich bringe Euch augenblicklich ein halbes Dutzend erstklassige Hosenträger aus meinem Wagen und nehme das Mädel dann gleich mit.» – Mim sagte darauf (wieder unter Weglassung der grausamen Flüche): «Ich werde es glauben, wenn ich die Ware in der Hand habe, und keinen Augenblick früher.» – Ich beeilte mich, so sehr ich konnte, damit er es sich nicht noch anders überlegte, und der Handel wurde abgeschlossen. Pickleson aber war darüber so beglückt, daß er sich zum Abschied der Länge nach aus seinem kleinen Hintertürchen herausschlängelte wie eine leibhaftige Boa constrictor und uns zwischen den Wagenrädern das lustige Lied vom Zähneklappern in Flüstertönen zum besten gab.

Es war ein glücklicher Tag für uns beide, als ich Sophy in meinen Wagen brachte. Ich nannte sie sofort Sophy, um sie ein für allemal an die Stelle meiner eigenen Tochter zu setzen. Und sobald sie begriff, daß ich es gut und lieb mit ihr meinte, begannen wir uns, dem gütigen Himmel sei Dank, sehr rasch zu verständigen. Nach ganz kurzer Zeit hatte sie mich unglaublich lieb. Ach, ihr könnt euch nicht vorstellen, was es heißt, wenn jemand einen unglaublich lieb hat, sofern ihr nicht selbst einmal von dem oben erwähnten Gefühl der Vereinsamung übermannt und zu Boden gedrückt worden seid.

Ihr hättet gelacht – oder das Gegenteil getan; je nach euerer Veranlagung, hättet ihr zusehen können, wie ich Sophy zu unterrichten versuchte. Meine ersten Helfer waren – ihr werdet es nicht erraten – die Meilensteine am Wege. Ich hatte mir einen Abc-Kasten angeschafft, die einzelnen Buchstaben jeweils groß auf beinernen Plättchen, und wenn wir beispielsweise nach Windsor unterwegs waren, legte ich die Buchstaben in dieser Reihenfolge vor sie hin und zeigte ihr bei jedem Meilenstein die gleichen Buchstaben in der gleichen Reihenfolge, während ich auf das Königliche Schloß wies. Oder ich gab ihr die Buchstaben zum Wort «Wagen» und malte sie gleichzeitig außen auf den Wagen. Dann gab ich ihr «Doktor Marigold» zu lesen und heftete einen Zettel mit dieser Inschrift an meine Weste. Wenn wir Leute trafen, starrten sie uns an und lachten wohl auch ein bißchen, aber was lag mir dran, wenn sie nur verstand, was ich meinte! Es brauchte sehr viel Mühe und Geduld, bis sie es begriff, doch dann kamen wir wahrhaftig flott voran! Im Anfang neigte sie allenfalls dazu, mich als den Wagen anzusehen und den Wagen als das Königliche Schloß – aber das verging bald.

Wir hatten auch unsere eigenen Zeichen, viele hundert an der Zahl. Manchmal sah sie mich an und dachte angestrengt nach, wie sie mir etwas Neues verständlich machen, wie sie nach einer

171

bestimmten Erklärung fragen sollte – und dann glich sie (oder ich bildete es mir ein, aber das kommt aufs gleiche heraus) dermaßen meiner Tochter, wenn sie um die paar zusätzlichen Jahre älter geworden wäre, daß ich halb und halb glaubte, sie sei es wirklich und versuchte mir zu erzählen, wo sie dort oben im Himmel gewesen wäre und was sie seit jener unseligen Nacht, in der sie uns entflog, alles gesehen hätte. Sie besaß ein liebliches Gesicht, und jetzt, da niemand sie an ihrem schönen dunklen Haar zerrte und es glatt und glänzend um ihren Kopf lag, hatte sie etwas Rührendes an sich, das den Wagen still und friedlich, aber durchaus nicht melancholisch machte. (N. B. Im Billigen-Jakob-Geschwätz pflegen wir gern «lemancholisch» zu sagen, was das Publikum garantiert zum Lachen bringt.)

Es war wahrhaftig erstaunlich, wie sie jeden Blick von mir verstehen lernte. Wenn ich abends meinen Verkauf abhielt, pflegte sie, vor den Blicken der Leute draußen verborgen, im Wagen zu sitzen, und sobald ich mich zu ihr wandte, sah sie mir aufmerksam in die Augen und reichte mir genau den Artikel, den ich haben wollte. Dann lachte sie und klatschte vor Freude in die Hände. Und was mich betraf – wenn ich sie so lebhaft und fröhlich sah und mich erinnerte, wie ich sie erst erblickt hatte, wie sie ausgehungert, verprügelt, zerlumpt an dem kotigen Wagenrad lehnte und vor sich hin döste, geriet ich in eine so frohe Stimmung, daß mein Ruf immer noch glänzender wurde; und ich vermachte in meinem Testament Pickleson (unter der Bezeichnung «Mims

172

reisender Riese, i.e. recte Pickleson») eine Fünfpfundnote.

Unser Glück im Wagen dauerte an, bis sie sech-
zehn Jahre alt war. Dann begann ich allmählich zu
denken, daß ich nicht genug für sie getan hätte
und daß sie eine bessere Erziehung und Unter-
weisung haben sollte, als ich ihr zu geben vermochte. Es kostete uns beide viele Tränen, als ich
ihr meine Ansicht zu erklären anfing, aber was
recht ist, muß recht bleiben, und man kann weder
durch Tränen noch durch Lachen etwas davon
abhandeln.

So nahm ich sie eines Tages bei der Hand und
ging mit ihr in das Taubstummeninstitut von
London. Als der Herr dort mit uns zu sprechen
begann, sagte ich: «Jetzt werde ich Ihnen sagen,
was ich tun will, Sir. Ich bin bloß ein Billiger
Jakob, aber in den letzten Jahren habe ich mir
doch einen kleinen Notgroschen zurückgelegt.
Dies ist mein einziges Kind (adoptiert), und sie
könnte nicht tauber und nicht stummer sein, als
sie ist. Bringen Sie ihr bei, was ihr überhaupt
beizubringen ist, und dies in der kürzesten Zeit,
die wir getrennt bleiben müssen. Sagen Sie mir,
was es kostet, und ich bezahle es. Ich werde Ihnen
keinen Penny abhandeln, Sir, sondern das Geld
jetzt und hier auf den Tisch legen und aus Dankbarkeit noch ein Pfund draufgeben. So!» – Der
Herr lächelt und sagt: «Nun, nun, das werden wir
sehen. Erst muß ich wissen, was sie schon kann.
Wie verständigen Sie sich mit ihr?» – Ich erklärte
es ihm, und sie schrieb in Druckbuchstaben den
Namen vieler Dinge auf, die er ihr zeigte, und

dann redeten wir, Sophy und ich, munter über eine kleine Geschichte in einem Buch, die der Herr ihr zu lesen gab und die sie ohne weiteres verstand. «Das ist ja unglaublich!» sagt der Herr schließlich. «Ist es möglich, daß Sie ihr einziger Lehrer waren?» – «Außer ihr selber, Sir», sage ich. – «Dann», sagt der Herr, und willkommenere Worte habe ich nie vernommen, «dann sind Sie ein kluger Mensch und ein guter Mensch obendrein.» – Das macht er auch Sophy verständlich, und sie küßt ihm darauf die Hand und klatscht in ihre eigenen Hände und lacht und weint zugleich.

Wir sprachen im ganzen viermal mit dem Herrn. Als er meinen Namen niederschrieb und fragte, wieso in aller Welt ich «Doktor» hieße, stellte es sich heraus, daß er der leibliche Neffe schwesterlicherseits des Doktors war, nach dem ich getauft wurde, ob ihr's glaubt oder nicht.

Das brachte uns auf einen noch freundschaftlicheren Fuß, und er sagt mir: «Also jetzt erklärt mir, Marigold – was soll Euere Adoptivtochter nach Euerem Wunsch eigentlich noch lernen?»

«Sir, ich möchte, daß sie so wenig von der Welt abgeschnitten bleibt, wie ihr Gebrechen es nur zuläßt. Sie sollte imstande sein, alles, was je geschrieben wurde und wird, mit Leichtigkeit und Vergnügen zu lesen.»

Der Herr reißt die Augen weit auf und ruft: «Aber lieber Mann, das kann nicht einmal ich!»

Nun, ich quittiere seinen Scherz mit einem Lachen (weil ich ja aus Erfahrung weiß, wie einem zumute ist, wenn ein Witz nicht ankommt) und wiederhole meine Bitte in etwas anderen Worten.

«Und was gedenkt Ihr nachher mit ihr anzufangen?» fragt der Herr einigermaßen bedenklich. «Soll sie weiterhin mit Euch durchs Land ziehen?»

«Ja, Sir, aber nur im Wagen. Sie soll in meinem Wagen ein ganz privates Leben führen, verstehen Sie. Ich würde nie daran denken, sie dem Publikum vorzuführen. Ich würde um keinen Preis ihr Gebrechen zur Schau stellen.»

Der Herr nickte und schien das zu billigen.

«Könntet Ihr Euch zwei Jahre lang von ihr trennen?» fragt er.

«Wenn es zu ihrem Besten ist – ja, Sir.»

«Es besteht aber noch eine andere Frage», sagt der Herr, sich zu ihr wendend. «Könnte sie sich so lange von Euch trennen?»

Ich weiß nicht, ob das an sich ein schwererer Verzicht war (der meine fiel mir schwer genug) – aber es war schwerer, sie dazu zu bringen. Schließlich sah sie es aber doch ein, und unsere Trennung war beschlossene Sache. Wie weh es uns beiden tat und wie mir zumute war, als ich sie eines Abends hinbrachte und mich an der Tür von ihr verabschiedete, will ich nicht erzählen. Doch eines weiß ich: Im Gedenken an jenen dunklen Abend kann ich nie mehr an diesem Haus vorbeigehen, ohne daß sich mir das Herz in der Brust zusammenkrampft, und in Sichtweite dieses Hauses könnte ich meine größten Schlager – auch das Gewehr und die Brille – nicht mit meiner gewohnten Munterkeit anpreisen. Nein, nicht einmal wenn mir der Innenminister eine Belohnung

von fünfhundert Pfund verspräche und als Draufgabe noch die Ehre, hinterher meine Beine unter
seinem Mahagonitisch ausstrecken zu dürfen!

Doch bei alldem war die Einsamkeit, die jetzt
in meinem Wagen herrschte, etwas anderes als
meine frühere Einsamkeit, weil ihr eine Grenze
gesetzt war, wie lang es auch bis dahin dauern
mochte; und wenn es mir einmal gar zu schwer
ums Herz war, konnte ich denken, daß sie zu mir
gehörte und daß ich zu ihr gehörte. Immer in
Hinblick auf ihre Rückkehr kaufte ich mir nach
ein paar Monaten einen neuen Wagen – und was
glaubt ihr wohl, was ich mit dem vorhatte? Ich
werde es euch sagen. Ich nahm mir vor, ihn mit
Bücherregalen und einem gemütlichen Sitzplatz
auszustatten, wo ich sitzen könnte und ihr zuschauen, wie sie las, und daran denken, daß ich ihr
erster Lehrer gewesen war. Ohne Übereilung ließ
ich die einzelnen Teile der Einrichtung unter meiner ständigen Oberaufsicht zusammenfügen und
einpassen, und hier war ein Wandbett mit Vor-
hängen, und dort war ihr Lesetischchen und ihr
Schreibpult, und da standen die Bücher, reihen-
weise, mit Bildern und ohne Bilder, gebunden
und ungebunden, mit vergoldetem Schnitt oder
einfach, so wie ich sie partienweise im ganzen
Land zusammenkaufen konnte, in Nord und Süd,
in Ost und West, über Berg und Tal und fern und
nah, daheim ist's am best'. Aber als ich gut und
gern so viele Bücher zusammengebracht hatte,
wie der Wagen nur zu fassen vermochte, ging mir
eine neue Idee durch den Kopf, die, wie es sich
bald zeigen sollte, meine Zeit und Aufmerksam-

keit völlig in Anspruch nahm und mir über die Zweijahreshürde hinweghalf.

Ich bin nicht geizig, aber ich lege einen gewissen Wert auf eigenen Besitz. Ich möchte zum Beispiel, was mein Fuhrwerk betrifft, nicht mit euch in Kompanie gehen. Nicht, daß ich euch mißtraute, aber es ist mir lieber, wenn das Fuhrwerk mir allein gehört, genau wie es euch an meiner Stelle vermutlich lieber wäre, wenn es euch allein gehörte. Nun also! Allmählich überkam mich etwas wie Eifersucht, wenn ich bedachte, daß andere Leute alle diese Bücher gelesen hatten, lange bevor Sophy sie lesen würde. Es war mir, als würde dadurch irgendwie ihr Besitz geschmälert. Und auf die Art verfiel ich auf die Idee: Könnte ich nicht ein neues Buch eigens für sie herstellen lassen? Ein Buch, das noch niemand vor ihr gelesen hätte?

Der Gedanke gefiel mir, und da ich nie der Mann war, einen Gedanken einschlafen zu lassen (wenn man es als Billiger Jakob zu was bringen will, muß man alle Gedanken, die einem nur in den Kopf kommen, munter halten und arbeiten lassen), so machte ich mich alsbald daran, ihn auszuführen. In Anbetracht der Tatsache, daß ich ständig im Land herumzog und hier und dort und anderswo, wie es sich eben ergab, jeweils ein literarisches Individuum ausfindig machen und mit ihm handelseinig werden müßte, kam ich auf die Idee, daß dieses selbige Buch ein Posten Vermischtes werden sollte – so wie Rasierzeug, Bügeleisen, Präzisionsuhr, Fleischteller, Nudelholz und Spiegel – und nicht ein einzeln anzupreisender Artikel wie etwa die Brille oder das Schießgewehr. Nachdem ich zu diesem Schluß gekommen war, kam ich noch zu einem weiteren, den ich euch gleichfalls darlegen werde.

Ich hatte oft bedauert, daß sie mich nicht hören konnte, wie ich auf dem Trittbrett stand und meine Waren anpries. Nicht, daß ich so besonders eitel wäre, aber im allgemeinen stellt man sein Licht nicht gern unter den Scheffel. Was ist unser ganzer Ruhm wert, wenn wir dem Menschen, an dessen Wertschätzung uns am meisten liegt, nicht die Gründe dafür zur Kenntnis bringen können? Jetzt werde ich *euch* die Frage vorlegen: Ist er Sixpence, Fourpence, Threepence, Twopence – einen Penny oder auch nur einen halben Penny wert? Nein, keinen roten Heller! Also schön. Mein Schluß ging dahin, daß ich ihr Buch mit einem Bericht über mich selber beginnen wollte, so daß sie ein paar Muster von meinen Vorführungen auf dem Trittbrett lesen und sich selbst ihre Meinung über meine diesbezüglichen Verdienste bilden könnte. Ich war mir bewußt, daß ich mir selber nicht gerecht werden konnte. Ein Mensch kann nicht seinen Blick niederschreiben (ich wüßte nicht, wie er das anstellen soll), noch seine Stimme oder seinen raschen Redefluß oder seine flinken Bewegungen. Aber wenn er ein öffentlicher Redner ist, kann er zumindest seine Redewendungen niederschreiben – und ich habe gehört, daß er das wirklich sehr oft tut, bevor er sie spontan vorbringt.

Nun schön. Nachdem ich diesen Beschluß gefaßt hatte, erhob sich die Frage, wie man das Buch

nennen sollte. Wie hämmerte ich dieses heiße
Eisen in die richtige Form? Folgendermaßen: Bei
all meinen Unterweisungen war mir nichts so
schwergefallen wie die Erklärung, wie es kam,
daß ich «Doktor» genannt wurde und doch kein
Doktor war. So sehr ich mich bemüht hatte, war
es mir, glaube ich, nicht gänzlich gelungen, ihr das
klarzumachen. Doch im Vertrauen auf die Fortschritte, die sie in diesen zwei Jahren erzielt haben
mußte, hoffte ich, daß sie es verstehen würde,
wenn sie es nun in meiner eigenen Darstellung las.
Ferner dachte ich: Ich würde einen Scherz wagen
und beobachten, wie sie ihn aufnähme, woraus
ich schon klar ersehen würde, wie weit sie mich
verstünde. Wir hatten unser Mißverständnis entdeckt, als sie mich einmal bat, ihr eine Medizin zu
verschreiben, weil sie mich für einen richtigen
Doktor im ärztlichen Sinn hielt. Darum dachte ich
jetzt: «Wenn ich diesem Buch den Titel ‹Rezepte›
gebe und sie erfaßt, daß meine Rezepte bloß ihrer
Unterhaltung und Erhebung gelten – um sie nämlich zu einem heilsamen Lachen oder zu ebenso
heilsamen Tränen zu bringen –, wird es für uns
beide ein beglückender Beweis sein, daß wir unser Mißverständnis aufgeklärt haben.» Und es
glückte im höchsten Maß! Als sie nämlich das
Buch, richtig gedruckt und gebunden, wie ich es
vorbereitet hatte, auf ihrem Tisch im Wagen liegen sah und den Titel «Doktor Marigolds Rezepte» las, schaute sie mich einen Moment lang
höchst erstaunt an. Dann blätterte sie es durch –
und darauf brach sie in helles Lachen aus! Auf die
reizendste Art fühlte sie sich den Puls und schüt-

telte bedenklich den Kopf. Dann wandte sie die Seiten um und tat, als studiere sie es mit größter Aufmerksamkeit – worauf sie das Buch küßte und es an ihr Herz drückte und mir schließlich lachend um den Hals fiel. Nie im Leben hatte ich eine größere Freude!

Aber ich will nicht vorgreifen. (Diese Wendung entnehme ich den Romanen, die ich für sie kaufte. Ich habe niemals einen aufgeschlagen – und ich durchblätterte viele davon –, ohne daß mein Blick auf die Worte fiel: «Aber ich will nicht vorgreifen.» – Wobei ich mich jedesmal fragte, warum der Verfasser trotzdem vorgriff oder wer es von ihm verlangte.) Also, wie gesagt, ich will nicht vorgreifen. Das Buch nahm meine ganze freie Zeit in Anspruch. Es war nicht leicht, die einzelnen anderen Beiträge für diesen Posten Vermischtes zusammenzukriegen, aber das war nichts gegen meinen eigenen Artikel. Nie hätte ich geglaubt, wie viele Tintenkleckse und Mühe und Geduld es braucht, bis so eine Seite geschrieben ist. Was wieder meine Erfahrungen vom Trittbrett bestätigt: Das Publikum hat keine Ahnung von den Schwierigkeiten eines Berufs.

Doch endlich hatte ich es geschafft, und die zweijährige Wartezeit war verflossen, wie es alle Zeit seit jeher so tut, und ich fragte mich nur: Wohin? Der neue Wagen war fertig – außen gelb angestrichen, mit zinnoberroten Verzierungen und blanken Messingbeschlägen –, das alte Roß wurde vorgespannt, ein neues junges Roß und ein Bursche für das Billige-Jakob-Fuhrwerk angestellt, und ich machte mich nett und sauber, um nach

London zu fahren und sie abzuholen. Es war klares, frostiges Wetter, der Rauch stieg fröhlich aus den Schornsteinen auf.

«Marigold», sagt der Herr und schüttelt mir herzlich die Hand. «Ich freue mich sehr, Euch zu sehen.»

«Und doch habe ich meine Zweifel, Sir», sage ich, «ob Sie auch nur halb so froh sind wie ich.»

«Die Zeit hat Euch lang gedünkt, nicht wahr, Marigold?»

«Das möchte ich nicht sagen, Sir, in Anbetracht ihrer wirklichen Länge, aber...»

«Oh, mein Gott, wie Ihr zusammenfahrt, lieber Freund! Habt Ihr so einen Schreck bekommen?»

Das konnte man wohl sagen! Ach, wie sie sich verändert hatte! So damenhaft, so hübsch, und so klug, so ausdrucksvoll! Damals begriff ich, daß sie wirklich wie mein eigenes Kind sein mußte, sonst hätte ich sie nie und nimmer erkannt, wie sie so still und regungslos an der Tür stand.

«Ihr seid bewegt», sagt der Herr in gütigem Ton.

«Es kommt mir zum Bewußtsein, Sir», sage ich, «daß ich nur ein grober Kerl in einer Fuhrmannsweste bin.»

«Und mir kommt zum Bewußtsein», sagt er, «daß Ihr es wart, der sie aus ihrem Elend und ihrer Erniedrigung befreit und sie in den Kreis ihrer Mitmenschen geführt hat. Aber warum unterhalten wir uns allein miteinander, wenn wir uns so gut mit ihr unterhalten könnten? Redet sie auf Eure Weise an.»

«Ich bin ja nur ein grober Kerl in einer Fuhr-

mannsweste, Sir», sage ich, «und sie ist eine so
feine, zarte Dame und steht so still an der Tür!»

«Probiert, ob sie noch die alten Zeichen kennt»,
sagt der Herr.

Sie hatten sich die Komödie ausgedacht, um
mir eine Freude zu bereiten! Denn sobald ich das
alte Zeichen mache, stürzt sie auf mich zu und fällt
vor mir auf die Knie und streckt die Hände zu mir
empor, während ihr vor lauter Liebe und Freude
die Tränen über die Wangen strömen. Und als ich
ihre Hände ergriff und sie zu mir aufhob, fiel sie
mir um den Hals und verbarg das Gesicht an
meiner Brust. Und ich weiß gar nicht, was für
Narrheiten ich aufführte, bis wir uns beruhigten
und alle drei tonlos miteinander zu plaudern begannen – und niemand kann sagen, wie mild und
hell die ganze Welt für uns geworden war.

Und jetzt werde ich euch sagen, was ich tue.
Hiermit biete ich euch den ganzen Posten Vermischtes an, ihr eigenes Buch, das noch kein
Mensch außer mir gelesen hat, von mir selber
ergänzt und erweitert, nachdem sie die erste Fassung gelesen hatte; achtundvierzig Druckseiten
oder sechsundneunzig Spalten*, gedruckt von
Whiting in Person, will sagen auf der neuesten
dampfbetriebenen Maschine im Beaufort House,
auf dem feinsten Papier mit dem schönsten grünen Einband, so säuberlich gefaltet wie frisch
gestärkte Wäsche aus der erstklassigsten Wäsche-

---

* Format, in dem die Weihnachts-Extranummern von «All
the Year Round», die Dickens herausgab, erschienen.

rei und so ausgezeichnet geheftet, daß es, rein
als Handarbeit betrachtet, das Mustertuch einer
Weißnäherin übertrifft, die vor der amtlichen Prü-
fungskommission am Wettbewerb für Hungerlei-
den teilnimmt. Und wieviel verlange ich für den
Posten? Acht Pfund? Nein, nicht soviel. Sechs
Pfund? Noch weniger! Vier Pfund? Ja, ihr werdet
es kaum glauben, aber so wenig kostet es! Bloß
vier Pfund! Das Heften allein hat mehr als die
Hälfte gekostet! Hier, mein verehrtes Publikum,
da sind achtundvierzig Originalseiten, sechsundneunzig Spalten, für bloß vier Pfund! Ihr möchtet
mehr für euer Geld? Bitte! Drei ganze Seiten mit
hochinteressanten Inseraten werden gratis drauf-
gegeben. Lest sie und glaubt sie. Was, noch mehr?
Dann also meine besten Wünsche für euere di-
versen fröhlichen Weihnachten und glücklichen
neuen Jahre und langes Leben und dauernden
Wohlstand – im Wert von mindestens zwanzig
Pfund, falls sie unbeschädigt bei euch eintreffen.
Bedenkt das! Und außerdem noch ein zusätzliches
Rezept, «Lebenslänglich einzunehmen», aus dem
ihr erfahren werdet, wie das Fuhrwerk zusam-
menbrach und wo die Fahrt endete. Ihr findet vier
Pfund zu teuer? Ihr findet es immer noch zu teuer?
Also – dann werde ich euch was sagen: Bezahlt
vier Pennies, aber sagt es nicht weiter!

Lebenslänglich einzunehmen

Sophy las alles Vorstehende mehrmals hinterein-
ander, und ich saß auf meinem Platz im Büchereiwagen (wie wir ihn nannten) und sah ihr dabei zu,

stolz wie ein Mops, der mit schwarzgefärbter Schnauze und maschinell gekräuseltem Schwanz zu einer Abendgesellschaft geht. Mein Plan war in all seinen Einzelheiten von Erfolg gekrönt. Unser wiedervereintes Leben übertraf alle unsere Hoffnungen. Glück und Zufriedenheit begleiteten jede Umdrehung der Wagenräder und verweilten bei uns, wenn die beiden Wagen irgendwo verweilten.

Bloß eines hatte ich bei meinen Berechnungen nicht in Betracht gezogen. Was hatte ich nicht in Betracht gezogen, verehrtes Publikum? Damit ihr leichter draufkommt, sage ich: Eine Figur, eine bekannte Figur. Also ratet einmal! Aha, sagt ihr, eine Figur! Ein Kreis? – Nein. – Ein Dreieck? – Nein. – Ein Viereck? – Nein, auch nicht. Also, um euch weiterzuhelfen, werde ich sagen, daß es keine geometrische Figur ist. – Aha, dann also eine menschliche Figur! – Nein. – Eine tierische Figur? – Nein. – Aber doch eine sterbliche Figur? – Nein, auch keine sterbliche Figur. Jetzt habt ihr euch in eine Klemme hineinmanövriert und müßt wohl oder übel erraten, daß es eine unsterbliche Figur ist. – Stimmt! Warum habt ihr das nicht gleich gesagt?

Ja, es war eine unsterbliche Figur, die ich bei meinen Plänen gänzlich außer acht gelassen hatte. Eine männliche Figur? – Nein, und auch keine weibliche – eine kindliche Figur. Bub oder Mädel? Bub. Jetzt haben wir es. Ein Knäblein mit Pfeil und Bogen!

Wir waren unten in Lancaster, und ich hatte zwei Abende lang überdurchschnittlich gute Ge-

schäfte gemacht (wenn ich auch, um der Wahrheit
die Ehre zu geben, das dortige Publikum nicht als
übermäßig vif bezeichnen kann). Wir standen auf
dem großen Platz, am Ende der Straße, in der das
«King's Arms and Royal Hotel» von Mr. Sly liegt,
und «Mims reisender Riese», recte Pickleson, befand sich zufällig auch auf Tournee in der Stadt.
Er war inzwischen mächtig vornehm geworden.
Keine Spur mehr von einem Planwagen. Die Vorstellung fand in einem grün ausgeschlagenen Saal
statt. Gedruckter Anschlagzettel: «Keine Freikar-
ten außer für die Vertreter einer freien Presse, den
Stolz eines freien Landes! – Besonderes Arrange-
ment für Schulen, nach vorheriger Anmeldung.
Familienprogramm. – Entspricht den strengsten
Anforderungen des feinen Anstands!» In einem
rosafarbigen Kassenzelt Mim, der aufs gräßlichste
über die Interesselosigkeit des Publikums fluchte.
In den Schaufenstern der Geschäfte wissenschaft-
lich getönte Anzeigen, die besagten, daß es unmöglich sei, die Geschichte von David und Go-
liath richtig zu verstehen, sofern man nicht Pickleson gesehen hätte.

Ich begab mich in den betreffenden Saal und
stellte fest, daß er bis auf ein hohles Echo und
einen dumpfigen Geruch nichts enthielt als einzig
Pickleson auf einem roten Wollteppich. Das paß-
te mir gut, weil ich privat und vertraulich mit
ihm zu reden wünschte, nämlich folgendermaßen:
«Pickleson! Da ich Euch viel verdanke, gedachte
ich, Euch testamentarisch eine Fünfpfundnote zu
vermachen. Aber um amtliche Umtriebe zu er-
sparen, gebe ich Euch hiermit viereinhalb Pfund

in bar, womit Euch wohl ebenfalls besser gedient ist, und wir schließen die Transaktion auf der Stelle ab.» Pickleson, der bis dahin den traurigen Eindruck einer lang ausgezogenen Talgkerze gemacht hatte, die absolut nicht brennen will, leuchtete bei dieser Mitteilung an seinem oberen Ende auf und stattete seinen Dank mit einer (für seine Verhältnisse) geradezu parlamentarischen Beredsamkeit ab. Ferner erzählte er, da er als Römer nicht mehr zöge, hätte Mim ihm vorgeschlagen, als ein indianischer Riese, den «des Milchmanns Töchterlein» zum wahren Glauben bekehrte, aufzutreten. Weil Pickleson das Traktätchen, das von dieser jungen Person handelt, nicht kannte und Possen seiner ernsten Lebensauffassung nicht entsprachen, hatte er den Vorschlag abgelehnt, was zu bösen Worten und einer totalen Biersperre für den unglücklichen jungen Menschen führte. Dies alles wurde durch das wütende Knurren Mims in seinem Kassenverschlag bestätigt, das während unserer ganzen Unterredung nicht aufhörte und bewirkte, daß der Riese wie ein Blatt im Winde bebte.

Was jedoch an seinen Bemerkungen für mich interessant war, lag in den folgenden Worten (die ich wörtlich wiedergebe, obwohl ich nicht hoffen kann, einen Eindruck von ihrem kraftlosen Ton zu vermitteln): «Doktor Marigold, wer ist der fremde junge Mann, der sich um Euere Wagen herumdreht?» – «Der fremde junge *Mann*?» wiederhole ich, weil ich denke, daß er *sie* meint und infolge seiner trägen Zirkulation nicht das richtige Wort herausbringt. – «Doktor», entgegnet er in einem Ton, der dazu angetan ist, auch einem männlichen Auge eine Träne zu entlocken, «ich bin schwach, aber nicht so schwach, daß ich nicht weiß, was ich rede. Ich wiederhole meine Worte, Doktor: Der fremde junge Mann.» Dann kam es langsam heraus, daß Pickleson, der sich die Beine nur zu einer Zeit vertreten durfte, wenn keine Gefahr bestand, daß ihn jemand gratis besichtigen könnte (also mitten in der Nacht oder aber in der frühesten Morgendämmerung), in dieser selbigen Stadt Lancaster, wo ich mich erst zwei Tage und zwei Nächte lang aufhielt, den fremden jungen Mann zweimal um meine Wagen herumschleichen gesehen hatte.

Das ging mir irgendwie gegen den Strich. Was es wirklich bedeutete, dämmerte mir damals so wenig, wie es euch jetzt dämmert, aber es ging mir irgendwie gegen den Strich. Pickleson gegenüber tat ich es leichthin ab und verließ ihn mit der Ermahnung, sein Erbteil zur Erfrischung seiner Körperkräfte zu verwenden und seinem frommen Lebenswandel auch weiterhin treu zu bleiben. Aber bei Tagesanbruch hielt ich Ausschau nach dem fremden jungen Mann, und was noch mehr heißt – ich erblickte ihn auch! Er war gut aussehend und gut gekleidet. Er drehte sich ganz in der Nähe meiner beiden Wagen herum und beobachtete sie so scharf, als wäre er zu ihrer Bewachung angestellt. Als es hell wurde, ging er. Ich rief ihn laut an, doch er schaute sich nicht um und fuhr nicht zusammen und gab auch sonst nicht das kleinste Anzeichen, daß er mich gehört hätte.

Ein paar Stunden später zogen wir von Lancaster fort nach Carlisle, und bei Tagesanbruch sah ich mich wieder nach dem fremden jungen Mann um. Ich erblickte ihn nicht. Doch als ich am nächsten Morgen nochmals Ausschau hielt, war er tatsächlich wieder da! Erneut rief ich ihn laut an, und wieder war es, als hätte er mich überhaupt nicht gehört. – Das brachte mich auf einen Gedanken. Demgemäß beobachtete ich den fremden jungen Mann zu verschiedenen Zeiten und auch bei verschiedenen Gelegenheiten, auf die ich hier nicht näher einzugehen brauche, bis ich entdeckte, daß er taubstumm war!

Diese Entdeckung traf mich wie ein Schlag, denn ich wußte, daß es in der Taubstummenanstalt, wo sie gewesen, auch eine Abteilung für junge Männer gab (manche aus wohlhabenden Familien), und ich dachte bei mir: «Wenn sie ihm wohlgesinnt ist, wo bleibe dann ich, und wo bleibt alles, wofür ich gearbeitet und was ich ersehnt habe?» In der Hoffnung – zu diesem selbstsüchtigen Gefühl muß ich mich bekennen –, daß sie ihm *nicht* wohlgesinnt wäre, machte ich mich daran, der Sache auf den Grund zu gehen. Schließlich wurde ich zufällig Zeuge einer Begegnung zwischen ihnen, draußen im Freien. Ich war hinter einer Tanne versteckt und sah alles mit an, ohne daß sie es merkten. Es war eine aufregende Begegnung für uns drei. Ich verstand jedes Wort, das sie tauschten, so gut wie sie selber. Ich horchte mit meinen Augen, die unterdessen mit der Taubstummensprache so vertraut waren wie meine Ohren mit der Rede normaler Menschen. Er war im Begriff, nach China zu reisen – als

Buchhalter in einer Handelsfirma, der schon sein Vater angehört hatte –, und in der Lage, eine Familie zu gründen. Er bat sie, als seine Frau mit ihm zu kommen. Sie weigerte sich standhaft. Er fragte, ob sie ihn denn nicht liebe. Doch, sie liebe ihn, so sehr, so sehr, aber nie und nimmer würde sie ihren geliebten, gütigen, edlen, großmütigen und was sonst noch alles Vater (damit meinte sie mich, den Billigen Jakob in der Fuhrmannsweste) im Stich lassen, sie würde bei ihm bleiben, und wenn es ihr das Herz bräche! Darauf begann sie bitterlich zu weinen, und das brachte mich zu einem Entschluß.

Solang ich nicht gewußt hatte, wie sie zu dem jungen Manne stand, hatte ich unvernünftiger-weise eine solche Wut gegen Pickleson gehegt, daß er froh sein konnte, sein Erbteil bereits in der Hand zu haben, denn ich hatte oft gedacht: «Ohne diesen schwachsinnigen Kerl müßte ich mir jetzt keine überflüssigen Gedanken und Sorgen ma-chen!» Doch jetzt, da ich wußte, daß sie ihn liebte – da ich sie um ihn weinen sah –, lag die Sache anders. Ich söhnte mich in meinem Herzen augen-blicklich mit Pickleson aus, und dann schüttelte ich mich zurecht, um zu tun, was zu tun war.

Sie war unterdessen gegangen (denn es dauerte ein paar Minuten, bis ich mich gründlich zurecht-geschüttelt hatte), und der junge Mann stand an eine andere Tanne gelehnt (es gab dort ein ganzes Wäldchen) und hatte das Gesicht auf den Arm gelegt. Ich berührte seinen Rücken. Er blickte auf, und als er mich sah, sagte er in der Taubstummen-sprache: «Seien Sie mir nicht böse!»

«Ich bin dir nicht böse, mein lieber Junge, ich meine es gut mit dir. Komm mit.»

Ich ließ ihn unten vor dem Büchereiwagen warten und ging allein hinein. Sie war gerade dabei, sich die Augen zu trocknen.

«Hast du geweint, Liebling?»

«Ein bißchen, Vater.»

«Weshalb denn?»

«Ich habe Kopfweh, Vater.»

«Nicht Herzweh?»

«Kopfweh, habe ich gesagt, Vater.»

«Da muß Doktor Marigold dir ein Rezept verschreiben.»

Sie nahm mein Rezeptbuch zur Hand und hielt es mit einem gezwungenen Lächeln in die Höhe, doch da ich ernst blieb und schwieg, legte sie es wieder hin und sah mich mit großer Aufmerksamkeit an.

«Da steht das Rezept nicht drin, Sophy.»

«Wo steht es denn?»

«Hier, mein Liebling.»

Ich holte nun ihren zukünftigen Gatten in den Wagen und legte ihre Hand in die seine, während ich nur noch sagte: «Das ist Doktor Marigolds letztes Rezept. – Lebenslänglich einzunehmen.» Worauf ich mich davonmachte.

Bei der Hochzeitsfeier prangte ich zum ersten und letzten Mal im Leben in einem Frack (blau mit blanken Knöpfen) und führte Sophy mit eigener Hand ihrem Bräutigam zu. Außer uns dreien war nur noch der Herr von der Taubstummenanstalt dabei. Es gab ein großes Hochzeitsmahl für vier im Büchereiwagen: Taubenpastete, eine gepökelte Schweinskeule, zwei gebratene Enten und allerlei Gemüse, dazu den besten Wein. Ich hielt eine Tischrede, und der Herr hielt eine Tischrede. Alle unsere Witze zündeten, und alles ging so glänzend wie ein Feuerwerk. Im Lauf der Unterhaltung erklärte ich Sophy, ich würde den Büchereiwagen als mein Standquartier behalten, um dort zu wohnen, wenn ich nicht auf der Tour wäre, und alle ihre Bücher, wie sie dastanden, aufbewahren, bis sie wiederkäme und sie abholte. So zog sie mit ihrem jungen Gatten ins ferne China, und der Abschied fiel uns beiden sehr schwer. – Ich verschaffte dem Burschen, den ich angestellt hatte, eine andere Arbeit, und dann trottete ich, mit der Peitsche über der Schulter, wieder allein neben dem alten Pferd einher wie damals, als ich mein Kind und mein Weib verloren hatte.

Sophy schrieb mir viele Briefe, und ich schrieb ihr viele Briefe. Als etwa ein Jahr vorbei war, schrieb sie mir mit unsicherer Hand: «Liebster Vater, unsere süße kleine Tochter ist noch nicht einmal eine Woche alt, aber es geht mir so gut, daß ich Dir diese Zeilen schreiben darf. Liebster, bester Vater, ich hoffe und bete, daß mein Kind nicht taubstumm sein wird, aber man kann es noch nicht wissen.» In einem späteren Brief berührte ich diese Frage, doch da Sophy nicht darauf antwortete, dachte ich, es wäre ein schmerzlicher Punkt, und kam nie wieder darauf zurück. Lange Zeit korrespondierten wir regelmäßig, aber dann wurde Sophys Mann auf einen abgelegenen Posten versetzt, und da ich ja auch immer unterwegs war, hörten wir oft lange gar nichts voneinander.

Doch wir dachten treulich aneinander, mit oder ohne Briefe, das wußte ich.

Fünf Jahre und etliche Monate waren seit Sophys Abreise vergangen. Ich war noch immer König unter den Billigen Jakobs und populärer denn je. Im letzten Herbst war das Geschäft besonders gut gegangen, und am dreiundzwanzigsten Dezember des Jahres eintausendachthundertundvierundsechzig befand ich mich, gänzlich ausverkauft, in Uxbridge, Middlesex. So trottete ich mit dem alten Pferd leicht und unbeschwert nach London, um mir bei einem guten Feuer im Büchereiwagen einen gemütlichen Heiligen Abend und Weihnachtstag zu machen und mir danach ein reguläres, neues Warenlager anzulegen.

Ich verstehe mich nicht schlecht aufs Kochen, und jetzt werde ich euch sagen, was für ein leckeres Weihnachtsmahl ich mir in meinem Büchereiwagen bereitete: eine wohlgelungene Pastete, gut gefüllt mit Rindfleisch, zwei gebratenen Nieren, einem Dutzend Austern und einer Handvoll Pilze! So eine Pastete versetzt den Menschen in gute Stimmung und vermag ihn mit allen Dingen auf Erden zu versöhnen, ausgenommen die zwei untersten Knöpfe an seiner Weste. Nachdem ich also meine Pastete glatt weggeputzt und alles wieder schön sauber aufgeräumt hatte, schraubte ich die Lampe tiefer und setzte mich ans Feuer, dessen freundlicher Schein auf Sophys Bücher fiel.

Sophys Bücher brachten mir Sophys Bild so deutlich in Erinnerung, daß ich ihr liebes Gesicht vor mir zu sehen glaubte, bevor ich vor dem Feuer einnickte, und während ich schlief, schien

Sophy mit ihrem taubstummen Kind in den Armen die ganze Zeit schweigend neben mir zu stehen. Ich fuhr über die Landstraße oder nicht über die Landstraße, durch alle möglichen Orte, Nord und Süd, Ost und West, in Wind und Regen und Sonnenschein, über Berg und Tal, fern und nah, und die ganze Zeit stand sie mit ihrem stillen Kind in den Armen still neben mir; und sogar als ich erwachte und ihr Bild verschwand, war es mir, als wäre sie noch vor einem Augenblick genau auf diesem Fleck neben mir gestanden.

Ich erwachte von einem wirklichen Geräusch, und das Geräusch kam vom Trittbrett des Wagens her. Es war, ich erkannte es genau, der leichte Fuß eines Kindes, der das Trittbrett erklomm. Dieser Schritt war mir einst so vertraut gewesen, daß ich einen Moment lang wahrhaftig glaubte, ich würde einen kleinen Geist erblicken.

Doch jetzt berührte eine Kinderhand die Türklinke, und die Klinke drehte sich, und die Tür öffnete sich einen Spalt weit, und ein wirkliches Kind guckte herein. Ein hübsches kleines Mädchen mit großen dunklen Augen.

Die Kleine trat vor mich hin und sah mich zutraulich an. Sie nahm ihr winziges Hütchen ab, und eine Fülle von glänzenden schwarzen Locken fiel ihr ins Gesicht. Dann öffnete sie ihr Mündchen und sagte mit einem süßen Stimmchen: «Großvater!»

«Herrgott!» schreie ich auf. «Sie kann ja sprechen!»

«Ja, Großvater, und ich soll dich fragen, ob ich dich nicht an jemanden erinnere?»

Im nächsten Augenblick hing Sophy mitsamt dem Kind an meinem Hals, und ihr Mann zerquetschte mir beide Hände, und wir hatten alle eine Weile lang zu tun, bevor wir uns wieder gefaßt hatten. Doch als wir uns dann gefaßt hatten und als ich sah, wie das hübsche kleine Mädchen so flink und fröhlich und eifrig und wichtig mit seiner Mutter in der Zeichensprache redete, die ich seine Mutter zuerst gelehrt hatte, da liefen mir Tränen der Freude, aber auch des Mitleids über die Wangen.

ITALO CALVINO

1923–1985

Abenteuer eines Lesers

Die Küstenstraße verlief hoch oben über dem
Kap; das Meer lag ringsum in der Tiefe, bis hin
zum verschwommenen Horizont. Auch die Sonne war überall, als wären Himmel und Meer
zwei Linsen, die sie vergrößerten. Unten rauschte
das ruhige Wasser ohne Gischt gegen die bizarren
Einschnitte der Felsen. Amedeo Oliva stieg eine
steile Treppe hinab und trug ein Fahrrad auf dem
Rücken. An einer schattigen Stelle ließ er es zurück, nachdem er es mit dem Speichenschloß ge-
sichert hatte. Dann schritt er weiter die Stufen
hinunter zwischen Einsturzstellen aus gelber und
trockener Erde und Agaven, die im Leeren hingen, und seine Augen suchten bereits nach der
bequemsten Falte im Felsen, wo er sich hinlegen
könnte. Er hatte ein zusammengerolltes Handtuch
unter dem Arm, in das die Badehose und ein Buch
eingewickelt waren.

Das Kap war ein einsamer Ort. Nur wenige
Grüppchen Badender tummelten sich im Wasser
oder nahmen ein Sonnenbad, voreinander verborgen in den schluchtähnlichen Einschnitten der
Felsen. Zwischen zwei Blöcken, die ihn vor
den Blicken schützten, kleidete Amedeo sich aus,
zog die Badehose an und begann, von Klippe zu

Klippe zu setzen. So überquerte er mit Sprüngen seiner mageren Beine die Hälfte des Felsenriffs, wobei er manchmal dicht über die Nasen der halb versteckten Paare hinwegflog, die auf Frottiertüchern lagen. Das Massiv aus Sandstein mit poröser, unebener Oberfläche war überschritten, nun kamen glatte Felsen mit stumpfen Umrissen; Amedeo streifte die Sandalen ab, nahm sie in die Hand und lief barfuß weiter, mit der schlafwandlerischen Sicherheit dessen, der ein geübtes Auge für die Entfernung von einer Klippe zur anderen und unempfindliche Fußsohlen hat. Er erreichte eine Stelle, die steil aus dem Wasser aufragte; über die Felswand führte in halber Höhe eine Art Sims. Dort hielt Amedeo an. Auf den flachen Vorsprung legte er seine Kleidungsstücke, ordentlich zusammengefaltet, und darüber, mit der Sohle nach oben, die Sandalen, damit nicht ein Windstoß alles fortriß – zwar wehte nur ein schwacher Lufthauch vom Meer, aber es war bei ihm wohl eine gewohnte Vorsichtsmaßnahme. Der kleine Beutel, den er bei sich hatte, war ein Gummikissen; er blies es auf, legte es hin und breitete anschließend, auf einer Fläche, die vom Felsrand leicht abfiel, das Handtuch aus. Er warf sich mit dem Rücken darauf, und sofort öffneten seine Hände das Buch beim Lesezeichen. So lag er nun ausgestreckt auf dem Felsen, in der prallen Sonne, die von überall strahlte, mit uneingefetteter Haut – er war braungebrannt, doch ungleichmäßig, wie einer, der sich der Sonnenbestrahlung ohne Methode aussetzt, gegen Verbrennungen jedoch gefeit ist; sein Kopf, mit einer weißen Leinenmütze bedeckt, die er angefeuchtet hatte – denn er war auf eine niedrige Klippe hinuntergestiegen, um die Mütze ins Wasser zu tauchen –, ruhte auf dem Gummikissen, und nur die Augen – unsichtbar hinter der dunklen Brille – verfolgten auf den weißen und schwarzen Zeilen das Pferd Fabrice del Dongos. Unter ihm gähnte eine kleine Bucht mit blaugrünem Wasser, das fast bis auf den Grund durchscheinend war. Die Klippen waren je nach ihrer Lage kalkig weiß oder mit Algen bedeckt. Ein kleiner Strand voller Kieselsteine wand sich im Hintergrund. Amedeo hob hin und wieder den Blick, betrachtete die sich darbietende Aussicht, ein Flimmern im Wasser oder den schrägen Lauf eines Krebses, dann kehrte er voll innerer Sammlung zu der Seite zurück, auf der Raskolnikow die Stufen zählte, die ihn noch von der Tür der Alten trennten, oder auf der Lucien de Rubempré die Türme und die Dächer der Conciergerie anschaute, bevor er den Kopf in die Schlinge steckte.

Seit einiger Zeit neigte Amedeo dazu, seine Teilnahme am aktiven Leben auf ein Minimum zu beschränken. Nicht, daß er die Tat an sich nicht liebte, im Gegenteil, sein ganzer Charakter und auch sein Geschmack waren von der Liebe zum Handeln bestimmt; trotzdem verringerte sich von Jahr zu Jahr sein Tatendrang, er wurde immer schwächer, bis sich Amedeo schließlich selbst fragte, ob er tatsächlich jemals von einer solchen Manie besessen gewesen sein konnte. Das Interesse an rühriger Aktivität lebte jedoch weiter in seinem Vergnügen, welches er beim Lesen empfand, seine Passion waren Tatsachenerzählungen, die Geschichten, die Verwicklungen menschlicher Schicksale. Vor allem also die Romane aus dem neunzehnten Jahrhundert, aber auch Memoiren und Biographien, und so weiter und so fort, bis hin zu den Kriminalschmökern und den utopischen Romanen, die er keineswegs verschmähte, die ihn jedoch weniger befriedigten, schon weil es dünnere Bände waren. Amedeo liebte die dicken Bände, und wenn er sie in Angriff nahm, dann tat er es mit dem physischen Vergnügen, mit dem man an eine schwere Arbeit geht. Sie in der Hand wägen, ihre Dichte, ihren Umfang, ihr Format genießerisch in Augenschein nehmen, ein wenig beklommen die Seitenzahl und die Länge der Kapitel abschätzen; dann hineinsteigen, ein wenig widerstrebend am Anfang, ohne den Willen, die erste Mühe zu überwinden, die erforderlich ist, um sich die Namen zu merken und den roten Faden der Handlung zu erfassen; dann, Vertrauen schöpfend, die Zeilen durcheilen, das Flechtwerk der einförmigen Seite bewältigen – und da erschien hinter den Bleilettern auch schon der Rauch und das Feuer der Schlacht, die Kugel, die durch die Luft pfiff und vor den Füßen des Fürsten Andrej einschlug, und da auch der Laden, vollgestopft mit Stichen und Skulpturen, und mit Herzklopfen machte Frédéric Moreau seinen ersten Besuch bei den Arnoux. Hinter der Oberfläche der Buchseite betrat man eine Welt, in der das Leben intensiver war als hier, auf dieser Seite: wie bei der Oberfläche des Meeres, die uns von jener blauen und grünen Welt trennt – Risse, so weit das Auge sehen kann, endlose Bereiche aus feinem, welligem Sand, Wesen, die halb Tier, halb Pflanze sind.

Die Sonne stach, die Klippe war glühend heiß, und bald fühlte Amedeo sich eins mit der Klippe. Er war am Ende des Kapitels angelangt, klappte das Buch zu, wobei er die Werbebeilage als Lesezeichen benutzte, setzte Leinenmütze und Brille ab, richtete sich halb benommen auf und lief in langen Sätzen bis an den äußersten Rand des Felsens, wo zu jeder Tageszeit Kinder ins Wasser sprangen und wieder heraufkletterten. Amedeo baute sich auf einer Stufe auf, die senkrecht über dem Meer hing, keineswegs hoch, nur wenige Meter über dem Wasser, musterte mit noch geblendeten Augen die flimmernde Transparenz unter sich und stürzte sich dann resolut hinein. Sein Sprung war stets der gleiche, ein Hechtsprung, ziemlich korrekt, doch zeichnete er sich durch eine gewisse Steifheit aus. Der Übergang von der sonnenheißen Luft in das warme Wasser wäre kaum zu spüren, wenn er nicht so plötzlich gewesen wäre. Amedeo tauchte nicht gleich wieder auf, er liebte es, unter Wasser zu schwimmen, tief unten, mit dem Bauch beinahe am Grund, solange der Atem reichte. Er fand Gefallen an physischer Anstrengung, an schwierigen Aufgaben, deshalb kam er auf das Kap, um sein Buch zu lesen, und bewältigte den Aufstieg mit dem Fahrrad, wobei er wie wild in der mittäglichen Sonne die Pedale trat. Wenn er unter Wasser schwamm, dann suchte er jedesmal eine Klippenwand zu erreichen, die an einer bestimmten Stelle aus dem Sand des

Meeresgrundes aufragte und mit einem dichten Seegrasflor bedeckt war. Er tauchte zwischen diesen Riffen auf, schwamm eine Weile im Kreise und fing an, methodisch zu kraulen, verbrauchte dabei jedoch unnötig viel Kraft; bald war er es müde, mit dem Gewicht unter Wasser wie ein Blinder umherzurudern, und ging zu einem freieren Armschlag über, zum Kraul; die bessere Sicht verschaffte ihm mehr Befriedigung als die Bewegung, und kurz darauf begann er auf dem Rücken zu schwimmen, immer weniger gleichmäßig, mit immer längeren Pausen zwischen den Bewegungen, bis er schließlich ganz stillhielt. So wälzte und drehte er sich in diesem uferlosen Bett, einmal setzte er sich das Ziel, eine Insel zu erreichen, ein andermal eine bestimmte Anzahl von Armschlägen auszuführen, und er fand keine Ruhe, bevor er diese Aufgabe erledigt hatte; eine Weile verharrte er träge, wandte sich wieder dem offenen Meer zu, von dem Wunsch beseelt, nichts weiter um sich zu haben als den Himmel und das Wasser, näherte sich dann den Riffen, die rings um das Kap verstreut waren, damit ihm ja keine der möglichen Schwimmrouten dieses kleinen Archipelagos entging. Doch als er so schwamm, merkte er, daß die Neugier, die jetzt in ihm die Oberhand gewann, jene war, zu erfahren, wie es – nehmen wir an – mit der Geschichte von Albertine weiterging. Würde Marcel sie wiederfinden? Er schwamm mit Ungestüm, oder aber er ließ sich treiben, doch sein Herz war zwischen den Seiten des Buches, das er am Strand zurückgelassen hatte. Nun war er mit kraftvollen, raschen

Stößen an seiner Klippe angelangt, suchte die Stelle, an der er sich hinaufschwingen konnte, und da war er auch schon, fast ohne es zu merken, oben und rieb sich mit dem Frottierhandtuch den Rücken ab. Er setzte sich wieder die Leinenmütze auf den Kopf, legte sich in die Sonne und begann ein neues Kapitel zu lesen.

Er war kein hastiger, gieriger Leser. Er hatte ein Alter erreicht, in dem es mehr Vergnügen bereitet, ein Buch zum zweiten, dritten oder vierten Mal zu lesen als zum ersten Mal. Und doch hatte er noch viele Kontinente zu entdecken. Jeden Sommer kostete ihn das Packen des schweren Bücherkoffers vor der Abreise an die See die größte Mühe. Seinen Interessen und den Unterhaltungen gemäß, die er in den Monaten des Stadtlebens hatte, wählte Amedeo jedes Jahr bestimmte berühmte Bücher zu neuerlicher Lektüre aus und gewisse Autoren, die er zum ersten Mal lesen wollte. Und hier auf der Klippe verdaute er sie, verweilte sinnend über den Sätzen, blickte häufig von dem Buch auf, um zu überlegen, um die Gedanken zu sammeln. Plötzlich, als er wieder einmal aufschaute, bemerkte er, daß sich auf dem kleinen steinigen Strand unten an der Bucht eine Frau niedergelassen hatte.

Sie war braungebrannt, hager, nicht mehr jung, auch nicht besonders hübsch, aber es wirkte vorteilhaft, daß sie nackt war – sie hatte einen knapp sitzenden Bikini an, der an den Rändern obendrein umgeschlagen war, um so viel Sonne wie nur möglich heranzulassen –, und Amedeos Auge fühlte sich davon angezogen. Er merkte, daß er beim Lesen immer häufiger von dem Buch aufsah und in die Luft schaute, und diese Luft war eben jene, die sich zwischen ihm und der Frau befand. Ihr Gesicht – sie lag schräg am Ufer, auf einer Luftmatratze, und Amedeo sah bei jedem Aufzucken der Pupillen die nicht überaus üppigen, aber ebenmäßigen Beine, den wundervoll glatten Bauch, die Brust, die zwar spärlich war, aber nicht unangenehm spärlich, sondern wahrscheinlich nur ein wenig verblüht, auf den Schultern etwas zuviel Knochen, ebenso am Hals und an den Armen, und das Gesicht maskiert durch eine schwarze Brille und durch die Krempe des Strohhuts –, ihr Gesicht also war leicht gezeichnet, lebhaft, wissend und ironisch. Amedeo versuchte, ihren Typ einzuordnen: die unabhängige Frau, allein in der Sommerfrische, die den einsamen Felsenstrand den überlaufenen Anlagen vorzieht und sich mit dem größten Vergnügen von der Sonne schwarzbrennen läßt; er schätzte den Teil an träger Sensualität und chronischem Unbefriedigtsein in ihr ab, dachte flüchtig an die Möglichkeiten, die sie für ein Abenteuer mit raschem Erfolg verhieß, verglich dies mit der Aussicht auf eine konventionelle Unterhaltung, ein Abendprogramm, erwog die Verpflegungsschwierigkeiten, die sich wahrscheinlich ergeben würden, die anstrengende Aufmerksamkeit, die eine neue Bekanntschaft immer erforderte, selbst wenn man sie nur oberflächlich schloß, und er begann weiterzulesen, überzeugt, daß diese Frau ihn wirklich nicht interessieren konnte.

Er hatte wohl schon zu lange an dieser Stelle

des Felsens gelegen, oder aber jene hastigen Gedanken hatten in ihm eine Spur von Unruhe hinterlassen, jedenfalls fühlte er sich unbehaglich; die Unebenheiten der Klippe unter dem Handtuch, auf dem er sich ausgestreckt hatte, fingen an, ihm lästig zu werden. Er stand auf, um sich einen anderen Platz zu suchen. Einen Augenblick lang schwankte er zwischen zwei Stellen, die ihm gleichermaßen bequem schienen: einer, die weiter entfernt war von dem Strand, an dem sich die braune Signora sonnte – sogar hinter einem Felsvorsprung versteckt, der ihm völlig die Sicht nahm –, und einer anderen, die dichter daran war. Der Gedanke, näher heranzukommen, vielleicht durch einen unvorhergesehenen Umstand in ein Gespräch verwickelt zu werden und so die Lektüre unterbrechen zu müssen, ließ ihn sich sofort für den ersten Platz entscheiden; aber dann überlegte er, daß es wirklich so scheinen würde, als wollte er weglaufen, kaum daß diese Signora aufgetaucht war, und das könnte vielleicht als Unhöflichkeit gewertet werden. Er wählte also den zweiten Platz; schließlich fesselte ihn die Lektüre ja so sehr, daß es gar nicht sicher war, ob der Anblick dieser Frau – die übrigens nicht einmal besonders hübsch wirkte – ihn ablenken könnte. Er legte sich auf die Seite und hielt das Buch so, daß die Sicht zu ihr hin verdeckt war, aber es ermüdete ihn, den Arm ständig in dieser Höhe zu halten, und so ließ er ihn sinken. Jetzt stieß sein Blick, der die Zeilen entlanghuschte, sobald er vorn beginnen mußte, gleich hinter dem Seitenrand auf die Beine der einsamen Sommerfrischlerin. Auch sie hatte ihre Lage ein wenig verändert, um es sich bequem zu machen, und daß sie die Knie angehoben und die Beine gerade in Amedeos Richtung übereinandergeschlagen hatte, erlaubte ihm, gewisse Proportionen ihres Körpers, die keineswegs unerfreulich waren, genauer zu betrachten. Kurz, Amedeo hätte, obwohl eine Felsenklinge ihm in die Hüfte schnitt, keine bessere Position finden können. Das Vergnügen, das er beim Anblick der sonnengebräunten Signora empfand – ein Vergnügen am Rande gewissermaßen, aber durchaus nicht zu verachten, und man konnte es genießen, ohne dabei die geringste Mühe aufwenden zu müssen –, beeinträchtigte nicht das Vergnügen an der Lektüre, sondern ordnete sich ein in deren normalen Ablauf, so daß er jetzt sicher sein durfte, weiterlesen zu können, ohne die Versuchung, den Blick abzulenken.

Alles war still, ungehindert floß der Strom der Lektüre, dem die unbewegliche Landschaft als Rahmen diente, und die Signora war ein unerläßlicher Teil dieser Landschaft geworden. Amedeo hatte natürlich nur das eigene Vermögen, sich lange Zeit völlig reglos zu verhalten, in Betracht gezogen, nicht aber die Unruhe der Frau, die sich nun erhob und zwischen den Steinen hindurch ans Wasser ging. Sie war aufgestanden – so schloß Amedeo sofort –, um sich eine große Qualle von nahem anzusehen, die eine Schar Knaben mit Rohrstöcken ans Ufer hob. Die braungebrannte Signora beugte sich über die Qualle und fragte die Jungen aus; ihre Beine staken in Holzsandaletten mit sehr hohen Absätzen, die für die Klippen wohl wenig geeignet waren; ihr Körper war, so wie ihn Amedeo jetzt sah – von hinten betrachtet –, der einer viel hübscheren und viel jüngeren Frau, als es vorher den Anschein hatte. Er überlegte, daß ihre Unterhaltung mit den Fischerjungen einem Mann, der auf ein Abenteuer ausging, eine «klassische» Gelegenheit bot: herantreten, selbst ein paar Worte über den Quallenfang zum besten geben und so ein Gespräch anknüpfen. Gerade das, was er um nichts in der Welt tun würde! fügte er im stillen hinzu und vertiefte sich wieder in seine Lektüre. Gewiß, diese Verhaltensnorm hinderte ihn auch, eine natürliche Neugier bezüglich der Qualle zu befriedigen, die offenbar von ungewöhnlichem Umfang war und auch eine eigenartige Farbnuance zwischen Rosa und Lila aufwies. Dieses Interesse für Meerestiere war bei ihm keineswegs abwegig, es hing mit seiner Leseleidenschaft zusammen. In diesem Augenblick nun wurde seine Aufmerksamkeit für die Seite, die er las – einen langen, beschreibenden Absatz –, schwächer, kurz: es war widersinnig, daß er sich, allein wegen der Gefahr, ein Gespräch mit der Sommerfrischlerin anzuknüpfen, auch solch spontaner und durchaus gerechtfertigter Impulse begab wie der Zerstreuung, ein paar Minuten lang eine Qualle von nahem zu betrachten. Er schlug das Buch beim Lesezeichen zu und erhob sich. Sein Entschluß hätte nicht stürmischer gefaßt werden können, denn gerade in diesem Moment trennte sich die Dame von den Jungen und schickte sich an, auf ihre Luftmatratze zurückzukehren. Amedeo bemerkte dies, während er näher kam, und es drängte ihn, sofort etwas zu sagen. Er rief den Jungen also zu: «Vorsicht! Sie kann gefährlich werden!» Die Jungen, die rings um das Tier hockten, blickten nicht einmal auf, sie bemühten sich noch immer, die Qualle mit den Rohrstöcken, die sie in den Händen hielten, anzuheben und umzudrehen. Die Signora aber wandte sich lebhaft um und ging wieder dem Ufer zu mit einer halb fragenden, halb entsetzten Miene: «Uh, wie schrecklich! Beißt sie?»

«Wenn man sie berührt, verbrennt sie die Haut», erläuterte er und merkte, daß er nicht auf die Qualle, sondern auf die Sommerfrischlerin zuschritt, die sich wer weiß weshalb die Brust in einem unnötigen Schaudern mit den Armen bedeckte und die Qualle, dann wieder Amedeo verstohlen anblickte. Er beruhigte sie, und so hatten sie, wie vorauszusehen war, ein Gespräch angeknüpft; aber das tat nichts, Amedeo würde ja sofort zu seinem Buch zurückkehren, das auf ihn wartete; er wollte nur einen Blick auf die Qualle werfen, deshalb veranlaßte er die braungebrannte Signora, wieder in den Kreis der Knaben zu treten. Jetzt schaute sie angewidert zu, die Fingerknöchel an den Zähnen, und plötzlich, als sie so Seite an Seite standen, berührten sich ihre Arme und zögerten eine Weile, bevor sie sich voneinander lösten. Amedeo begann darauf, über Quallen zu dozieren. Seine Kenntnisse in dieser Materie reichten zwar nicht weit, doch er hatte einige Bücher bekannter Sportfischer und Unterwasserforscher gelesen, so daß er unter Umgehung der niederen Fauna gleich auf den berühmten Teufelsrochen zu sprechen kam. Die Sommerfrischlerin hörte ihm gespannt zu und redete dann und wann dazwischen, aber immer etwas Unpassendes, wie das bei Frauen so ist. «Sehen Sie die rote Stelle, die ich am Arm habe? Es wird doch nicht etwa eine Qualle gewesen sein?» Amedeo tastete die Stelle dicht über dem Ellbogen ab und verneinte. Die leichte Rötung rührte daher, daß sich die Signora beim Liegen darauf gestützt hatte.

Damit war alles zu Ende. Sie verabschiedeten sich, sie kehrte auf ihren Platz zurück, er auf den seinen, und er begann wieder zu lesen. Es war ein Intermezzo gewesen, das gerade die richtige Dauer gehabt hatte, nicht zu kurz und nicht zu lang, eine nicht unangenehme Kontaktaufnahme – die Signora war freundlich, zurückhaltend und gelehrig gewesen –, eben weil sie nur andeutungsweise war. Jetzt fand er in seinem Buch eine weit umfassendere und konkretere Beziehung zur Wirklichkeit, wo alles seinen Sinn, seine Wichtigkeit, seinen Rhythmus hatte. Amedeo fühlte sich in einer glänzenden Verfassung. Das bedruckte Papier öffnete ihm das wahre Leben, ein tiefgründiges Leben voller Leidenschaften, und wenn er aufschaute, dann fand er ein zwar zufälliges, aber fürs Auge wohltuendes Zusammenklingen von Farben und Empfindungen, eine periphere und dekorative Welt, die ihn zu nichts verpflichtete. Die braungebrannte Signora lächelte ihn von ihrer Matratze her an und winkte ihm zu, er antwortete mit einem Lächeln und einem Nicken und senkte wieder den Blick. Die Signora hatte jedoch etwas gesagt.

«Wie bitte?»

«Sie lesen wohl immer?»

«Nun...»

«Ist das so interessant?»

«Ja.»

«Dann viel Spaß!»

«Danke.»

Er durfte die Augen nicht heben, zumindest nicht vor dem Kapitelende. Er las es in einem Atemzug. Die Signora hatte jetzt eine Zigarette im Mund und gab ihm Zeichen, auf die Zigarette deutend. Amedeo hatte den Eindruck, daß sie schon seit einer Weile bemüht war, seine Aufmerksamkeit auf sich zu lenken. «Wie bitte?»

«... Streichhölzer...»

«Leider nein, ich rauche nicht.»

Das Kapitel war zu Ende, Amedeo überflog die ersten Zeilen des nächsten, die er außerordentlich anregend fand; aber damit er das neue Kapitel unbehelligt beginnen konnte, mußte so rasch wie möglich die Streichholzfrage geklärt werden. «Einen Moment!» Er stand auf und begann, halb betäubt von der Sonne, von einer Klippe zur anderen zu springen, bis er schließlich ein paar Leute fand, die rauchten. Er ließ sich ein Briefchen «Minerva»-Streichhölzer geben, eilte zu der Signora, zündete ihr die Zigarette an, lief zurück, um das Briefchen abzugeben, hörte die freundliche Aufforderung: «Behalten Sie sie nur», eilte wieder zu der Signora, um ihr die Streichhölzer zu überlassen, sie bedankte sich, er zögerte einen Augenblick, um etwas zum Abschied zu sagen, doch da begriff er, daß er nach diesem Zaudern etwas an-

deres sagen mußte, und er fragte: «Sie baden
nicht?»

«Bald», entgegnete die Signora. «Und Sie?»

«Ich war schon im Wasser.»

«Sie springen nicht noch einmal hinein?»

«Doch, ich lese noch ein Kapitel, und dann
schwimme ich wieder ein bißchen.»

«Ich auch, ich rauche nur die Zigarette zu Ende,
dann springe ich ins Wasser.»

«Also bis nachher.»

«Bis nachher.»

Diese Art Verabredung verlieh Amedeo eine
Ruhe, die er – das wurde ihm jetzt erst bewußt –
nicht mehr kannte, seit er die einsame Sommerfrischlerin bemerkt hatte. Jetzt lastete nicht länger
die Pflicht auf ihm, mit der Signora einen Kontakt
aufrechterhalten zu müssen; alles wurde auf den
Augenblick des Badens verschoben – gebadet
hätte er auch, wenn die Signora nicht dagewesen
wäre –, und so konnte er sich jetzt ohne Hem-
mungen den Freuden der Lektüre widmen. Und
das tat er in einem Maße, daß er gar nicht merkte,
wie sich plötzlich – er war längst nicht am Ende
des Kapitels angelangt – die Sommerfrischlerin,
nachdem sie die Zigarette aufgeraucht hatte, erhob und sich ihm näherte, um ihn zum Schwimmen aufzufordern. Er erblickte die Holzsandaletten und die schlanken Beine dicht über dem Buch,
schaute auf, ließ, von der Sonne geblendet, die
Augen wieder auf das Buch sinken und las in aller
Eile ein paar Zeilen, blickte von neuem auf und
hörte sie sagen: «Platzt Ihnen nicht bald der Kopf?
Ich springe ins Wasser!» Es war zwar schön, so

weiterzulesen und dabei ab und zu aufzuschauen, aber da Amedeo nun nicht länger säumen durfte, tat er etwas, das ihm sonst nie unterlief: er überging fast eine halbe Seite, bis zum Kapitelende, das er sehr aufmerksam las. Dann erhob er sich.

«Also, los! Springen Sie von der Spitze?»

Obwohl die Signora viel von Springen geredet hatte, stieg sie vorsichtig von einer Stufe in Höhe des Wasserspiegels ins Meer. Amedeo stürzte sich von einem Felsen herab, und zwar aus größerer Höhe als üblich. Es war um die Stunde, da sich die Sonne langsam dem Horizont zuneigte. Das Meer schien vergoldet. Sie schwammen in diesem Gold in einigem Abstand voneinander. Amedeo tauchte dann und wann und machte sich einen Spaß daraus, die Signora dadurch zu erschrecken, daß er unter ihr hindurchschwamm. Sagen wir, er gönnte sich den Spaß. Im Grunde freilich war es kindisch, aber was sollte er auch tun? Das Baden zu zweit war ein klein wenig langweiliger als sonst; gleichviel, der Unterschied war nur gering. Außerhalb der Goldreflexe verdüsterte das Wasser sein azurnes Blau, als breitete sich vom Grunde her eine tintenähnliche Finsternis aus. Es war zwecklos, nichts kam der Würze des Lebens gleich, die in den Büchern ist. Amedeo stieg über einige aus dem Wasser ragende Riffe hinweg und führte sie, die sich ängstlich gab; er hatte, um ihr auf eine kleine Insel hinaufzuhelfen, sogar ihre Hüften und ihre Brust angefaßt, aber seine Hände waren dadurch, daß er so lange im Wasser gewesen war, fast unempfindlich geworden und hatten weiße, geriffelte Fingerkuppen bekommen. Immer häufiger blickte er zu der Stelle hinüber, wo der bunte Buchumschlag leuchtete. Es war keine andere Geschichte, keine andere Erwartung möglich außer jener, die er zwischen den Seiten, dort, wo das Lesezeichen lag, unterbrochen hatte; alles andere war nur ein leeres Intervall.

Trotzdem schuf die Rückkehr ans Ufer, die gegenseitige Hilfe beim Hinaufklettern und beim Abtrocknen letztlich eine gewisse Vertraulichkeit, so daß Amedeo glaubte, es sei unhöflich, wenn er jetzt auf seinen alten Platz zurückkehrte. «Ach», sagte er, «ich werde hier weiterlesen, ich hole nur mein Buch und das Kissen.» Weiterlesen, hatte er gesagt, um kein Mißverständnis aufkommen zu lassen. Und sie: «Ja, recht so, ich werde eine Zigarette rauchen, und dann lese ich ein bißchen in der ‹Annabella›.» Sie hatte eine Frauenillustrierte bei sich, und so konnten nun beide lesen, jeder für sich. Ihre Stimme erreichte ihn wie ein kalter Tropfen auf den Nacken, aber sie sagte nur: «Warum liegen Sie auf dem harten Stein? Kommen Sie auf die Matratze, ich rücke ein Stück zur Seite.» Der Vorschlag war liebenswürdig, auf der Matratze war es gemütlich, und Amedeo akzeptierte das Angebot bereitwillig. Sie lagen nun beide dort, er in der einen Richtung, sie in der anderen. Sie redete nicht mehr, sondern blätterte die bebilderten Seiten durch, und Amedeo konnte sich ganz in seine Lektüre vertiefen. Die Sonne schien nicht untergehen zu wollen, das Licht und die Wärme nahmen nicht ab, sie wirkten nur leicht gedämpft. Amedeo war in seinem Roman bereits dort angelangt, wo die größten Geheimnisse der Gestalten und des Milieus enthüllt sind und man sich in einer vertrauten Welt bewegt, in der sich eine gewisse Parität zwischen Autor und Leser, eine Vertraulichkeit herausgebildet hat und man nun gemeinsam weiterschreitet und nie aufhören möchte.

Auf der Gummimatratze konnte man auch jene kleinen Bewegungen ausführen, deren die Arme und Beine bedürfen, um nicht steif zu werden, und wie zufällig kam dabei eins seiner Beine mit einem ihrer Beine in Berührung. Ihm mißfiel das nicht, er rührte sich nicht; ihr wohl ebenfalls nicht, denn auch sie regte sich nicht. Die Süße des Kontaktes summierte sich zu der Lektüre und machte sie, was Amedeo betraf, noch vollkommener; doch sicherlich empfand die Sommerfrischlerin etwas anderes, denn sie stand auf, setzte sich hin und sagte: «Aber...»

Amedeo war gezwungen, den Kopf vom Buch zu heben. Die Frau schaute ihn an, und in ihren Augen war Bitternis.

«Fehlt Ihnen etwas?» erkundigte er sich.

«Aber bekommen Sie denn das Lesen nie über?» fragte die Frau. «Man kann nicht behaupten, daß Sie ein geselliger Mensch sind! Wissen Sie nicht, daß man mit Damen Konversation pflegen muß?» fügte sie mit einem schwachen Lächeln hinzu, das vielleicht nur ironisch sein sollte, das aber Amedeo, der in diesem Moment alles gegeben hätte, um sich nicht von dem Roman trennen zu müssen, geradezu drohend schien. «Wie konnte ich mich bloß hierherlegen!» dachte er. Jetzt war ihm klar, daß er mit dieser Frau an seiner Seite nicht eine einzige Zeile mehr lesen würde.

«Ich müßte ihr zu verstehen geben, daß sie sich geirrt hat», dachte er, «daß ich mich am wenigsten eigne, den Strandgalan zu spielen, daß ich ein Typ bin, dem man sich lieber gar nicht anvertraut.»

«Konversation?» fragte er laut. «Was für eine Konversation?» Und er streckte die Hand nach ihr aus. «Sehen Sie, wenn ich Ihnen jetzt mit den Händen auf den Leib rücke, dann werden Sie sich gewiß durch eine so unpassende Bewegung beleidigt fühlen, Sie werden mich vielleicht sogar ohrfeigen und sich dann entfernen.» War es nun seiner natürlichen Zurückhaltung zuzuschreiben oder einer anderen Art Flirt, viel zärtlicher, der Art nämlich, die er in Wirklichkeit wollte – jedenfalls fiel die Liebkosung, anstatt brutal und herausfordernd zu sein, scheu, melancholisch, fast flehend aus: er berührte ihren Hals mit den Fingern, hob die Halskette, die sie angelegt hatte, hoch und ließ sie wieder sinken. Die Antwort der Frau bestand in einer zunächst langsamen, gleichsam resignierten und ein wenig ironischen Bewegung – sie drückte das Kinn seitlich an, um seine Hand festzuhalten –, dann in einer schnellen, einem berechneten, aggressiven Zuschnappen: sie biß ihn in den Handrücken.

«Au!» schrie Amedeo. Sie fuhren auseinander.

«So machen Sie also Konversation?» fragte die Signora.

«Nun», erwiderte Amedeo rasch, «diese Art, Konversation zu machen, gefällt Ihnen nicht, folglich unterbleibt jede Konversation, und ich lese weiter.» Und schon hatte er sich auf einen neuen Absatz gestürzt. Aber er versuchte, sich selbst zu betrügen. Er hatte sehr wohl begriffen, daß man schon zu weit gegangen war, daß zwischen ihm und der braungebrannten Signora eine Spannung entstanden war, die nicht mehr zu unterbrechen war; er begriff auch, daß er der erste war, der sie nicht abbrechen wollte, zumal es ihm ja doch nicht gelingen würde, zu der alleinigen Spannung der Lektüre zurückzukehren, die ganz auf innere Sammlung abgestimmt war. Er konnte indes versuchen, es so einzurichten, daß diese äußere Spannung sozusagen parallel zu der anderen verlief, daß er also weder auf die Signora noch auf das Buch zu verzichten brauchte.

Da sich die Signora mit dem Rücken an eine Klippe gelehnt hatte, setzte er sich neben sie und legte ihr einen Arm um die Schultern, während er das Buch auf den Knien hielt. Er wandte sich ihr zu und küßte sie. Sie lösten sich und küßten sich von neuem. Dann senkte er den Kopf und begann wieder zu lesen.

Solange es möglich war, wollte er in der Lektüre fortfahren. Er fürchtete, es könnte ihm nicht gelingen, das Buch durchzulesen. Der Anfang eines Verhältnisses an der See konnte sehr wohl das Ende seiner einsamen, stillen Stunden bedeuten, einen grundverschiedenen Rhythmus, der sich seiner Ferientage bemächtigen würde! Man weiß ja: hat man sich erst einmal ganz in ein Buch hineingelebt, dann ist, wenn man die Lektüre unterbrechen muß und erst einige Zeit später wiederaufnimmt, der größte Teil der Freude verloren; viele Einzelheiten sind vergessen, und es gelingt nicht, sich ebensogut wie zuvor hineinzuversetzen.

Die Sonne ging allmählich hinter dem nächsten Vorgebirge unter, dann hinter dem folgenden und hinter dem, das danach kam, und ließ sie im Gegenlicht ohne Farben zurück. Die Badelustigen waren aus den Schluchten des Kaps verschwunden. Sie waren jetzt allein. Amedeo umspannte die Schultern der Sommerfrischlerin mit einem Arm, las, küßte sie auf den Hals und auf die Ohren – was ihr, wie er festzustellen glaubte, gefiel –, und wenn sie sich ihm zuwandte, küßte er sie auf den Mund; dann las er weiter. Vielleicht hatte er diesmal wirklich das ideale Gleichgewicht gefunden: er hätte so noch ein ganzes Hundert Seiten lesen mögen. Aber wieder war sie es, die die Situation zu ändern versuchte. Sie begann sich steif zu machen, ihn zurückzudrängen und sagte schließlich: «Es ist spät. Gehen wir. Ich ziehe mich an.»

Dieser plötzliche Entschluß eröffnete ganz andere Perspektiven. Amedeo wirkte ein wenig hilflos, aber er erwog nicht lange das Für und Wider. Er war am Höhepunkt des Buches angelangt, und ihr Satz: «Ich ziehe mich an», hatte sich, kaum vernommen, in seinem Kopf in einen anderen verwandelt: «Während sie sich anzieht, habe ich noch etwas Zeit, ein paar Seiten ungestört zu lesen.»

Sie aber forderte ihn auf: «Halte bitte das Handtuch hoch» – sie duzte ihn jetzt vielleicht zum ersten Mal –, «damit mich keiner sieht.» Die Vorsicht war überflüssig, denn der Felsenstrand war menschenleer, aber Amedeo tat ihr gern den Gefallen, zumal er das Handtuch im Sitzen halten und in dem Buch weiterlesen konnte, das auf seinen Knien lag.

Die Signora hatte hinter dem Handtuch den Büstenhalter abgelegt, ohne sich darum zu kümmern, ob er es sah oder nicht sah. Amedeo wußte nicht, sollte er sie anschauen und tun, als läse er, oder sollte er lesen, während er so tat, als schaute er zu. Ihn reizte das eine wie das andere, doch er hielt es für indiskret, sie anzustarren; las er aber weiter, dann wirkte er gewiß allzu gleichgültig. Die Signora wandte nicht die übliche Methode der Badenden an, die sich im Freien ankleiden, indem sie sich zuerst die Sachen überstreifen und dann den Badeanzug darunter ausziehen; nein, jetzt, da sie mit entblößter Brust dasaß, zog sie auch noch den Slip aus. In diesem Moment wandte sie ihm zum ersten Mal ihr Gesicht zu – es war ein trauriges Gesicht, mit einer Falte der Bitternis am Mund –, und sie schüttelte den Kopf, sie schüttelte den Kopf und blickte ihn an.

«Da es doch geschehen muß, soll es gleich geschehen!» dachte Amedeo und warf sich mit dem Buch in der Hand, einen Finger zwischen den Seiten, nach vorn; aber was er in ihrem Blick las – Tadel, Mitleid, Niedergeschlagenheit, als wollte sie zu ihm sagen: «Dummer, wir machen das, wenn uns nichts anderes übrigbleibt, aber auch du begreifst nichts, wie die anderen Männer!» –, das heißt, das, was er nicht las, denn er verstand nicht, in den Augen zu lesen, sondern was er verschwommen merkte, rief in ihm einen solchen

Gefühlsüberschwang für diese Frau hervor, daß er, während er sie umarmte und mit ihr auf die Gummimatratze fiel, kaum den Kopf nach dem Buch wandte, um zu sehen, ob es vielleicht im Meer gelandet war.

Aber es lag dicht neben der Matratze, aufgeschlagen, nur ein paar Seiten waren umgeblättert, und Amedeo, obzwar noch immer im Feuer der Umarmung, suchte eine Hand freizubekommen, um das Lesezeichen an die richtige Stelle zu schieben. Nichts ist nämlich ärgerlicher, als wenn man lesen will und dann erst blättern muß, ohne den Faden finden zu können.

Die Liebesharmonie war vollkommen. Sie hätte zwar etwas länger hinausgezögert werden können; aber war nicht alles blitzartig gewesen bei dieser Begegnung?

Es wurde dunkel. Unten endeten die Felsen, schräg abgleitend, in einer kleinen Bucht. Sie war jetzt dort hinuntergegangen und stand im Wasser. «Komm her, laß uns noch einmal schwimmen...» Amedeo biß sich auf die Lippen und zählte die Seiten, die er bis zum Schluß noch zu lesen hatte.

EDITH WHARTON

1862–1937

Xingu

I

Mrs. Ballinger gehört zu den Damen, die Kultur
nur im Rudel betreiben – ganz so, als wäre es
gefährlich, sich allein darauf einzulassen. Zu diesem Zweck hatte sie den Lunch Club gegründet,
eine Vereinigung, die aus ihr selbst und ein paar
weiteren unbezähmbaren Amazonen der Gelehr-
samkeit bestand. Nach drei oder vier Wintern ge-
meinsamen Lunchens und Debattierens hatte der
Club lokal solches Ansehen erlangt, daß der Empfang namhafter Fremder anerkanntermaßen zu
seinen Aufgaben gehörte, und in Erfüllung eben
dieser Aufgabe schickte der Club noch am Tage
ihrer Ankunft in Hillbridge der gefeierten Osric
Dane eine Einladung des Inhalts, sie möge doch
der nächsten Clubsitzung beiwohnen. Der Club
sollte bei Mrs. Ballinger zusammenkommen. Hinter deren Rücken freilich beklagten die übrigen
Mitglieder ihre mangelnde Bereitschaft, ihr Vorrecht an Mrs. Plinth abzutreten, deren Haus einen
eindrucksvolleren Rahmen zur Unterhaltung von
Zelebritäten abgab; zumal man dort, wie Mrs. Leveret bemerkte, notfalls immer auch noch auf die
Gemäldegalerie ausweichen konnte.

Mrs. Plinth machte keinen Hehl daraus, daß sie diesen Standpunkt teilte. Seit jeher hatte sie es als eine ihrer Obliegenheiten betrachtet, die distinguierten Gäste des Lunch Club bei sich zu empfangen. Mrs. Plinth war auf ihre Obliegenheiten ebenso stolz wie auf ihre Gemäldegalerie; ja, sie ließ gerne durchblicken, daß der Besitz des einen den Anspruch auf das andere mit sich bringe und nur eine Frau in ihren Verhältnissen es sich leisten könne, den hohen Idealen gemäß zu leben, die sie sich selbst gesetzt hatte. Von Leuten mit bescheideneren Mitteln forderte die Vorsehung nach ihrer Meinung lediglich ein generelles Pflichtgefühl, welches sich den unterschiedlichsten Erfordernissen in etwa anpaßt; und dieselbe höhere Macht, die Mrs. Plinth dazu auserwählt hatte, sich einen Lakaien zu halten, wollte auch, daß sie eine Anzahl entsprechend ausgesuchter Verantwortlichkeiten übernehme. Um so bedauerlicher, daß ausgerechnet Mrs. Ballinger, der mit nur gerade zwei dürftigen Stubenmädchen, was gesellschaftliche Verpflichtungen betraf, enge Grenzen gesetzt waren, derart hartnäckig an dem Vorrecht festhielt, Osric Dane zu empfangen.

Die Frage, wie der Empfang für Osric Dane zu gestalten sei, hatte die Mitglieder des Lunch Club über einen Monat schwer beschäftigt. Zwar fühlten sie sich der Aufgabe durchaus gewachsen, aber ihr Sinn für die außergewöhnliche Situation stürzte sie in die angenehme Unsicherheit, mit der eine Dame die Möglichkeiten ihres reich bestückten Kleiderschranks erwägt. – Weniger wichtige Clubmitglieder wie Mrs. Leveret waren bei dem

Gedanken, mit der Autorin von «Die Schwingen des Todes» Ideen austauschen zu müssen, von einer gewissen Unruhe ergriffen – Mrs. Plinth, Mrs. Ballinger und Miss Van Vluyck aber wurden, sich ihrer eigenen Zulänglichkeit bewußt, von keinerlei bösen Vorahnungen geplagt. Vielmehr war auf Vorschlag von Miss Van Vluyck «Die Schwingen des Todes» bei der letzten Clubversammlung als Diskussionsthema ausgesucht worden, und so hatte sich denn jedem Mitglied die Möglichkeit geboten, seine Ansichten darüber kundzutun oder sich anzueignen, was an den Bemerkungen der andern gut klang.

Nur Mrs. Roby hatte sich diese Gelegenheit entgehen lassen. Allerdings war es mittlerweile schon eine offen eingestandene Tatsache, daß Mrs. Roby als Mitglied des Lunch Club ein Reinfall war. «Das kommt davon», wie Miss Van Vluyck sich auszudrücken beliebte, «wenn man eine Frau auf Empfehlung eines Mannes aufnimmt.» Als Mrs. Roby von einem längeren Aufenthalt in irgendeinem exotischen Land nach Hillbridge zurückgekehrt war – von welchem genau, bemühten sich die Damen mittlerweile nicht mehr zu erinnern –, hatte sie der berühmte Biologieprofessor Foreland als die liebenswürdigste Frau, der er je begegnet sei, angepriesen. Und weil eine Eloge, die ein akademisches Diplom aufwog, die Clubmitglieder beeindruckte und zu der voreiligen Annahme verleitete, daß des Professors gesellschaftliche Sympathien sich auf einer Linie mit seinen beruflichen Neigungen bewegten, hatten sie die Chance, ihre Vereinigung um ein in der Biologie bewandertes Mitglied zu erweitern, gern genutzt. Ihre Enttäuschung hätte nicht größer sein können. Gleich bei Miss Van Vluycks erster spontaner Erwähnung des Pterodaktylus* hatte Mrs. Roby verlegen gemurmelt: «In Versmaßen** kenne ich mich kaum aus» – und nach diesem so peinlichen Beweis ihrer Unwissenheit hatte sie dann klugerweise auf eine weitere Teilnahme an den Denkübungen des Clubs verzichtet.

«Vermutlich hat sie sich bei ihm eingeschmeichelt», folgerte Miss Van Vluyck, «oder es liegt an der Art, wie sie sich frisiert.»

Da die Ausmaße von Miss Van Vluycks Eßzimmer die Zahl der Clubmitglieder auf sechs begrenzten, stellte die Unlenksamkeit auch nur eines Mitglieds ein ernstes Hindernis für den Gedankenaustausch dar, und es war die Frage laut geworden, ob Mrs. Roby eigentlich daran gelegen sei, sozusagen von der intellektuellen Freigebigkeit der andern zu leben. Dieser Eindruck verstärkte sich, als man entdeckte, daß sie «Die Schwingen des Todes» noch nicht gelesen hatte. Zwar sagte sie, sie habe den Namen «Osric Dane» schon gehört, aber hierauf beschränkte sich ihre Bekanntschaft mit der gefeierten Romanautorin – so unglaublich es schien. Die Damen vermochten ihr Staunen nicht zu verbergen; Mrs. Ballinger nun, die in ihrem Stolz auf den Club selbst Mrs. Roby in ein möglichst günstiges Licht zu rücken wünschte, deutete

* Flugsaurier mit bezahnten Kiefern, kurzem Schwanz und sieben Meter Flügelspannweite.
** Mrs. Roby verwechselt den Pterodaktylus mit dem Daktylus.

milde an, Mrs. Roby müsse, wenngleich sie auch noch keine Zeit gefunden habe, sich mit den «Schwingen des Todes» bekannt zu machen, doch bestimmt den ebenso beachtlichen Vorgänger «Der letzte Augenblick» kennen.

Im gewissenhaften Bemühen, sich zu erinnern, runzelte Mrs. Roby die heitere Stirn und erinnerte sich nun tatsächlich: o ja, sie habe das Buch, als sie bei ihrem Bruder in Brasilien weilte, gesehen und es einmal sogar zum Lesen auf eine Bootsfahrt mitgenommen; aber dann hätten sie sich mit allerlei Sachen im Boot beschmissen, und dabei sei das Buch über Bord gegangen; daher habe sie nie Gelegenheit gehabt...

Das Bild, das diese Anekdote heraufbeschwor, förderte Mrs. Robys Ansehen im Club nicht, und es herrschte betretenes Schweigen, das schließlich Mrs. Plinth mit der Bemerkung brach: «Ich kann verstehen, daß Sie bei all Ihren anderweitigen Beschäftigungen nicht viel Zeit zum Lesen finden, aber dennoch hätte ich erwartet, daß Sie sich vor Osric Danes Ankunft wenigstens ‹Die Schwingen des Todes› vornehmen würden.»

Mrs. Roby steckte diesen Verweis gutmütig ein. Sie habe auch vorgehabt, das Buch zu überfliegen, bekannte sie bußfertig, sei aber so sehr in einen Roman von Trollope vertieft gewesen, daß...

«Trollope liest heute keiner mehr»*, fiel ihr Mrs. Ballinger ins Wort.

---

* Anthony Trollope (1815–1882). Der vielgelesene Romancier der englischen *upper middle class* war zu Lebzeiten auch in Amerika beliebt. Die nächste Generation belächelte ihn als braven Vielschreiber.

Mrs. Roby sah leicht gequält aus. «Ich fange gerade erst damit an», gestand sie.

«Und finden Sie ihn denn interessant?» forschte Mrs. Plinth.

«Ich finde ihn unterhaltsam.»

«Unterhaltung», sprach Mrs. Plinth, «ist für mich kaum ausschlaggebend bei der Wahl meiner Lektüre.»

«O gewiß – ‹Die Schwingen des Todes› sind nicht unterhaltsam», wagte Mrs. Leveret zu bemerken. Ihre Art, eine Meinung zu äußern, glich der eines verbindlichen Handelsvertreters, der sofort eine Vielzahl anderer Muster vorlegt, wenn die erste Auswahl nicht gefällt.

«Sollten sie das etwa sein?» fragte Mrs. Plinth, welche mit Vorliebe Fragen stellte, deren Beantwortung sie allein sich selbst zubilligte. «Sicher nicht!»

«Sicher nicht – genau das wollte ich sagen», pflichtete Mrs. Leveret bei, indem sie gleichsam ihre Meinung hastig zusammenrollte und nach einer neuen griff. «‹Die Schwingen des Todes› sollten ... sollten erheben.»

Miss Van Vluyck rückte ihre Brille zurecht, als wäre diese das schwarze Barett der Urteilsverkündung*. «Es will mir nicht einleuchten», fuhr sie dazwischen, «wie man von einem Buch, das vom bittersten Pessimismus durchdrungen ist, behaupten kann, daß es erhebe, so sehr es den Leser auch belehren mag.»

---

* Früher trugen britische Richter bei der Verkündung von Todesurteilen ein schwarzes Barett.

«Ich meinte natürlich belehren», erwiderte Mrs. Leveret, verwirrt durch die unerwartete Unterscheidung zweier Begriffe, von denen sie angenommen hatte, sie seien gleichbedeutend. Mrs. Leverets Freude am Lunch Club wurde häufig durch solche Überraschungen getrübt, und da sie nicht ahnte, wie wertvoll sie für die übrigen Damen war, denen sie als Folie ihrer eigenen Selbstgefälligkeit diente, wurde sie manchmal doch von Zweifeln geplagt, ob sie würdig sei, an den Diskussionen teilzuhaben. Einzig der Umstand, daß Mrs. Leveret eine dumme Schwester hatte, die sie für klug hielt, bewahrte sie vor einem Gefühl hoffnungsloser Unterlegenheit.

«Heiraten sie sich am Ende?» fragte Mrs. Roby plötzlich.

«Wer – sie?» rief der ganze Club.

«Das Mädchen und der Mann natürlich. Es handelt sich doch um einen Roman, nicht wahr? Ich finde immer, das ist das einzig Wichtige. Wenn sie sich nicht bekommen, verdirbt es mir den Appetit.»

Mrs. Plinth und Mrs. Ballinger wechselten entsetzte Blicke, und die letztere sagte: «Ich möchte Ihnen abraten, ‹Die Schwingen des Todes› mit dieser Einstellung zu lesen. Ich frage mich, wie jemand Zeit für reine Unterhaltungslektüre findet, wo es doch so viele Bücher gibt, die man gelesen haben muß.»

«Das Wunderbare daran», murmelte Laura Glyde, «ist unzweifelhaft ... daß niemand sagen kann, *wie* ‹Die Schwingen des Todes› enden. Überwältigt von der furchtbaren Botschaft ihrer eigenen Schöpfung – vielleicht sogar von sich selbst –, hat Osric Dane den Ausgang in gnädigem Dunkel verborgen, wie Apelles, der das Antlitz Agamemnons verhüllte, als er die Opferung Iphigenies vollzog.»

«Was ist das? Ist es Lyrik?» flüsterte Mrs. Leveret Mrs. Plinth ins Ohr, die eine klare Antwort voller Geringschätzung verweigerte und statt dessen kühl erwiderte: «Schlagen Sie doch nach. Ich schlage stets möglichst vieles nach.» In ihrem Ton schwang mit: «Obwohl ich das auch ohne weiteres von meinem Lakaien für mich erledigen lassen könnte.»

«Was ich noch sagen wollte», nahm Miss Van Vluyck den Faden wieder auf, «die Frage ist stets die, ob ein Buch ohne zu erheben überhaupt belehren *kann*.»

«Oh», murmelte Mrs. Leveret und fühlte sich nun rettungslos verloren.

«Ich weiß nicht», sagte Mrs. Ballinger, die aus Miss Van Vluycks Tonfall herauszuhören glaubte, letztere bagatellisiere die begehrte Auszeichnung, Osric Dane empfangen zu dürfen, «...ich weiß wirklich nicht, ob eine derartige Frage sich allen Ernstes bei einem Buch stellt, das unter geistvollen Menschen mehr Aufmerksamkeit erregt hat als jeder andere Roman seit ‹Robert Elsmere›*.»

«Ach, sehen Sie denn nicht», rief Laura Glyde, «daß es gerade diese ganze düstere Hoffnungs-

---

* Ein im Jahre 1888 erschienener Roman der Engländerin Mary Augusta Arnold (1851–1920), der den Glaubensverlust eines jungen Geistlichen zum Thema hat.

losigkeit ist – der herrliche Farbklang Schwarz in Schwarz –, der es zu einem solchen Meisterwerk macht? Es erinnerte mich, als ich es las, an Prinz Ruprechts* *manière noire*... das Buch hat eher etwas von einem Kupferstich als von einem Gemälde... und dennoch empfindet man die Farbwerte so intensiv...»

«Wer ist denn das?» flüsterte Mrs. Leveret ihrer Nachbarin zu. «Jemand, den sie im Ausland kennengelernt hat?»

«Das Herrliche an dem Buch», pflichtete Mrs. Ballinger bei, «ist, daß man es unter soviel Gesichtspunkten sehen kann. Wie ich höre, stellt es Professor Lipton als deterministische Studie mit den ‹Grundlagen der Ethik› auf eine Stufe.»

«Mir wurde gesagt, daß Osric Dane zehn Jahre vorbereitende Studien darauf verwendete, ehe sie zu schreiben anfing», sagte Mrs. Plinth. «Sie schlägt alles nach – überprüft alles. Wie Sie wissen, war dies immer schon auch mein Grundsatz. Um nichts in der Welt würde ich ein Buch beiseite legen, bevor ich es zu Ende gelesen habe, bloß weil ich mir so viele Bücher kaufen kann, wie ich will.»

«Und was halten Sie von den ‹Schwingen des Todes›?» fragte Mrs. Roby sie unvermittelt.

Dies war genau die Art von Frage, die im Lunch Club als unzulässig galt, und die Damen

---

* Geboren 1619, Sohn des Kurfürsten Friedrich V. von der Pfalz und der Elisabeth, Tochter Jakobs I. von England. Er tat sich im Englischen Bürgerkrieg 1642–45, aber auch als Maler und Kupferstecher hervor und führte in England die für Stiche neue Technik der Schabkunst (Schwarze Kunst) ein.

blickten einander an, als wollten sie jeglichen Anteil an diesem Verstoß gegen die Regel leugnen. Alle wußten es: Mrs. Plinth haßte nichts so sehr, wie wenn sie jemand nach ihrer Meinung zu einem Buch befragte. Bücher wurden geschrieben, damit man sie las – was durfte man darüber hinaus noch erwarten? Ausführlich über den Inhalt eines Buches befragt zu werden, kam ihr genauso ungeheuerlich vor, als durchsuchte man sie auf dem Zollamt nach geschmuggelten Spitzen. Der Club hatte diese Überempfindlichkeit von Mrs. Plinth stets respektiert. Die Meinungen, die sie vertrat, beeindruckten durch ihre Gediegenheit; ihr Gehirn war, wie ihr Haus, mit monumentalem Mobiliar ausgestattet, das nicht dazu geschaffen war, verschoben zu werden, und überhaupt war es ein ungeschriebenes Gesetz des Lunch Club, daß die Denkgewohnheiten eines jeden Mitglieds in seiner Domäne zu achten seien. Daher empfanden die Damen am Ende des Treffens deutlicher denn je, wie hoffnungslos ungeeignet Mrs. Roby war, ihrer Vereinigung anzugehören.

II

An dem denkwürdigen Tag traf Mrs. Leveret frühzeitig im Haus von Mrs. Ballinger ein, mit ihrem Band «Der Zitatenschatz» in der Tasche.

Es machte Mrs. Leveret stets nervös, wenn sie verspätet im Lunch Club eintraf: lieber sammelte sie in aller Ruhe ihre Gedanken und erhaschte, während sich die übrigen Damen nach und nach einfanden, den einen oder anderen Hinweis auf den wahrscheinlichen Verlauf der bevorstehenden Diskussion. Heute jedoch kam sie sich ganz und gar verloren vor; selbst die vertraute Berührung mit dem «Zitatenschatz», der sich beim Hinsetzen in sie hineinbohrte, gab ihr diesmal kein Gefühl der Sicherheit. Dabei war es ein bemerkenswertes Büchlein, eigens zu dem Zweck zusammengestellt, um allen im gesellschaftlichen Leben auftretenden Notfällen begegnen zu können und nie um eine passende Bemerkung verlegen zu sein, ob es sich nun um einen Gedenktag handelte (freudig oder traurig, so die Einteilung), ein Bankett (privat oder offiziell) oder um eine Taufe (Hochkirche oder Sekte). Aber obwohl Mrs. Leveret das Buch schon seit Jahren Seite für Seite andächtig studierte, schätzte sie es eher wegen seiner moralischen Unterstützung als um seiner praktischen Dienste willen; denn gebot sie im stillen Kämmerlein auch über ein Heer von Zitaten, so vergaß sie diese doch unweigerlich im kritischen Moment, und das einzige Zitat, das sie zu behalten vermochte – «Kannst du den Leviathan fangen mit der Angel?»* –, auch wirklich anzubringen, hatte sie bis jetzt noch nie Gelegenheit gehabt.

Heute nun, dies spürte sie deutlich, hätte sie den ganzen Band im Gedächtnis haben können, und es wäre doch keine Gewähr dafür gewesen, nicht irgendwann aus dem Gleichgewicht zu geraten; denn selbst wenn sie sich wunderbarerweise an ein Zitat erinnerte, müßte sie wahrscheinlich feststellen, daß Osric Dane eine andere Ausgabe be-

---

* Vgl. Hiob 40,25.

nütze als sie – nach Mrs. Leverets Überzeugung trugen Literaten dergleichen Bücher stets bei sich – und infolgedessen ihr Zitat nicht erkenne.

Der Anblick, den Mrs. Ballingers Salon bot, ließ Mrs. Leveret noch mehr verzagen. Einem unbefangenen Auge mochte der Raum unverändert erscheinen; wer aber wußte, wie Mrs. Ballinger normalerweise ihre Bücher auf dem Tisch arrangierte, mußte sofort die Spuren einer kürzlich vorausgegangenen, hektischen Umordnung entdecken. Mrs. Ballingers Domäne als Mitglied des Lunch Club war das «Buch des Tages». Hierin zeigte sie sich, um was immer es ging, vom Roman bis zur Abhandlung über experimentelle Psychologie, eindeutig und maßgebend «orientiert».

Was aus den Büchern des letzten Jahres oder nur schon der letzten Wochen wurde, was sie mit den Themen anfing, zu denen sie sich kurz zuvor mit der gleichen Autorität lehrreich geäußert, hatte noch nie jemand herausfinden können. Ihr Gehirn glich einem Hotel, in dem Fakten kamen und gingen wie Logiergäste auf der Durchreise, ohne ihre Adresse zu hinterlassen und oft, ohne für ihre Unterkunft zu bezahlen. Mrs. Ballinger rühmte sich, sie halte «mit den geistigen Strömungen der Zeit Schritt», und es war ihr ganzer Stolz, daß sich diese Aufgeschlossenheit in den Büchern auf ihrem Tisch ausdrückte. Diese häufig wechselnden Bände mit meist noch beinahe feuchter Druckerschwärze trugen Namen, welche Mrs. Leveret im allgemeinen unbekannt waren und ihr bei heimlicher Prüfung einen entmutigenden Ausblick auf neue Wissensgebiete gaben, die demnächst unter Mrs. Ballingers Ägide atemlos durchhastet werden sollten. Heute aber waren ältere Werke geschickt mit Neuerscheinungen vermischt – Karl Marx machte sich neben Professor Bergson* breit, und die «Confessiones» des Augustin lagen bei der letzten Studie über die Mendelsche Vererbungslehre –, so daß Mrs. Leveret selbst in ihrer Aufregung begriff, daß Mrs. Ballinger nicht die leiseste Vorstellung hatte, worüber Osric Dane zu reden gedachte, und daher Maßnahmen getroffen hatte, um für alle Eventualitäten gerüstet zu sein. Mrs. Leveret fühlte sich wie ein Passagier auf einem Ozeandampfer, dem man sagt, es bestehe keine unmittelbare Gefahr, aber er solle doch lieber den Rettungsgürtel anlegen.

Sie war nun geradezu erleichtert, als Miss Van Vluycks Ankunft sie aus ihren bösen Ahnungen riß.

«Nun, meine Liebe», fragte Miss Van Vluyck die Gastgeberin brüsk, «worüber diskutieren wir heute?»

Verstohlen tauschte Mrs. Ballinger einen Band Wordsworth** gegen ein Exemplar Verlaine aus. «Schwer zu sagen», erwiderte sie leicht nervös. «Vielleicht warten wir einfach ab, wie sich die Dinge entwickeln.»

«Wie sich die Dinge entwickeln?» sagte Miss Van Vluyck trocken. «Das bedeutet, daß wie üb-

---

* Henri Bergson (1851–1941), französischer Philosoph. Er vertrat gegenüber dem bloß Verstandesmäßigen den Vorrang der Intuition.
** Mrs. Ballinger vertauscht den englischen Romantiker mit dem französischen Symbolisten.

lich Laura Glyde das Wort führt und wir mit Literatur nur so überschüttet werden.»

Philanthropie und Statistik waren Miss Van Vluycks Domäne, und sie verübelte jeden möglichen Versuch, die Aufmerksamkeit des Gastes von diesen Themen abzulenken.

In diesem Augenblick erschien Mrs. Plinth.

«Literatur?» protestierte sie in vorwurfsvollem Ton. «Aber das kommt ja ganz unerwartet! Ich dachte, wir unterhielten uns über Osric Danes Roman.»

Bei dieser Unterscheidung zuckte Mrs. Ballinger zusammen, ließ den Schnitzer aber durchgehen. «Den Roman können wir kaum zum Hauptthema machen – jedenfalls nicht zu offenkundig», meinte sie. «Natürlich können wir das Gespräch sachte in diese Richtung lenken, aber als Einleitung brauchen wir ein anderes Thema, und eben darüber wollte ich mich mit Ihnen beraten. Tatsache ist, wir wissen so wenig von Osric Danes Neigungen und Interessen, daß es schwierig ist, sich gezielt vorzubereiten.»

«Schwierig mag es wohl sein», meinte Mrs. Plinth nachdrücklich, «aber notwendig ist es dennoch. Ich weiß, wohin so ein sorgloses Aufs-Geratewohl führt. Wie ich erst neulich einer meiner Nichten erklärte: es gibt gewisse Situationen, auf die eine Dame stets vorbereitet sein sollte. Zum Beispiel zeugt es von erschreckend schlechtem Geschmack, bei einem Kondolenzbesuch etwas Buntes zu tragen oder ein Kleid vom letzten Jahr, wenn gemunkelt wird, der Gatte habe an der Börse verloren; und so verhält es sich auch mit der

Konversation. Alles, was ich verlange, ist, im voraus zu wissen, worüber gesprochen werden soll; dann bin ich sicher, das Richtige zu sagen.»

«Ich stimme völlig mit Ihnen überein», pflichtete ihr Mrs. Ballinger bei, «aber...»

Und im gleichen Augenblick stand – angekündigt von dem aufgeregten Stubenmädchen – Osric Dane in der Tür.

Hinterher sagte Mrs. Leveret zu ihrer Schwester, sie habe auf Anhieb Ungutes geahnt. Sofort habe sie erkannt, daß Osric Dane ihnen nicht entgegenkommen werde. Und in der Tat war diese berühmte Persönlichkeit mit solch überheblicher Miene in den Raum getreten, daß die Ausübung der Gastfreundschaft keine leichte Aufgabe zu werden versprach. Sie sah ganz so aus, als solle sie gleich für eine Neuausgabe ihrer Bücher photographiert werden.

Der Wunsch, eine Gottheit gnädig zu stimmen, steht gewöhnlich in umgekehrtem Verhältnis zu ihrer Empfänglichkeit für Huldigungen: demgemäß steigerte die Befangenheit, die Osric Danes Auftritt hervorrief, sichtbar die Begier des Lunch Club, der Besucherin gefällig zu sein. Auch den letzten Rest der Vorstellung, sie könnte sich ihren Gastgeberinnen für die Einladung vielleicht zu Dank verpflichtet sehen, beseitigte ihr ganzes Gebaren auf der Stelle. Wie Mrs. Leveret später ihrer Schwester erzählte, hatte Osric Dane eine Art und Weise, einen anzublicken, daß man unwillkürlich glaubte, man hätte den Hut verkehrtherum aufgesetzt. Diese Zeichen von Majestät machten auf die Damen einen solch tiefen Eindruck, daß ein

232

Schauder der Furcht sie durchlief, als Mrs. Roby just in dem Moment, da Mrs. Ballinger die große Persönlichkeit ins Speisezimmer geleitete, sich umwandte und den andern zuwisperte: «Ist das ein Ekel!»

Die Stunde bei Tisch war nicht dazu angetan, daß man dieses Urteil hätte ändern mögen. Osric Dane verbrachte sie, indem sie schweigend Mrs. Ballingers Menü verzehrte, und die Clubmitglieder, indem sie zaghafte Platitüden von sich gaben, die der Gast ebenso interesselos verschlang wie die aufeinander folgenden Gänge des Lunchs.

Mrs. Ballingers Versäumnis, ein Gesprächsthema festzusetzen, hatte den Club in eine Verwirrung gestürzt, die bei der Rückkehr in den Salon, wo es nun die eigentliche Diskussion zu eröffnen galt, noch um ein Erkleckliches wuchs. Jede der Damen wartete darauf, daß die andere das Wort ergreifen werde, und die Enttäuschung traf sie wie ein Hieb, als die Gastgeberin den offiziellen Teil mit der peinlich abgedroschenen Frage eröffnete: «Ist dies denn Ihr erster Besuch in Hillbridge?»

Da erkannte selbst Mrs. Leveret, daß dies ein schlechter Anfang war, und eine dumpfe Regung der Mißbilligung veranlaßte Miss Glyde zu dem Einwurf: «Es ist ja allerdings nur ein kleiner Ort.»

Zornig fuhr Mrs. Plinth hoch. «Wir haben hier eine stattliche Zahl namhafter Vertreter...», sagte sie im Ton eines Menschen, der in eigener Sache spricht.

Osric Dane wandte sich ihr zu. «Was vertreten sie denn?» fragte sie.

Da sich Mrs. Plinth überrumpelt fühlte, zeigte sich ihre angeborene Abneigung gegen direkte Fragen noch stärker als sonst, und ihr vorwurfsvoller Blick gab die Frage an Mrs. Ballinger weiter.

«Nun», erwiderte die Präsidentin und blickte ihrerseits die andern Clubmitglieder an, «da es im Namen einer Gemeinschaft geschieht, darf ich wohl sagen, daß wir die Kultur vertreten.»

«Die Kunst», verdeutlichte Miss Glyde.

«Die Kunst und die Literatur», verbesserte sie Mrs. Ballinger.

«Und die Soziologie, möchte ich doch meinen», ergänzte Miss Van Vluyck scharf.

«Wir haben Niveau», sagte Mrs. Plinth. Der gewaltige Bedeutungsumfang ihres Gemeinplatzes verlieh ihr plötzlich Sicherheit; und Mrs. Leveret, die dachte, eine so weit gefaßte Bemerkung lasse genügend Raum für den Kommentar einer weiteren Person, murmelte: «O gewiß, wir haben Niveau.»

«Ziel unseres kleinen Clubs», fuhr Mrs. Ballinger fort, «ist es, die besten Kräfte in Hillbridge zu vereinen – Hillbridges geistiges Streben zu bündeln, ihm einen Mittelpunkt zu geben.»

Dies empfanden die Damen als derart gelungen, daß sie vor Erleichterung beinahe hörbar aufatmeten.

«Wir wollen», fuhr die Präsidentin fort, «mit dem Vortrefflichsten, was die Kunst, Literatur und Ethik zu bieten haben, in Berührung sein.»

Osric Dane wandte sich nun wieder Mrs. Ballinger zu. «Was für eine Ethik?» fragte sie.

Bange Ahnung durchfuhr die Runde. Keine der Damen bedurfte einer Vorbereitung, um sich zu Fragen der Moral zu äußern; in Sachen Ethik aber verhielt es sich anders. Hatte der Club gerade die «Encyclopedia Britannica», das «Reader's Handbook» oder Smiths «Classical Dictionary» konsultiert, vermochte er selbstsicher über jedes Thema zu diskutieren; wurden seine Mitglieder jedoch überrascht, so konnte es geschehen, wie bekannt geworden war, daß sie Agnostizismus als Häresie des Urchristentums definierten und Professor Froude* für einen großen Histologen hielten; und unbedeutendere Clubmitglieder wie Mrs. Leveret betrachteten Ethik insgeheim immer noch als irgend etwas Heidnisches.

Selbst Mrs. Ballinger beschlich bei Osric Danes Frage ein leises Unbehagen, und Dankbarkeit erfüllte die Herzen, als Laura Glyde sich vornüberneigte und in ihrem verbindlichsten Ton sagte: «Sie müssen verzeihen, Mrs. Dane, daß wir zur Zeit über nichts anderes zu reden vermögen als über ‹Die Schwingen des Todes›.»

«Ja», sagte Miss Van Vluyck in dem plötzlichen Entschluß, den Krieg ins feindliche Lager zu tragen, «wir brennen darauf zu erfahren, in welcher Absicht Sie Ihr wundervolles Buch schrieben.»

«Sie werden feststellen», warf Mrs. Plinth ein, «daß wir keine oberflächlichen Leserinnen sind.»

---

* James Anthony Froude (1818–1894) ist nicht Histologe, sondern der Historiker, der das bedeutende Werk «History of England from the Fall of Wolsey to the Defeat of the Spanish Armada» verfaßte.

«Wir möchten gar zu gern von Ihnen erfahren», fuhr Miss Van Vluyck fort, «ob die pessimistische Tendenz des Buches Ausdruck Ihrer eigenen Überzeugung ist oder...»

«... oder nur», unterbrach sie Laura Glyde, «als düsterer Hintergrund hingepinselt, um Ihre Figuren desto lebhafter hervortreten zu lassen? Sind Sie nicht in erster Linie eine plastisch schaffende Künstlerin?»

«Ich habe stets die Meinung verfochten», meldete sich da Mrs. Ballinger wieder zu Wort, «daß Sie eine Vertreterin der rein objektiven Methode sind...»

Mit kritischer Miene schenkte sich Osric Dane eine Tasse Kaffee ein. «Wie definieren Sie objektiv?» fragte sie dann.

Erneut herrschte ein betretenes Schweigen, bis Laura Glyde mit Emphase murmelte: «Wenn wir *Sie* lesen, definieren wir nicht, sondern fühlen.»

Osric Dane lächelte. «Das Zerebellum –», bemerkte sie, «ist nicht selten der Sitz der literarischen Begeisterung.» Und sie nahm sich noch ein zweites Stück Zucker.

Vage fühlten die Damen den Pfeil dieser Bemerkung, aber immerhin war er durch ihre Genugtuung über die fachmännische Sprache, deren man sie gewürdigt hatte, beinahe schmerzlos.

«Ah ja, das Kleinhirn», sagte Miss Van Vluyck selbstgefällig. «Letzten Winter besuchte der Club eine Vortragsreihe über Psychologie.»

«Welcher Schule?» fragte Osric Dane.

Eine tödliche Stille trat ein, während der ein jedes Clubmitglied die gar erschreckende Unbeholfenheit des andern beklagte. Nur Mrs. Roby nippte mit unerschütterlichem Gleichmut an ihrem Chartreuse. Zu guter Letzt entgegnete Mrs. Ballinger – und war sehr bemüht, einen hochmütigen Ton anzuschlagen: «Wissen Sie, letzten Winter betrieben wir Psychologie, und diesen Winter waren wir so vertieft in…»

Sie brach ab und versuchte krampfhaft, sich an einige Diskussionen im Club zu erinnern, aber unter Osric Danes Basiliskenblick erlahmten ihre Geisteskräfte.

Worein hatte sich doch gleich der Club vertieft? Um irgendwie Zeit zu gewinnen, wiederholte Mrs. Ballinger: «Wir waren so außerordentlich vertieft in…»

Mrs. Roby stellte ihr Likörglas hin und näherte sich lächelnd der Gruppe.

«In Xingu», half sie freundlich weiter.

Ein Prickeln durchrieselte die übrigen Mitglieder. Sie tauschten verdutzte Blicke – dann richteten sie alle miteinander, halb fragend, halb erleichtert, die Augen auf ihre Retterin. Die Gesichter der Damen verrieten unterschiedliche Grade ein und derselben Empfindung. Mrs. Plinth setzte als erste wieder eine gefaßte Miene auf. Kaum hatte sie sich an die veränderte Lage angepaßt, schaute sie in die Runde, als sei sie diejenige gewesen, die Mrs. Ballinger das Stichwort gegeben habe.

«Xingu! Ja natürlich!» rief letztere jetzt wieder mit ihrer gewohnten Schlagfertigkeit, während Miss Van Vluyck und Laura Glyde die Tiefen ihres Gedächtnisses auszuloten schienen und Mrs. Leveret, die ängstlich nach ihrem «Zitatenschatz» tastete, sich durch den unbequemen Druck des Bandes gegen ihren Körper etwas beruhigt fühlte.

Der Wandel, der sich in Osric Danes Miene vollzog, war nicht weniger auffällig als die Veränderung, die sich an ihren Gastgeberinnen feststellen ließ. Auch sie setzte nun die Kaffeetasse nieder, wenngleich offensichtlich verärgert; auch an ihr bemerkte man einige Sekunden lang, was Mrs. Roby hinterher den Blick nannte, «als suche man etwas im Hinterkopf», und noch ehe sie diese flüchtigen Zeichen der Schwäche verbergen konnte, hatte sich ihr Mrs. Roby mit ehrerbietigem Lächeln zugewandt und gesagt: «Und wir hofften so sehr, Sie würden uns heute darlegen, was Sie von Xingu halten.»

Mrs. Robys huldigendes Lächeln nahm Osric Dane als eine Selbstverständlichkeit hin, doch brachte sie die Frage, die es begleitete, sichtlich aus dem Konzept, und ihre Beobachterinnen bemerkten, daß sie, wollte man ihr Gesicht mit einem Bühnenbild vergleichen, nicht eben schnell im Kulissenschieben war. Es schien, als habe ihr Antlitz so lange einen Ausdruck unangefochtener Überlegenheit getragen, daß sich die Muskeln versteift hatten und nun den Gehorsam verweigerten.

«Xingu ...», wiederholte sie, als suche sie ihrerseits Zeit zu gewinnen.

Mrs. Roby hörte nicht auf, sie zu bedrängen. «Da Sie wissen, wie packend das Thema ist, werden Sie begreifen, wie es passieren konnte, daß der Club gegenwärtig alles andere hintangestellt hat.

Seit wir uns mit Xingu beschäftigen, erscheint uns – abgesehen von Ihren Büchern – nichts anderes mehr der Aufmerksamkeit wert.»

Osric Danes strenge Züge wurden durch ein gezwungenes Lächeln eher verdüstert als erhellt. «Es freut mich, daß Sie wenigstens eine Ausnahme machen», stieß sie zwischen zusammengepreßten Lippen hervor.

«Oh, gewiß doch», säuselte Mrs. Roby. «Da Sie uns aber zu verstehen gegeben haben – was nur natürlich ist! –, daß Sie nicht über Ihre eigenen Sachen reden möchten, müssen Sie uns dafür verraten, was sie von Xingu halten; zumal», fügte sie mit einem noch gewinnenderen Lächeln hinzu, «manche Leute behaupten, eines Ihrer letzten Bücher sei davon durchtränkt gewesen.»

Es handelte sich also um ein *Es* – wie Feuer raste diese Gewißheit durch die ausgebrannten Gehirne der restlichen Clubmitglieder. Vor lauter Eifer, auch noch den allerwinzigsten Hinweis auf Xingu zu erhaschen, trat für sie die Freude über Mrs. Danes Niederlage in den Hintergrund.

Osric Dane lief über diesen neuen Angriff ihrer Widersacherin rot an. «Darf ich fragen», stammelte sie, «auf welches meiner Bücher Sie sich beziehen?»

Mrs. Roby stammelte nicht. «Das hätte ich gern von Ihnen erfahren, weil ich zwar anwesend war, aber trotzdem nicht wirklich teilnahm.»

«Anwesend bei was?» fuhr sie Osric Dane an, und eine Sekunde lang dachten die zitternden Mitglieder des Lunch Club, daß die Vorkämpferin, welche ihnen die Vorsehung beschert hatte, einen

Punktverlust erlitten habe. Aber Mrs. Roby erklärte unbekümmert: «Bei der Diskussion natürlich. Und jetzt möchten wir alle schrecklich gern wissen, wie es dazu kam, daß Sie in den Xingu eintauchten.»

Eine unheilschwangere Stille trat ein, die unvorhersehbare Gefahren in sich barg und sämtlichen Mitgliedern jedes Wort auf den Lippen ersterben ließ, so daß sie Soldaten glichen, die ihre Waffen gesenkt halten, während sie einem Zweikampf ihrer Führer zuschauen. Darauf verlieh Mrs. Dane der heimlichen Furcht aller Ausdruck, indem sie scharf fragte: «Ah – Sie sagten *der* Xingu, nicht wahr?»

Mrs. Roby lächelte unerschrocken. «Das war ein klein wenig pedantisch von mir, nicht wahr? Ich persönlich lasse den Artikel immer weg, aber ich weiß nicht, wie die andern Mitglieder darüber denken.»

Die andern Mitglieder sahen aus, als hätten sie auf eine Stellungnahme herzlich gern verzichtet, und nach einem strahlenden Blick auf die Gruppe fuhr Mrs. Roby fort: «Wahrscheinlich sind sie mit mir der Ansicht, daß nichts wirklich von Bedeutung ist als die Sache an sich – außer Xingu.»

Mrs. Dane schien um eine Antwort verlegen, und Mrs. Ballinger fand den Mut zu sagen: «In bezug auf Xingu muß jeder so empfinden.»

Mrs. Plinth unterstützte sie mit einem kräftigen, zustimmenden Murmeln, und Laura Glyde hauchte gefühlvoll: «Ich kenne Fälle, da veränderte Xingu ein ganzes Leben.»

«Xingu hat mir ja unendlich gutgetan», warf

Mrs. Leveret ein, der es so vorkam, als hätte sie Xingu letzten Winter entweder eingenommen oder gelesen.

«Natürlich», gab Mrs. Roby zu, «liegt eine gewisse Schwierigkeit darin, daß man ihm so viel Zeit opfern muß. Xingu ist sehr lang...»

«Ich kann mir gar nicht vorstellen», bemerkte Miss Van Vluyck, «daß einen die Zeit gereut, die man an ein solches Thema wendet.»

«...und an manchen Stellen so tief», fuhr Mrs. Roby fort. (Ein Buch war es also!) «Deshalb ist Xingu auch nirgendwo leicht zu überspringen.»

«Ich überspringe niemals etwas», erklärte Mrs. Plinth dogmatisch.

«Und dann ist Xingu auch gefährlich. Gleich am Anfang gibt es schon Stellen, wo es nicht geht. Man muß dann eben durchwaten.»

«Durchwaten würde ich kaum sagen», lächelte Mrs. Ballinger sarkastisch.

Mrs. Roby warf ihr einen interessierten Blick zu. «Ah – Sie finden also, man könne einfach so dahinschwimmen?»

Mrs. Ballinger zauderte. «Natürlich gibt es da heikle Passagen», räumte sie ein.

«Ja – einige sind nicht einmal deutlich zu erkennen», ergänzte Mrs. Roby, «selbst wenn man mit dem Original vertraut ist.»

«Was Sie vermutlich sind?» mischte sich Osric Dane plötzlich ein und fixierte Mrs. Roby mit herausforderndem Blick.

Mrs. Roby begegnete der Frage mit einer abwehrenden Handbewegung. «Oh – bis zu einem bestimmten Punkt ist es wirklich nicht schwierig, obwohl einige Verzweigungen kaum bekannt sind und es fast unmöglich ist, zum Ursprung vorzudringen.»

«Haben Sie es je versucht?» fragte Mrs. Plinth, die Mrs. Robys Ausführlichkeit immer noch mißtraute.

Mrs. Roby schwieg zuerst, dann erwiderte sie mit gesenkten Augen: «Nein, aber ein Freund von mir hat es versucht, ein sehr brillanter Mann, und er sagte zu mir, für Frauen sei es am besten, wenn sie nicht...»

Ein Schauder ging durch den Raum. Mrs. Leveret hustete, damit das Stubenmädchen, das gerade Zigaretten anbot, nichts aufschnappe. Miss Van Vluycks Gesicht nahm einen angewiderten Ausdruck an, und Mrs. Plinth sah so aus, als gehe sie an jemandem vorbei, den zu grüßen sie für überflüssig hielt. Die bemerkenswerteste Wirkung aber brachten Mrs. Robys Worte bei dem berühmten Gast des Lunch Club hervor. Osric Danes in unnahbarem Hochmut erstarrte Züge schmolzen, um nun einen Ausdruck wärmster menschlicher Sympathie anzunehmen, und indem sie ihren Stuhl dicht an den Mrs. Robys heranrückte, fragte sie: «Tatsächlich? Und – fanden Sie, er habe recht?»

Doch Mrs. Ballinger, in deren Brust der Verdruß über Mrs. Robys ungewohnte Vormachtstellung die Dankbarkeit für ihren Beistand zu verdrängen begann, glaubte nicht länger dulden zu können, daß Mrs. Roby mit solch zweifelhaften Mitteln die Aufmerksamkeit des Gastes für sich beanspruchte. Wenn schon Osric Dane nicht genug Selbstachtung besaß, um Mrs. Roby ihre Keckheit zu verargen, so doch wenigstens der Lunch Club in der Person seiner Präsidentin.

Mrs. Ballinger legte Mrs. Roby die Hand auf den Arm. «Wir dürfen nicht vergessen», sprach sie mit kühler Liebenswürdigkeit, «daß, so sehr Xingu uns fesselt, das Thema vielleicht von geringerem Interesse ist für...»

«O nein – ganz im Gegenteil, versichere ich Ihnen», fiel ihr Osric Dane ins Wort.

«... für andere», schloß Mrs. Ballinger energisch, «und wir dürfen unsere kleine Sitzung nicht enden lassen, ehe wir Osric Dane dazu überredet haben, daß sie uns doch noch ein paar Worte zu einem Thema sagt, das heute mehr als jedes andere unsere Gedanken beherrscht. Natürlich beziehe ich mich auf ‹Die Schwingen des Todes›.»

Ermutigt durch die menschlichere Miene ihres furchteinflößenden Gastes, wiederholten die andern Mitglieder mehr oder weniger im selben Empfinden Mrs. Ballingers Bitte: «O ja, Sie müssen uns wirklich ein bißchen etwas zu Ihrem wunderbaren Buch sagen.»

Osric Danes Gesicht nahm wieder den gleichen gelangweilten – wenn auch nicht mehr so hochmütigen – Ausdruck an wie zuvor, als die Damen ihr Werk erwähnten. Aber ehe sie Mrs. Ballingers Aufforderung nachkommen konnte, erhob sich Mrs. Roby von ihrem Platz und zog den Schleier über die frivole Nase.

«Verzeihung», sagte sie und ging mit ausgestreckter Hand auf ihre Gastgeberin zu, «aber bevor Mrs. Dane beginnt, mache ich mich lieber schnell davon. Leider habe ich, wie Sie wissen, ihre Bücher nicht gelesen und würde mich Ihnen gegenüber zu sehr im Nachteil befinden; und außerdem bin ich zum Bridge verabredet.»

Hätte Mrs. Roby lediglich ihre Unkenntnis von Osric Danes Büchern als Grund für ihren Rückzug geltend gemacht, hätte der Lunch Club in Anbetracht ihrer soeben unter Beweis gestellten Tapferkeit dies vielleicht als ein Zeichen von Takt zu schätzen gewußt; daß sie aber ihre Entschuldigung mit der schamlosen Ankündigung verknüpfte, sie verzichte auf das Privileg, einer Sitzung des Lunch Club beizuwohnen, um sich einer Bridgegesellschaft anzuschließen, werteten die Damen als weiteres Beispiel für ihren betrüblichen Mangel an Urteilsvermögen.

Gleichzeitig jedoch glaubten sie, daß Mrs. Robys Abwesenheit – da sie ihnen den einzigen Dienst erwiesen hatte, den sie ihnen vermutlich je zu leisten vermochte – bei der bevorstehenden Diskussion wohl etwas mehr Ordnung und Würde aufkommen lasse; vor allem aber fühlten sie sich jetzt frei von der Befangenheit, die Mrs. Robys Anwesenheit rätselhafterweise stets bei ihnen hervorrief. Mrs. Ballinger begnügte sich daher mit einem höflichen Murmeln des Bedauerns, und die übrigen Mitglieder gruppierten sich schon behaglich um Osric Dane, da sprang diese zum Entsetzen der Damen vom Sofa auf.

«Warten Sie! Bitte, warten Sie doch – ich komme mit Ihnen!» rief sie Mrs. Roby hinterher und drückte mit der mechanischen Schnelligkeit eines Schaffners, der Fahrkarten knipst, den verwirrten Clubmitgliedern der Reihe nach die Hand.

«Ich bedauere sehr – ich habe ganz vergessen...», warf sie ihnen, bereits an der Seite Mrs. Robys, die sich auf ihre Worte hin verwundert unter der Tür umgedreht hatte, über die Schulter zu, und zu ihrer Demütigung mußten die Damen mit anhören, wie sie, ohne ihre Stimme etwas zu dämpfen, zu ihr sagte: «Wenn Sie mir gestatten, Sie ein Stückchen zu begleiten, würde ich Ihnen gerne noch einige Fragen über Xingu stellen...»

III

Das Zwischenspiel war derart kurz, daß sich die Tür hinter dem scheidenden Paar geschlossen hatte, ehe die Clubmitglieder begreifen konnten, was geschah. Dann begann der Groll über die ihnen durch Osric Danes unhöfliche Fahnenflucht zugefügte Demütigung mit dem dumpfen Gefühl zu ringen, sie seien um das, was ihnen zustand, betrogen worden, ohne genau sagen zu können, wie und warum.

Eine Zeitlang saßen sie schweigend um den Tisch, während Mrs. Ballingers Hände mechanisch die sachkundig zusammengestellte Literatur umordneten, die ihr berühmter Gast keines Blickes gewürdigt hatte. Schließlich entfuhr Miss Van Vluyck die bissige Bemerkung: «Na, ich kann nicht gerade behaupten, daß ich Osric Danes Aufbruch als großen Verlust betrachte.»

Diese Äußerung erfaßte den Groll der übrigen

Mitglieder, und Mrs. Leveret sagte: «Ich glaube wirklich, sie kam in der Absicht, garstig zu sein!»

Insgeheim war Mrs. Plinth der Meinung, Osric Dane hätte sich gegenüber dem Lunch Club ganz anders benommen, hätte man sie in den glanzvollen Plinthschen Räumen empfangen; weil sie jedoch nicht weiter über die Unzulänglichkeiten von Mrs. Ballingers Wohnung nachdenken wollte, suchte sie sich auf andere Weise Genugtuung zu verschaffen, indem sie Mrs. Ballingers Mangel an weiser Voraussicht schmälte.

«Ich sagte Ihnen von Anfang an, daß wir uns ein Thema hätten ausdenken sollen. So etwas passiert unweigerlich, wenn man nicht vorbereitet ist. Hätten wir Xingu bereit gehabt...»

Der Club hatte mit Mrs. Plinths langsamen Denkprozessen im allgemeinen Nachsicht, aber diese neue Kostprobe war zuviel für Mrs. Ballingers Geduld.

«Xingu!» spottete sie. «Es war doch gerade, weil wir auch ohne Vorbereitung so viel mehr darüber wußten als Osric Dane, was sie so wütend machte! Ich hatte geglaubt, dies müsse jede begriffen haben!»

Diese Entgegnung beeindruckte sogar Mrs. Plinth, und Laura Glyde sagte in einer Anwandlung von Großmut: «Ja, wir sollten Mrs. Roby wirklich dankbar sein, daß sie dieses Thema anschnitt. Wütend machte es Osric Dane vielleicht schon, aber wenigstens auch bescheidener.»

«Ich bin froh, daß wir ihr zeigen konnten», fügte Miss Van Vluyck hinzu, «daß umfassende und auf dem neuesten Stand befindliche Bildung

246

nicht auf die großen kulturellen Zentren des Landes begrenzt ist.»

Dies steigerte noch die Befriedigung der Clubmitglieder, und allmählich verrauchte ihr Zorn auf Osric Dane und machte der Freude Platz, daß sie zu ihrer Niederlage beigetragen hatten.

Miss Van Vluyck rieb sich gedankenvoll ihre Brille. «Mich überraschte am meisten, daß Fanny Roby über Xingu so gut Bescheid wußte.»

Dies dämpfte die gute Stimmung etwas, doch faßte sich Mrs. Ballinger und erwiderte mit milder Ironie: «Mrs. Roby hat es immer verstanden, aus wenig viel zu machen; trotzdem müssen wir ihr zweifellos dankbar sein, daß sie sich zufällig erinnerte, schon von Xingu gehört zu haben.» Und dies betrachteten die andern Clubmitglieder als eine elegante Art, ihre Schuldigkeit Mrs. Roby gegenüber ein für allemal getan zu haben.

Selbst Mrs. Leveret brachte den Schneid auf, einen schüchternen Spottpfeil abzuschießen. «Osric Dane hatte wohl kaum damit gerechnet, in Hillbridge eine Lektion über Xingu zu bekommen.»

Mrs. Ballinger lächelte. «Ich wünschte nur, ich hätte, als sie mich fragte, was wir repräsentieren – Sie erinnern sich doch? –, einfach erwidert: ‹Wir vertreten Xingu.›»

Und die Damen lachten wohlgefällig über den geistreichen Seitenhieb – außer Mrs. Plinth, die nach kurzem Nachdenken sagte: «Ich bin nicht sicher, ob das klug gewesen wäre.»

Mrs. Ballinger, der es beinahe schien, als habe sie diese Antwort, die ihr eben erst eingefallen war, Osric Dane tatsächlich entgegengeschleudert, wandte sich spöttisch an Mrs. Plinth: «Darf ich fragen, warum?»

Mrs. Plinth blickte ernst: «Ich habe doch wohl Mrs. Roby richtig verstanden, daß man sich in dieses Thema nicht zu sehr vertiefen sollte?»

Miss Van Vluyck präzisierte: «Ich dachte, dies betreffe nur gerade eine Untersuchung des Ursprungs von... des...?» Und plötzlich merkte sie, daß ihr sonst so zuverlässiges Gedächtnis sie im Stich ließ. «Mit diesem Teil des Themas habe ich mich selbst noch nie befaßt», schloß sie.

«Ich auch nicht», sagte Mrs. Ballinger.

Laura Glyde neigte sich mit weit aufgerissenen Augen zu ihnen hinüber. «Und doch will es mir scheinen, daß es gerade der Teil ist, der esoterisch am meisten fesselt.»

«Mir ist unklar, worauf Sie Ihre Behauptung gründen», antwortete Miss Van Vluyck streitlustig.

«Fiel Ihnen denn nicht auf, wie unendlich interessiert Osric Dane plötzlich war, als sie erfuhr, was der brillante Ausländer – es war doch ein Ausländer, nicht wahr? – zu Mrs. Roby über den Ursprung des Ritus – oder wie immer man es nennen soll – sagte?»

Mrs. Plinth sah mißbilligend drein, und Mrs. Ballinger war sichtlich unschlüssig. Doch dann meinte sie: «Vielleicht ist es nicht wünschenswert, davon... diesen Teil des Themas im allgemeinen Gespräch zu berühren, aber in Anbetracht der Wichtigkeit, die eine so berühmte Frau wie Osric Dane dem Aspekt beimißt, finde ich, daß wir uns

nicht scheuen sollten, unter uns darüber zu diskutieren – rückhaltlos, wenn auch hinter verschlos-
senen Türen –, falls nötig.»

«Ich bin ganz Ihrer Auffassung», unterstützte
Miss Van Vluyck lebhaft diesen Vorschlag, «unter
der Bedingung allerdings, daß keinesfalls eine
rohe Sprache geführt wird.»

«Oh, ich bin sicher, wir verstehen uns auch so»,
zwitscherte Mrs. Leveret, und Laura Glyde setzte
bedeutungsvoll hinzu: «Ich nehme an, wir können
doch zwischen den Zeilen lesen», während Mrs.
Ballinger aufstand, um sich zu vergewissern, daß
die Türen auch wirklich geschlossen waren.

Nur Mrs. Plinth hatte noch nicht zugestimmt.
«Mir leuchtet nicht ein, welchen Nutzen wir aus
der Untersuchung solch merkwürdiger Bräuche
ziehen sollten . . .»

Aber jetzt war die Geduld Mrs. Ballingers bis
zum Übermaß strapaziert. «Wenigstens den», erwiderte sie, «daß uns in Zukunft die demütigende
Feststellung erspart bleibt, daß wir über unsere
eigenen Themen weniger gut Bescheid wissen als
Fanny Roby.»

Dieses Argument überzeugte sogar Mrs. Plinth.
Sie schaute sich verstohlen im Raum um, senkte
ihre gebieterische Stimme und fragte: «Haben Sie
ein Exemplar?»

«Ein . . . ein Exemplar?» stotterte Mrs. Ballinger. Sie war sich bewußt, daß die andern Mitglieder sie erwartungsvoll ansahen und ihre Antwort
nicht befriedigen konnte; also verlieh sie ihr mehr
Gewicht, indem sie eine Gegenfrage stellte: «Ein
Exemplar wovon?»

Nun ruhten die gespannten Blicke ihrer Gefährtinnen auf Mrs. Plinth, die jetzt ebenfalls weniger selbstsicher wirkte als gewöhnlich. «Ja, halt ein Exemplar von ... des Buches», erklärte sie.

«Welchen Buches?» fragte Miss Van Vluyck beinahe so scharf wie zuvor Osric Dane.

Mrs. Ballinger sah Laura Glyde an, deren Augen fragend auf Mrs. Leveret gerichtet waren. Daß man sich ihr unterordnete, war für letztere so neu, daß sie plötzlich von wahnwitziger Kühnheit erfüllt wurde. «Nun, über Xingu natürlich!» rief sie.

Dieser Herausforderung an Mrs. Ballingers Bücherbestände folgte tiefes Schweigen, und nach einem raschen Blick auf die «Bücher des Tages» erwiderte die Präsidentin würdevoll: «So etwas läßt man nicht gern herumliegen!»

«Allerdings nicht!» rief Mrs. Plinth.

«Es *ist* also ein Buch?» fragte Miss Van Vluyck.

Dies verunsicherte die Gesellschaft wieder zutiefst, und Mrs. Ballinger antwortete mit einem ungeduldigen Seufzer: «Nun ja ... es *gibt* ein Buch ... natürlich ...»

«Warum sprach dann Miss Glyde von einer Religion?»

Laura Glyde fuhr in die Höhe. «Von einer Religion? Niemals habe ich ...»

«Doch», beharrte Miss Van Vluyck, «Sie sprachen von Riten, und Mrs. Plinth sagte, es handle sich um einen Brauch.»

Offenkundig versuchte Miss Glyde, sich an ihre Behauptung zu erinnern, aber Genauigkeit im Detail war nicht ihre Stärke. Endlich murmelte sie: «Etwas in der Art taten sie bestimmt bei den Eleusinischen Mysterien*...»

«Oh...», sagte da Miss Van Vluyck beinahe tadelnd, und Mrs. Plinth protestierte: «Ich ging davon aus, daß es zu keinen Unanständigkeiten kommen würde!»

Mrs. Ballinger konnte ihre Gereiztheit nicht mehr unterdrücken. «Also wirklich, es wäre doch zu schade, wenn wir nicht fähig sein sollten, die Sache in aller Ruhe miteinander zu besprechen. Ich persönlich glaube, wenn man schon in Xingu eintaucht...»

«Oh, ich auch!» rief Miss Glyde.

«Und ich sehe auch nicht, wie sich dies vermeiden ließe, wenn man Schritt halten will mit den geistigen Strömungen der Zeit...»

Mrs. Leveret seufzte erleichtert auf: «Eben – das ist es doch!» wagte sie zu bekräftigen.

«Was ist es?» nagelte die Präsidentin sie fest.

«Nun... es ist... eine geistige Strömung: ich meine, eine Philosophie.»

Dies schienen Mrs. Ballinger und Laura Glyde mit einer gewissen Erleichterung aufzunehmen, aber Miss Van Vluyck bemerkte: «Entschuldigen Sie, wenn ich Ihnen unumwunden sage, daß Sie sich alle im Irrtum befinden. Xingu ist nämlich eine Sprache.»

«Eine Sprache!» rief der Club.

«Gewiß! Erinnern Sie sich nicht, wie Fanny

---

* Eleusis, griechische Stadt nordwestlich von Athen. Im Altertum fanden dort geheime Gottesdienste zu Ehren der Demeter statt und ihrer Tochter Persephone, die Pluto als Gemahlin in die Unterwelt entführte.

Roby sagte, es gebe mehrere Verzweigungen, und einige seien nur schwer aufzuspüren? Auf was kann das schon zutreffen außer auf Dialekte?»

Mrs. Ballinger vermochte da ein verächtliches Lachen nicht länger zurückzuhalten. «Du meine Güte, wenn der Lunch Club so tief gesunken ist, daß er wegen näherer Auskünfte zu Fanny Roby gehen muß, wäre es fast besser, es gäbe ihn überhaupt nicht mehr!»

«Es ist wirklich ihre Schuld, weil sie sich nicht klarer ausdrückte», entrüstete sich Laura Glyde.

«Ach – Klarheit und Fanny Roby!» Mrs. Ballinger zuckte die Achseln. «Ich möchte sogar behaupten, wir werden noch feststellen müssen, daß sie sich in jedem einzelnen Punkt geirrt hat.»

«Warum nicht nachschlagen?» bemerkte Mrs. Plinth.

In der Regel wurde dieser stets wiederkehrende Ratschlag von Mrs. Plinth im Eifer des Gefechts überhört und lediglich nach den hitzigen Debatten von jedem Mitglied beherzigt, zu Hause in aller Heimlichkeit. In ihrer jetzigen Lage jedoch, da man die eigene Gedankenwirrsal Mrs. Robys vagen und widersprüchlichen Behauptungen zuzuschreiben wünschte, forderten die Mitglieder des Lunch Club einmütig, man solle ein Nachschlagewerk zu Rate ziehen.

Hier nun verhalf Mrs. Leveret ihr gehüteter Band, den sie hervorzauberte, eine kurze Weile zu der ungewohnten Erfahrung, wie es ist, wenn man einen Platz in der ersten Reihe Mitte einnimmt; aber ihn lange innezuhaben gelang ihr hinwiederum nicht, denn ihr «Zitatenschatz» enthielt keinen Hinweis auf Xingu.

«Ach, das ist nicht, was wir benötigen!» rief Miss Van Vluyck. Dann glitt ihr geringschätziger Blick über Mrs. Ballingers Bücherauswahl, und sie fügte ungeduldig hinzu: «Haben Sie denn gar keine nützlichen Bücher?»

«Doch, natürlich!» erwiderte Mrs. Ballinger entrüstet. «Ich bewahre sie im Ankleidezimmer meines Mannes auf.»

Aus dieser fernen Region schleppte das Stubenmädchen mit einiger Mühe und Verzögerung den Band W–Z einer Enzyklopädie herbei und legte, da Miss Van Vluyck danach verlangt hatte, den schweren Band vor der Dame nieder.

Qualvolle Spannung herrschte, während Miss Van Vluyck ihre Brille rieb, diese zurechtrückte und unter Z nachschlug; verwundertes Gemurmel wurde laut, als sie sagte: «Hier steht nichts!»

«Vermutlich», sagte Mrs. Plinth, «eignet es sich nicht, in ein Nachschlagewerk aufgenommen zu werden.»

«Ach Unsinn!» rief Mrs. Ballinger. «Versuchen Sie es unter X!»

Miss Van Vluyck blätterte zurück, wobei ihre Augen kurzsichtig die Seiten auf und ab glitten, bis sie innehielt und reglos verharrte wie ein Jagdhund vor einem gestellten Wild.

«Haben Sie es gefunden?» fragte Mrs. Ballinger nach beträchtlichem Zögern.

«Ja. Ich habe es gefunden», sagte Miss Van Vluyck mit sonderbar klingender Stimme.

Hastig fuhr Mrs. Plinth dazwischen: «Bitte –

lesen Sie nicht laut vor, wenn da etwas Anstößiges steht.»

Ohne zu antworten, setzte Miss Van Vluyck ihre stumme Prüfung fort.

«Und – was ist es?» rief Laura Glyde erregt.

«So sagen Sie es doch!» drängte Mrs. Leveret und fühlte ganz deutlich, daß sie ihrer Schwester Furchtbares werde berichten müssen.

Miss Van Vluyck schob den Band zur Seite und wandte sich langsam der erwartungsvollen Gruppe zu.

«Es ist ein Fluß.»

«Ein Fluß?»

«Ja, in Brasilien. Hat sie nicht eine Zeitlang dort gelebt?»

«Wer? Fanny Roby? Sie müssen sich irren! Sie haben das Falsche gelesen!» rief Mrs. Ballinger und beugte sich vor, um nach dem Band zu greifen.

«Es ist das einzige ‹Xingu› in der Enzyklopädie, und sie hat in Brasilien gelebt», beharrte Miss Van Vluyck.

«Ja, ihr Bruder ist dort Konsul», wußte Mrs. Leveret zu berichten.

«Das ist doch zu lächerlich! Ich . . . wir . . . aber wir erinnern uns doch alle daran, daß wir uns letztes – oder war es vorletztes Jahr? – mit Xingu beschäftigten», stammelte Mrs. Ballinger.

«So dachte ich, weil Sie es sagten», rechtfertigte sich Laura Glyde.

«Ich soll das gesagt haben?» rief Mrs. Ballinger.

«Ja. Sie sagten, Xingu habe alles andere aus Ihrem Kopf verdrängt.»

«Und *Sie* sagten, Xingu hätte Ihr ganzes Leben verändert!»

«Wenn wir schon dabei sind: Miss Van Vluyck sagte, nie habe sie die Zeit gereut, die sie dem Thema gewidmet habe.»

Hier warf Mrs. Plinth ein: «Ich machte deutlich, daß ich über das Original rein gar nichts weiß.»

Mrs. Ballinger setzte dem Disput mit einem lauten Aufstöhnen ein Ende. «Ach, was soll's, nachdem sie uns zum Narren hielt? Ich glaube, Miss Van Vluyck hat recht; Mrs. Roby sprach die ganze Zeit von diesem Fluß!»

«Wie konnte sie nur? Das ist ja absurd!» rief Miss Glyde.

«Hören Sie zu!» Miss Van Vluyck hatte sich erneut der Enzyklopädie bemächtigt und sich die Brille auf die vor Erregung gerötete Nase gesetzt: «'Der Xingu, einer der wichtigsten Flüsse Brasiliens, hat seine Quelle auf der Hochebene von Mato Grosso und erstreckt sich mit einer Länge von nicht weniger als 1118 Meilen in nördlicher Richtung; unweit der Mündung des Amazonas tritt er in diesen letztgenannten Strom ein. Der Oberlauf des Xingu ist goldhaltig und wird von zahlreichen Quellarmen gespeist. Seinen Ursprung entdeckte als erster 1884 der deutsche Forscher von den Steinen auf einer mühseligen und gefährlichen Expedition durch ein von Stämmen bewohntes Gebiet, die heute noch auf der Kulturstufe der Steinzeitmenschen stehen.'»

Wie betäubt nahmen die Damen diese Mitteilung zur Kenntnis. Als erste erholte sich dann Mrs. Leveret. «Von seinen Verzweigungen bezie-

hungsweise seinen Quellarmen hat sie gesprochen.»

Diese Äußerung zerstörte den letzten Rest von
Zweifel. «Und von seiner ganz enormen Länge»,
ächzte Mrs. Ballinger.

«Auch sagte sie, er sei sehr tief, und man könne ihn nirgendwo überspringen und müsse ihn
durchwaten», ergänzte Miss Glyde.

Weit langsamer überwand dieser neue Gedanke Mrs. Plinths robuste Widerstandskräfte. «Wie
kann an einem Fluß etwas Unanständiges sein?»

«Etwas Unanständiges?»

«Sie sagte doch, der Ursprung sei schlecht.»

«Nicht ‹schlecht› – sondern ‹schlecht zugäng-
lich›», verbesserte Laura Glyde. «Jemand, der an
Ort und Stelle war, hat ihr das erzählt. Ich ver-
mute, es war der Forscher selbst – sagte sie nicht,
die Expedition sei gefährlich gewesen?»

«Mühselig und auch gefährlich», las Miss Van
Vluyck.

Mrs. Ballinger preßte beide Hände gegen die
pochenden Schläfen. «Sie hat nichts gesagt, was
nicht auf einen Fluß zutrifft – auf diesen Fluß!»
Aufgebracht wandte sie sich den übrigen Clubmitgliedern zu. «Und erinnern Sie sich, wie sie
erzählte, sie habe, während sie bei ihrem Bruder
weilte, den ‹Letzten Augenblick› nicht lesen können, weil jemand das Buch auf einer Bootsfahrt
über Bord ‹geschmissen› habe ... ‹geschmissen›,
wie sie sich auszudrücken beliebte.»

Die Damen gaben mit einem kleinen Seufzer zu
verstehen, daß ihnen der Ausdruck nicht entgan-
gen sei.

«Ja, und sagte sie nicht zu Osric Dane, eines ihrer Bücher sei von Xingu ganz durchtränkt gewesen? Natürlich war es das, weil einer ihrer rüpelhaften Freunde das Buch in den Fluß geworfen hatte!»

Diese überraschende Rekonstruktion der Szene, bei der sie selbst noch vor kurzem mitgewirkt hatten, verschlug den Clubmitgliedern die Sprache. Schließlich rang sich Mrs. Plinth zu der Bemerkung durch, und ihre Stimme klang bedeutungsschwer: «Osric Dane ist ihr auch auf den Leim gegangen.»

Mrs. Leveret fühlte sich ermutigt. «Vielleicht hat Mrs. Roby sich das Ganze gerade ihretwegen ausgedacht. Sie sagte doch, Osric Dane sei ein Ekel – vielleicht wollte sie ihr eine Lehre erteilen.»

Miss Van Vluyck runzelte die Stirn. «Das war kaum der Mühe wert! Schließlich ging der Streich auf unsere Kosten!»

«Wenigstens», sagte da Laura Glyde mit einer Spur von Bitterkeit, «ist es ihr gelungen, Osric Danes Interesse zu wecken, und das ist mehr, als wir von uns behaupten können.»

«Welche Chance hatten wir denn schon?» erwiderte Mrs. Ballinger. «Mrs. Roby belegte sie von Anfang an mit Beschlag. Und das war zweifellos ihre wahre Absicht: sie wollte Osric Dane einen falschen Eindruck von ihrer eigenen Stellung im Club vermitteln. Sie schreckt ja vor nichts zurück, um die Aufmerksamkeit auf sich zu lenken – wir alle wissen doch, wie sie den armen Professor Foreland eingewickelt hat!»

«Sie hat ihn sogar soweit gebracht, daß er jeden

Donnerstag zu Tee und einer Partie Bridge einlädt», piepste Mrs. Leveret.

Laura Glyde schlug die Hände zusammen. «Freilich – heute ist Donnerstag, und dorthin ist sie gegangen – und hat Osric Dane mitgenommen!»

«Und in diesem Augenblick sprechen sie über uns – und kreischen vor Vergnügen!» knirschte Mrs. Ballinger.

Diese Möglichkeit schien zu ungeheuerlich, als daß man sie hätte einräumen mögen. «Sie würde es wohl kaum wagen, Osric Dane den Betrug zu beichten», sagte Miss Van Vluyck.

«Da bin ich mir nicht so sicher: ich glaube, ich sah, wie sie Osric Dane ein Zeichen gab, als sie ging. Wenn sie ihr kein Zeichen gab, warum hätte ihr Osric Dane hinterherrennen sollen?»

«Nun, wir hatten ihr doch alle vorgeschwärmt, wie herrlich Xingu sei, und sie sagte, sie wolle noch mehr darüber erfahren», unternahm Mrs. Leveret einen lahmen Versuch, den Abwesenden Gerechtigkeit widerfahren zu lassen.

Aber umsonst – die Mahnung vermochte den Zorn der andern Mitglieder nicht zu besänftigen; vielmehr erhöhte sie ihn noch.

«Eben – und genau darüber lachen die beiden jetzt», sagte Laura Glyde ironisch.

Mrs. Plinth stand auf und umhüllte ihre imposante Gestalt mit einem teuren Pelz. «Ich möchte nicht kritteln», sprach sie, «aber wenn der Lunch Club seine Mitglieder nicht vor solch... solch unschönen Auftritten zu bewahren vermag, so werde zumindest ich...»

«Oh, ich auch!» pflichtete Laura Glyde ihr bei und erhob sich ebenfalls.

Miss Van Vluyck schloß die Enzyklopädie und begann sich in ihre Jacke einzuknöpfen. «Meine Zeit ist wirklich zu kostbar...», meinte auch sie.

«Ich denke, wir sind alle einer Meinung», sagte Mrs. Ballinger und sah fragend auf Mrs. Leveret, die wiederum die andern anblickte.

«Ich finde grundsätzlich alles verwerflich, was einem Skandal gleichkommt», setzte Mrs. Plinth ihre Rede fort.

«Und heute hat sie einen verursacht!» rief Miss Glyde.

Mrs. Leveret jammerte: «Ich verstehe einfach nicht, wie sie das tun konnte!», und Miss Van Vluyck sprach, während sie ihr Notizbuch an sich nahm: «Manche Frauen machen eben vor rein gar nichts halt!»

«...Aber wenn», spann Mrs. Plinth ihren Gedanken konsequent weiter, «sich etwas Derartiges in meinem Hause ereignet hätte» (dies wäre nie geschehen, besagte ihr Ton), «hätte ich es für meine Pflicht gehalten, entweder Mrs. Robys Austritt zu fordern – oder meinen eigenen anzubieten.»

«Nein doch, Mrs. Plinth!» japste der Club.

«Glücklicherweise», fuhr Mrs. Plinth mit ehrfurchtgebietendem Edelmut fort, «wurde mir ja durch den Entscheid unserer Präsidentin, es sei aufgrund ihres Amtes ein ihr gebührendes Vorrecht, prominente Gäste zu empfangen, die Angelegenheit aus der Hand genommen. Und ich denke, die andern Mitglieder stimmen mit mir darin überein, daß Mrs. Ballinger, die allein dieser Meinung war, nun auch allein entscheiden soll, wie die ... die wirklich beklagenswerten Schäden zu beheben sind!»

Tiefes Schweigen folgte diesem Ausbruch eines langgehegten Grolls.

«Ich sehe nicht ein, warum *ich* Fanny Robys Austritt fordern soll», ermannte sich endlich Mrs. Ballinger, worauf ihr Laura Glyde in Erinnerung brachte: «Sie dürften wohl noch wissen, daß Sie sich von Mrs. Roby zu der Behauptung hinreißen ließen, Sie seien in Xingu schwimmend leicht vorangekommen.»

Da entfuhr Mrs. Leveret ein unpassendes Kichern, und Mrs. Ballinger sprach streng: «Aber Sie brauchen keinen Augenblick zu glauben, daß ich mich vor dieser Aufgabe fürchte!»

Kaum hatte sich die Tür hinter den scheidenden Clubmitgliedern geschlossen, setzte sich die Präsidentin dieser illustren Vereinigung an ihren Schreibtisch, stieß «Die Schwingen des Todes» beiseite, um für ihren Ellbogen Platz zu schaffen; dann zog sie ein Blatt des Club-Papiers hervor und begann zu schreiben: «Meine liebe Mrs. Roby ...»

FRIGYES KARINTHY

1887–1938

Legende vom Dichter

Der Dichter begab sich am Nachmittag zum
Flugplatz und unterhielt sich mit dem Piloten.
Das Flugzeug interessierte ihn sehr. Er schaute
sich den Motor, die Hebel und die fest gespannten
Flügel an. Er setzte sich gar in den lederbezogenen
Sitz, lehnte sich elegant zurück, strich sich die
Haare ein wenig in die Stirn, und während er an
den Hebeln fingerte, betrachtete er, wie schön sich
seine Hand auf die hellblinkenden Kupferflächen
legte. Der Pilot wollte ihn soeben auf etwas aufmerksam machen, als der Dichter plötzlich spürte,
daß ein Hebel unter seiner Hand nachgab.

Im nächsten Augenblick hielt er sich erschrok-
ken fest; der Apparat begann mit kreischendem
Ton zu lärmen, und das Flugzeug setzte sich mit
einem Ruck in Bewegung. Er sah gerade noch
das erschrockene Gesicht des Piloten, der mit
beiden Händen nach ihm zu greifen versuchte...
und dann nahm er nur noch rennende Streifen
wahr...

Nach einer Minute, als er die Augen wieder zu
öffnen wagte, erblickte er winzige Spielzeughäus-
chen vor sich – es waren die Hangars.

Minutenlang saß er wie versteinert da, dann sah
er hinunter. Ein graues Häusermeer wogte tief

unter ihm, und rundherum zogen sich grüne Felder und Wiesen hin.

Alles schrumpfte mit fürchterlicher Geschwindigkeit zusammen: das Häusermeer wurde zum kleinen Flecken, die Felder formten sich rasch zu einem einzigen Ring, und plötzlich blinkte ein glänzender Streifen: das Meer. Der Streifen verbreiterte sich, die Felder liefen zusammen, und dann sah er die unendliche Wasserfläche und eine kleine Insel in der Mitte. Dann wiederum bot sich ihm eine kreisförmige graue Wasserfläche dar, die unregelmäßig mit Inseln bestreut war. Dieser Kreis nahm sich am Anfang riesig aus, doch hernach begann auch er zu schrumpfen. Der Kreis wurde immer kleiner, über ihm und um ihn verdunkelte sich der Himmel jäh, und die Sterne tauchten auf. Der Kreis, den er gerade wahrgenommen hatte, war jetzt nur noch so groß wie ein Teller, und der Dichter erkannte die Erdkugel, so wie er sie in der Schule kennengelernt hatte.

Er blickte um sich, und er sah die Planeten und die Sonne, die in der Dunkelheit glänzte. Er erkannte die Venus und den Merkur, und mit einem plötzlichen Entschluß ergriff er das Steuer und drehte es in Richtung des rot leuchtenden Mars, denn ihm waren die Kanäle in den Sinn gekommen und die Vermutungen, daß dort kultivierte Menschen wohnen könnten.

Die rote Scheibe begann sich zu vergrößern. Nun sah er die Kanäle deutlich und sogar ein Meer und große grünlichrote Wiesen. Die Umrisse weiteten sich rasch, Berge und Täler tauchten auf sowie eine viereckige, flache Ebene, welche regelrechte Marmorgebäude säumten.

Nach weiteren zwei Minuten landete die Maschine sachte in der Nähe eines Marmorhauses, und der Dichter sprang im Schatten einiger wunderbarer lautenförmiger Bäume auf das weiche rosarote Gras hinaus.

Aus dem Bau stürzten sonderbare Wesen hervor und winkten begeistert. Sie hatten kugelförmige Köpfe, und ihre Augen glänzten am Ende langer Fühler. Ein jeder von ihnen hatte zwei Paar Hände, unter dem einen trugen sie – wie die Fledermäuse – eine Flughaut, und ihre Füße endeten in Schwimmflossen. Ihre Kleidung bestand aus golden glänzenden, biegsamen Metallgewändern.

Der Dichter lüftete verwirrt den Hut und stellte sich stotternd vor. Er war sich gleich darüber im klaren, daß er Marsbewohner vor sich hatte. Verstört richtete er das Wort an sie, und jene antworteten. Er verstand ihre Rede nicht, dafür entdeckte er nach einigen Minuten staunend, daß die anderen ihn verstanden. Sie hörten ihm aufmerksam zu und nickten. Sie führten ihn in eine große rote Halle, hießen ihn sitzen, und er begriff, daß sie berieten.

Nach einer Weile stellte sich ein vornehmer Marsbewohner vor ihn hin; er sprach kein Wort, legte ihm nur die Hand auf den Kopf. Und – welches Wunder! – der Dichter wußte plötzlich ganz klar und genau, was sie von ihm wünschten. Sie wünschten, daß er am Abend über die Gesellschaft der Erde und über die Menschheit eine

Vorlesung halten möchte. Die Marsbewohner interessierten sich sehr für den Ankömmling, sie wußten, daß er von der Erde heraufgeflogen war, und sie erwarteten mit großer Neugier, was er ihnen über sein Vaterland an Neuem und Schönem mitteilen würde.

Der Dichter hatte sechs volle Stunden zur Vorbereitung seiner Vorlesung. Die Gedanken schwirrten heiß in seinem Kopf, sprengten beinah seine Schläfen. Welch ein gewaltiges, großartiges, unerschöpfliches Thema! Worüber sollte er sprechen, womit beginnen? Sollte er über die Römer und Griechen erzählen? Über Caesar und Napoleon? Über Edison und Shakespeare – über große Werke, die den Menschen plastisch darstellen und charakterisieren – oder eher über große Paläste – oder über die beweglichen Bilder der Filmkunst, über die große Schauspielerin – oder doch eher über die Schlacht bei Aktium – wo, wo sollte er mit dem herrlichen Thema einen Anfang machen?

Dann war die Stunde der Vorlesung da. Die Hörer drängten sich in der riesigen, aus roten Steinen erbauten Halle... Zwanzigtausend neugierige, aufgeregte Marsbewohner, Männer und Frauen – sie alle waren gekommen, um ihn zu hören.

Als der Dichter eintrat, wurde es in der gewaltigen Halle totenstill. Der Dichter schritt langsam und mit ein wenig gesenktem Kopf zum Vorlesungskatheder; er wußte noch nicht, was er tun wollte. Er betrat das Podium, setzte sich an den Tisch und blickte sich um. In der ersten Reihe vor ihm saßen vor allem Frauen. Er räusperte sich, trank ein Glas Wasser, das auf dem Tisch stand, hustete, strich sich eine Locke in die Stirn; er lächelte mit Leidensmiene – und begann dann, mit seiner leisen und einschmeichelnden Stimme das eigene Gedicht «Meine Seele» zu deklamieren, das zwei Tage zuvor im Lokalblatt «Bistritzer Anzeiger» an der Spitze der Rubrik «Dies und das» erschienen war.

Quellennachweis

Detaillierte bibliographische Angaben zu den folgenden Bänden sind im «Chronologischen Verzeichnis» ab Seite 271 zu finden.

Anonym
Die Fehler in den Büchern (Eine Geschichte um Nasreddin Hodscha). Aus: «Anekdoten der Weltliteratur. Eine Auswahl aus drei Jahrtausenden». © Manesse Verlag, Zürich 1980.

Beerbohm, Max
Das Verbrechen. Aus: Beerbohm, «Der unvergleichliche Max». Manesse Verlag, Zürich 1975. © Eva Reichmann.

Calvino, Italo
Abenteuer eines Lesers. Aus: «Italienische Erzähler. Von Camillo Boito bis Goffredo Parise». Manesse Verlag 1991. © Carl Hanser Verlag, München/Wien 1986.

Dickens, Charles
Doktor Marigolds Rezepte. Aus: Dickens, «Meistererzählungen». © Manesse Verlag, Zürich 1978.

Galsworthy, John
Gleichnis eines Romanciers. Aus: Galsworthy, «Meistererzählungen». © Manesse Verlag, Zürich 1984.

Gorki, Maxim
Blasen. Aus: Gorki, «Meisternovellen». © Manesse Verlag, Zürich 1959.

Karinthy, Frigyes
Legende vom Dichter. Aus: Karinthy, «Bitte, Herr Professor». © Manesse Verlag, Zürich 1983.

Llor, Miquel
Ein Tintenfleck. Aus: «Katalanische Erzähler». © Manesse Verlag, Zürich 1978.

Pu Sung-lin
Der närrische Student. Aus: «Chinesische Geister- und Liebesgeschichten». © Manesse Verlag, Zürich 1948.

Scholem Alejchem
Mein erster Roman. Aus: «Jiddische Erzählungen von M. Sforim, J. L. Perez, Scholem Alejchem». © Manesse Verlag, Zürich 1984.

Sienkiewicz, Henryk
Der Leuchtturmwärter. Aus: Sienkiewicz, «Meistererzählungen». © Manesse Verlag, Zürich 1986.

Söderberg, Hjalmar
Eine Tasse Tee. Aus: Söderberg, «Erzählungen». © Manesse Verlag, Zürich 1976.

Voltaire
Von der Enzyklopädie. Aus: «Französische Erzähler. Von Marie de France bis Chateaubriand». © Manesse Verlag, Zürich 1993.

Weißer, Friedrich Christoph
Der seltene Schriftsteller; Das Buch und die Uhr. Aus: «Anekdoten der Weltliteratur. Eine Auswahl aus drei Jahrtausenden». © Manesse Verlag, Zürich 1980.

Wharton, Edith
Xingu. Aus: Wharton, «Meistererzählungen». © Manesse Verlag, Zürich 1994.

Manesse-Zeittafel

1944 gründet Walther Meier im Zürcher Verlags- und Druckhaus Conzett & Huber den Manesse Verlag und wird Herausgeber der Manesse Bibliothek der Weltliteratur. Als erste Bände erscheinen Herman Melvilles «Moby Dick» in der Übersetzung von Fritz Güttinger und «Goethe im Gespräch», ausgewählt von Eduard Korrodi.

1955 erscheint der 100. Band der Manesse Bibliothek der Weltliteratur: die von Max Wehrli edierte und kommentierte Auswahl «Deutsche Lyrik des Mittelalters» mit 36 Farbtafeln aus der Manessischen Liederhandschrift.

1959 erscheint der erste Band der Corona-Reihe: Iwan Gontscharow «Die Schlucht» in der Übersetzung von August Scholz.

1963 erscheint der 200. Band der Manesse Bibliothek: Dante Alighieri «Die göttliche Komödie» in der Übersetzung von Ida und Walther von Wartburg.

1971 übergibt Walther Meier aus Altersgründen die Leitung des Manesse Verlages an Federico Hindermann.

1976 erscheint der 300. Band der Manesse Bibliothek: «Fabeln aus drei Jahrtausenden», ausgewählt und mit einem Nachwort versehen von Reinhard Dithmar.

1983 trennt sich Conzett & Huber vom Manesse Verlag, der nun als selbständige Firma ins Zürcher Handelsregister eingetragen und von der Deutschen Verlags-Anstalt in Stuttgart übernommen wird.

1984 feiert der Manesse Verlag sein vierzigjähriges Bestehen. Als Jubiläumsband erscheint eine revidierte Neuauflage des 100. Bandes «Deutsche Lyrik des Mittelalters». Gleichzeitig wird die Manesse Bibliothek der Weltliteratur durch die Manesse Bibliothek der Weltgeschichte ergänzt.

1987   werden die ersten Bände der Manesse Bücherei vor-
       gestellt, in der neben belletristischen Werken auch
       historische und philosophische Texte aufgehoben
       sind.

1992   übernimmt Anne Marie Wells die Leitung des
       Manesse Verlages. Ausgewählte Titel der Manesse
       Bibliothek der Weltliteratur erscheinen in der eige-
       nen Taschenbuchreihe «manesse im dtv», die vom
       Deutschen Taschenbuch Verlag vertrieben wird.

1994   begeht der Manesse Verlag das Fünfzig-Jahr-Jubi-
       läum. Zum Jubiläum erscheint eine zweibändige von
       Marcel Reich-Ranicki besorgte Edition «Deutsche
       Erzähler des 20. Jahrhunderts» und ein Manesse
       Almanach mit der Manesse-Bibliographie 1944 bis
       1994.

Chronologisches Verzeichnis

1944

Goethe im Gespräch
Alle wesentlichen Gespräche einschließlich derjenigen mit
Eckermann. Auswahl und Nachwort von Eduard Korrodi. 916 Seiten.

Herman Melville · Moby Dick
Roman. Aus dem Amerikanischen übertragen von Fritz
Güttinger. 918 Seiten.

Alexej K. Tolstoi · Fürst Serebriany
Roman aus der Zeit Iwans IV. Herausgegeben und eingeleitet von Ludwig Berndl. Aus dem Russischen übertragen von Dora Berndl-Friedmann. 555 Seiten.

1945

Charlotte Brontë · Jane Eyre
Roman. Aus dem Englischen übertragen von Paola Meister-Calvino. Nachwort von Mary Hottinger. 579 Seiten.

Henry Fielding · Tom Jones
Geschichte eines Findlings. Roman. Nach der Übersetzung von Johann Joachim Christian Bode, bearbeitet von
Fritz Güttinger. 886 Seiten mit 10 Illustrationen nach
Stichen von Moreau. Nachwort von Fritz Güttinger. Vergriffen.

Franz von Assisi · Legenden und Laude
Herausgegeben, eingeleitet und aus dem Italienischen
und Lateinischen übertragen von Otto Karrer. 657 Seiten mit 10 Illustrationen nach Fresken von Giotto. Vergriffen.

**Friedrich Hebbel · Eine Autobiographie nach Tage-
büchern und Briefen**
Eingeleitet und erläutert von Willibald Klinke. 478 Seiten.
Vergriffen.
Hermann Hesse · Narziß und Goldmund
Erzählung. 450 Seiten. Vergriffen.
Eduard Mörike · Gedichte und Erzählungen
Herausgegeben und mit einem Nachwort versehen von
Werner Zemp. 588 Seiten. *Inhalt:* Gedichte / Lucie Gel-
meroth / Aus «Der Schatz» / Die Hand der Jezerte / Aus
«Das Stuttgarter Hutzelmännlein» / Mozart auf der Reise
nach Prag / Aus «Maler Nolten».

1946

Theodor Fontane · Effi Briest
Roman. Nachwort von Max Rychner. 502 Seiten.
Grimms Kinder- und Hausmärchen
Vollständige, textgetreue Ausgabe. Herausgegeben und
mit einem Nachwort versehen von Carl Helbling. Mit
140 Holzschnitten von Ludwig Richter und Moritz von
Schwind. 2 Bände. Bd. 1: 595 Seiten mit 59 Illustrationen,
Bd. 2: 603 Seiten mit 81 Illustrationen.
Hermann Hesse · Der Steppenwolf
Roman. 313 Seiten. Vergriffen.
Italienische Novellen
aus acht Jahrhunderten. Herausgegeben und mit einem
Vorwort versehen von Giuseppe Zoppi. 2 Bände. Bd. 1:
451 Seiten. *Inhalt:* Aus dem Novellino «Der griechische
Weise», «Welches ist das Lieblichste?», «Der Kaiser und
sein Falke», «Der Kaiser und die zwei Weisen», «Der
müde Erzähler», «Tod des Narziß», «Königliche Antwort», «Ein Pferd verlangt Gerechtigkeit», «Die gute
Witwe», «Tristan und Isolde», «Die drei Ringe», «Ein
höchst romantischer Tod», «Eine schöne Liebesgeschichte» / Jacopo Passavanti «Die Erscheinung des Kohlen-
brenners» / Giovanni Boccaccio «Ser Ciappelletto», «An-
dreuccio von Perugia», «Gibt es ehrbare Frauen?», «Das
Recht der Natur», «Die betrogene Eifersüchtige», «Liebe
und Tod», «Federigo degli Alberighi und der schöne Falke», «Haben Kraniche nur ein Bein?», «Bruder Cipolla»,

«Zwei Männer im Haus», «Grausamer Streich gegen Calandrino», «Ein weiterer Streich gegen Calandrino», «Orient und Occident» / Ser Giovanni Fiorentino «Ein gelehriger Schüler» / Franco Sacchetti «Der kluge Müller», «Von einem Wolf, den man am Schwanze faßte», «Die zwei tüchtigen Abgesandten», «Die drei Blinden», «Der in die Enge getriebene Astrologe», «Weshalb läuten die Glocken?» / San Bernardino da Siena «Ein gutes Mittel» / Gentile Sermini «Ein vorzüglicher Diener» / Masuccio Salernitano «Die List eines Verliebten», «Mariotto und Giannozza» / Ungenannter Verfasser «Verwandelt!» / Unbekannter «Wie ergattert man ein Plätzchen am Feuer?» / Luigi da Porto «Romeo und Julia» / Niccolò Machiavelli «Belfagor» / Agnolo Firenzuola «Niccolos Abenteuer», «Das Schneekind» / Anton Francesco Doni «Eine Liebesgeschichte Karls des Großen». Bd. 2: 534 Seiten. *Inhalt:* Anton Francesco Grazzini «Schlau und glücklich», «Der arme Mützenmacher» / Giovan Francesco Straparola «Heute abend», «Wunder über Wunder», «Die größten Faulpelze der Welt» / Matteo Bandello «Lieber Tod als Schande», «Das sinnvolle Bildnis», «Die Herzogin von Amalfi», «Die heimliche Liebe einer Witwe» / Giovanni Battista Giraldi-Cintio «Der bestrafte Geizhals», «Der Mohr und Disdemona», «Die schöne Nigella», «Ein strenger Richter, ein zartes Mädchen» / Girolamo Brusoni «Frühzeitige Liebe» / Giovan Battista Basile «Vardiello» / «Belluccia» / Giovanni Sagredo «Der schlaue Hirte», «Tot oder lebend?» / Lorenzo Magalotti «Die Katzen des Herrn Ansaldo» / Gasparo Gozzi «Kunstkenner», «Die vertauschten Frauen», «Der launische Ehemann» / Carlo Gozzi «Heimkehr» / Francesco Soave «Wo ist das Glück?» / Giovanni Verga «Cavalleria rusticana», «Gramignas Geliebte», «Was der König ist», «Hab und Gut» / Luigi Pirandello «Die erste Nacht», «Dicke Freunde», «Zerstreutheit», «Das Patent», «Requiem aeternam dona eis domine», «Der Rabe von Mizzaro», «Schatten des Gewissens», «Ciàula entdeckt den Mond», «Der Tonkrug», «Das schwarze Zicklein». Vergriffen.

Anton Tschechow · Meisternovellen
Aus dem Russischen übertragen von Rebecca Candreia. Herausgegeben und mit einem Nachwort versehen von

Iwan Schmeljow. 610 Seiten. *Inhalt:* Krankenzimmer Nr. 6 / Die Dame mit dem Hündchen / Eine traurige Geschichte / Der Student / In der Schlucht / In der Osternacht / Die Schalmei / Die Steppe / Missius.

1947

Antike Erzähler
Von Herodot bis Longos. Herausgegeben und mit einem Vorwort versehen von Franz Stoessl. Mit 50 Illustrationen nach antiken Vasenbildern. 584 Seiten. *Inhalt:* Herodot «Gyges und das Weib des Kandaules», «Arion und die Delphine», «Schicksal des Kroisos», «Kyros und Kroisos», «Wunderbare Rettung und Kindheit des Kyros», «Der Tod des Kyros», «Der Flötenspieler und die Fische», «Helena in Ägypten», «Der Schatz des Rhampsinit», «Das Leid des Psammenit», «Der Ring des Polykrates», «Periander von Korinth und sein Sohn», «Das Ende des falschen Smerdis», «Dareios wird König der Perser», «Die Gattin des Intaphernes», «Die Eroberung von Babylon», «Persische Gesandtschaft in Makedonien», «Der Perserkönig Xerxes betrachtet seine Flotte», «Xerxes und das Weib seines Bruders Masistes» / Petron «Die Witwe von Ephesus» / Aelian «Der Tyrann Phalaris und das Freundespaar», «Verschwörung gegen den Perserkönig Darius», «Der Schuh der Rhodopis», «Der Tyrann», «Der Knabe und der Delphin», «Der Bär, die Löwen und der Holzhauer», «Die Rettung des Gilgamos», «Der verliebte Wettkampfsieger», «Die Geschichte von einem dankbaren Adler» / Pseudo-Aeschines «Der falsche Gott als Bräutigam» / Lukian «Lucius oder der Esel» / Apuleius «Amor und Psyche», «Der Leichenwächter», «Räubergeschichten», «Das verkaufte Faß», «Die vergessenen Schuhe», «Der Esel als Rächer», «Eine Potiphargeschichte» / Lukian «Wahre Geschichte» / Xenophon von Ephesos «Anthia und Habrokomes» / Longos von Lesbos «Daphnis und Chloe».

Charlotte Brontë · Villette
Roman. Aus dem Englischen übertragen und bearbeitet von Paola Meister-Calvino. Nachwort von Mary Hottinger. 584 Seiten. Vergriffen.

Matthias Claudius · Der Wandsbecker Bote
Herausgegeben und mit einem Nachwort versehen von
Werner Weber. 383 Seiten.

Joseph Conrad · Meistererzählungen
Aus dem Englischen übertragen von Ernst W. Freissler
und E. McCalman. Nachwort von Fritz Güttinger. 482
Seiten. *Inhalt:* Jugend / Herz der Finsternis / Freya von
den Sieben Inseln. Vergriffen.

Charles Dickens · Große Erwartungen
Roman. Aus dem Englischen übertragen von Siegfried
Lang. 818 Seiten. Vergriffen.

Jens Peter Jacobsen · Frau Marie Grubbe
Intérieurs aus dem 17. Jahrh. Roman. Aus dem Dänischen
übertragen von Mathilde Mann. 377 Seiten. Vergriffen.

Jens Peter Jacobsen · Niels Lyhne
Roman. Aus dem Dänischen übertragen von Anka Mat-
thiesen. 313 Seiten.

Jens Peter Jacobsen · Novellen und Gedichte
Aus dem Dänischen übertragen von Mathilde Mann und
Erich von Mendelssohn. Nachwort von Felix M. Wies-
ner. 318 Seiten. *Inhalt:* Mogens / Ein Schuß in den Nebel /
Zwei Welten / Hier sollten Rosen blühen / Die Pest in
Bergamo / Frau Fönss / Dazu die lyrischen Sammlungen
«Hervert Sperring» und «Ein Kaktus erblüht» sowie ver-
einzelte Gedichte und Prosastücke. Vergriffen.

Georg Christoph Lichtenberg · Aphorismen
Ausgewählt und eingeleitet von Max Rychner. 543 Seiten.

Thomas Mann · Meistererzählungen
395 Seiten. *Inhalt:* Tristan / Tonio Kröger / Der Tod in
Venedig / Mario und der Zauberer.

Michelangelo · Lebensberichte / Gedichte / Briefe
Herausgegeben und aus dem Italienischen übertragen von
Hannelise Hinderberger. 515 Seiten mit 10 Illustrationen.
Vergriffen.

Adalbert Stifter · Briefe
Auswahl und Nachwort von Hans Schumacher. 557 Seiten. Vergriffen.

Iwan Turgenjew · Aufzeichnungen eines Jägers
Erzählungen. Aus dem Russischen übertragen von Dora
Berndl-Friedmann. Nachwort von Ludwig Berndl. 561
Seiten. *Inhalt:* Unterm Sternenhimmel / Jermolaj und die

Müllerin / Himbeerwasser / Der Kreisarzt / Aus vergangenen Tagen / Kassian / Die Sänger / Das Stelldichein / Pjotr Petrowitsch Karatajew / Der Gutsvogt / Das Kontor / Der Werwolf / Es klopft! / Chor und Kalinytsch / Tschertopchanow / Mein Nachbar Radilow / Der Freisasse Owsjannikow / Die lebendige Reliquie / Epilog: Wald und Steppe.

1948

Jane Austen · Stolz und Vorurteil
Roman. Aus dem Englischen übertragen von Ilse Krämer. Nachwort von Mary Hottinger. 524 Seiten.

Chinesische Geister- und Liebesgeschichten
Deutsche Auswahl und Vorwort von Martin Buber. 339 Seiten mit 17 chinesischen Holzschnitten. *Inhalt:* Das Wandbild / Der Richter / Das lachende Mädchen / Die Füchsin / Die Wege des Liebenden / Die Krähen / Die Blumenfrauen / Der närrische Student / Der Gott im Exil / Das Land im Meer / Das Blätterkleid / Der Ärmel des Priesters / Der Traum / Musik / Die Schwestern / Wiedergeburt.

Joseph Conrad · Taifun
und andere Erzählungen. Aus dem Englischen übertragen von Elise Eckert. 330 Seiten. *Inhalt:* Taifun / Amy Foster / Morgen. Vergriffen.

Theodor Fontane · Der Stechlin
Roman. Nachwort von Max Rychner. 575 Seiten.

E. T. A. Hoffmann · Meistererzählungen
Herausgegeben von Jürg Fierz. Anhang: «Zu Hoffmanns Charakteristik» von Julius Eduard Hitzig. 620 Seiten mit 56 Illustrationen von Gavarni. *Inhalt:* Ritter Gluck / Don Juan / Rat Krespel / Der goldne Topf / Das Fräulein von Scuderi / Doge und Dogaresse / Klein Zaches.

Herman Melville · Weißjacke
Roman. Aus dem Amerikanischen übertragen und mit einem Nachwort versehen von Walter Weber. 734 Seiten. Vergriffen.

Wolfgang Amadeus Mozart
Briefe. Herausgegeben von Willi Reich. 423 Seiten mit 8 Illustrationen.

Wilhelm Raabe · Stopfkuchen
Eine See- und Mordgeschichte. Nachwort von Romano Guardini. 370 Seiten.

Schön ist die Jugend
Kindheits- und Jugenderinnerungen aus zwei Jahrhunderten. Herausgegeben von Willibald Klinke. 628 Seiten. *Inhalt:* Ulrich Bräker / Heinrich Jung-Stilling / Franz-Xaver Bronner / Jean Paul / Johanna Schopenhauer / Anton Reiser / Ernst Moritz Arndt / Heinrich Zschokke / Karl Friedrich v. Klöden / Carl Schurz / Franz Grillparzer / Karl Immermann / Hoffmann von Fallersleben / Wilhelm von Kügelgen / Arnold Ruge / Ludwig Richter / Ernst Rietschel / Julius Fröbel / Richard Wagner / Ludwig Kalisch / Theodor Fontane / Marie von Ebner-Eschenbach / Julius Rodenberg / Heinrich Seidel / Carl Spitteler / Gustav Falke. Vergriffen.

Carl Schurz · Lebenserinnerungen
Herausgegeben und mit einem Nachwort versehen von Sigismund von Radecki. 576 Seiten. Vergriffen.

Laurence Sterne · Tristram Shandy
Roman. Aus dem Englischen übertragen von Johann Joachim Christian Bode. Neu herausgegeben und mit einem Nachwort versehen von Fritz Güttinger. 950 Seiten. Vergriffen.

Alexander von Villers · Briefe eines Unbekannten
Herausgegeben und mit einem Vorwort versehen von Margarete Gideon. 660 Seiten. Vergriffen.

Die Worte des Herrn
Gebete und Reden, Gespräche und Sprüche Jesu. Aus dem Urtext neu übertragen und herausgegeben von Friedrich Streicher. 544 Seiten.

1949

Vittorio Alfieri · Mein Leben
Herausgegeben und mit einem Nachwort versehen von Guiseppe Zoppi. Aus dem Italienischen übertragen von Hannelise Hinderberger. 402 Seiten. Vergriffen.

Hans Christian Andersen · Gesammelte Märchen
Herausgegeben von Florianna Storrer-Madelung. Nachwort von Martin Bodmer. Mit 268 Illustrationen von

Vilhelm Pedersen und Lorenz Frölich. 2 Bände. Bd. 1: 651
Seiten. *Inhalt:* Das Feuerzeug / Der kleine Klaus und der
große Klaus / Die Prinzessin auf der Erbse / Die Blumen
der kleinen Ida / Däumelinchen / Der unartige Knabe /
Der Reisekamerad / Die kleine Meerjungfrau / Des Kai-
sers neue Kleider / Die Galoschen des Glücks / Das Gänse-
blümchen / Der standhafte Zinnsoldat / Die wilden
Schwäne / Der Garten des Paradieses / Der fliegende
Koffer / Die Störche / Ole Luköje / Der Schweinehirt /
Der Buchweizen / Der Engel / Die Nachtigall / Die Braut-
leute / Das häßliche Entlein / Der Tannenbaum / Die
Schneekönigin / Mutter Holunder / Die Stopfnadel / Die
Glocke / Erlenhügel / Die roten Schuhe / Die Springer /
Die Hirtin und der Schornsteinfeger / Holger Danske /
Das kleine Mädchen mit den Schwefelhölzchen / Die
Nachbarsfamilien / Der kleine Tuk / Der Schatten / Das
alte Haus / Der Wassertropfen / Die glückliche Familie /
Die Geschichte von einer Mutter / Der Kragen / Unter-
schiede müssen sein / Die schönste Rose der Welt / Die
Geschichte des Jahres / Es ist ganz gewiß / Das Schwa-
nennest / Herzeleid / Alles an seinen rechten Platz / Das
Heinzelmännchen beim Speckhöker. Bd. 2: 647 Seiten.
Inhalt: Unter dem Weidenbaum / Fünf aus einer Erb-
senschote / «Sie taugte nichts» / Zwei Jungfern / Am
äußersten Meer / Das Geldschwein / Ib und die kleine
Christine / Tölpel-Hans / Der Flaschenhals / Suppe von
einem Wurstspeiler / Etwas / Der letzte Traum der alten Eiche / Die Tochter des Schlammkönigs / Die
Schnelläufer / Die Glockentiefe / Der Wind erzählt von
Waldemar Daae und seinen Töchtern / Kinderge-
schwätz / Ein Stück Perlenschnur / Das Kind im Grabe
/ Der Hofhahn und der Wetterhahn / Eine Geschichte
aus den Dünen / Der Mistkäfer / Was Vater tut, ist
immer recht / Der Schneemann / Die Eisjungfrau / Der
Schmetterling / Der Bischof auf Börglum und seine
Sippe / In der Kinderstube / Die Teekanne / Das Heinzelmännchen und die Madam / Verwahrt ist nicht
vergessen / Der Sohn des Pförtners / Des Paten Bilder-
buch / Die Lumpen / Was die Distel erlebte / Die
Wochentage / Der Gärtner und die Herrschaft / Der
Krüppel.

Emily Brontë · Sturmhöhe
Roman. Aus dem Englischen übertragen und mit einem
Nachwort versehen von Siegfried Lang. 534 Seiten.

Martin Buber · Die Erzählungen der Chassidim
846 Seiten.

Annette von Droste-Hülshoff · Gedichte und Prosa
Auswahl und Nachwort von Emil Staiger. 366 Seiten.
Inhalt: Ledwina / Bilder aus Westfalen / Die Judenbuche /
Dazu Gedichte, erzählende Gedichte und Epen.

Johann Wolfgang Goethe · Gedichte
Mit Erläuterungen von Emil Staiger. Vollständige Ausgabe in 3 Bänden mit 551, 532 und 558 Seiten. Vergriffen.

Nikolaj Gogol · Meistererzählungen
Aus dem Russischen übertragen und mit einem Nachwort versehen von Bruno Goetz. Mit 10 Federzeichnungen von Walter Roshardt. 528 Seiten. *Inhalt:* Der Jahrmarkt von Ssorotschinzy / Die Johannisnacht / Der verlorene Brief / Die Mainacht / Furchtbare Rache / Die Nacht vor Weihnachten / Der Wij / Die Nase / Der Mantel.

Selma Lagerlöf · Gösta Berling
Roman. Aus dem Schwedischen übertragen von Mathilde Mann. 628 Seiten. Vergriffen.

Prosper Mérimée · Meisternovellen
Aus dem Französischen übertragen von Ferdinand Hardekopf. Nachwort von Theophil Spoerri. 660 Seiten. *Inhalt:* Matteo Falcone / Colomba / Carmen / Il vicolo di Madama Lucrezia / Die etruskische Vase / Das zwiefache Verkennen / Die Venus von Ille / Das blaue Zimmer.

Eduard Mörike · Briefe
Herausgegeben und mit einem Vorwort versehen von Werner Zemp. 470 Seiten mit 20 Abbildungen nach Zeichnungen von Eduard Mörike und Moritz von Schwind. Vergriffen.

August Strindberg · Historische Miniaturen
Mit einem Anhang «Mystik der Weltgeschichte». Herausgegeben und aus dem Schwedischen übertragen von Willi Reich. 497 Seiten. *Inhalt:* Die ägyptische Knechtschaft / Der Halbkreis von Athen / Alkibiades / Sokrates / Flaccus und Maro / Leontopolis / Das Lamm / Das wilde Tier / Apostata / Attila / Der Diener der Diener / Ismael /

Eginhard an Emma / Das tausendjährige Reich / Peter der
Eremit / Laokoon / Das Werkzeug / Old merry England /
Der weiße Berg / Der Große / Die sieben guten Jahre /
Gerichtstage. Vergriffen.

Leo N. Tolstoi · Auferstehung
Roman. Aus dem Russischen übertragen und mit einem
Nachwort versehen von Fega Frisch. 860 Seiten. Ver-
griffen.

Iwan Turgenjew · Väter und Söhne
Roman. Aus dem Russischen übertragen von Fega Frisch.
Nachwort von Boris Saitzew. 340 Seiten.

1950

**Johann Peter Hebel · Schatzkästlein des rheinischen
Hausfreundes**
Herausgegeben und mit einem Nachwort versehen von
Werner Weber. 286 Seiten mit 51 Holzschnitten von C. Stau-
ber und C. H. Schmolze.

Heinrich Heine · Mein wertvollstes Vermächtnis
Religion – Leben – Dichtung. Herausgegeben und mit
einem Vorwort versehen von Felix Stössinger. 645 Seiten.
Vergriffen.

John Keats · Gedichte und Briefe
Herausgegeben, aus dem Englischen übertragen und mit
einem Vorwort versehen von Hans W. Häusermann. 442
Seiten. Vergriffen.

Aleksis Kivi · Die sieben Brüder
Roman. Aus dem Finnischen übertragen von Edzard
Schaper. Nachwort von V. A. Koskenniemi. 520 Seiten.

**Joaquim Maria Machado de Assis · Die nachträglichen
Memoiren des Bras Cubas**
Roman. Aus dem Portugiesischen übertragen und mit
einem Nachwort versehen von Wolfgang Kayser. 445
Seiten.

Alessandro Manzoni · Die Verlobten
Roman. Aus dem Italienischen übertragen von Alexander
Lernet-Holenia. Nachwort von Giuseppe Zoppi. 784
Seiten.

Leo N. Tolstoi · Meistererzählungen
Aus dem Russischen übertragen von Fega Frisch. 501

Seiten. *Inhalt:* Herr und Knecht / Vater Sergij / Kornej Wassiljew / Der Leinwandmesser / Wieviel Erde braucht der Mensch? / Wovon leben die Menschen? / Die beiden Alten / Der Tod des Iwan Iljitsch / Nach dem Balle.

Juan Valera · Pepita Jiménez
Roman. Aus dem Spanischen übertragen von Annemarie und Fritz Wahl. Nachwort von Fritz Wahl. 323 Seiten. Vergriffen.

1951

James Boswell · Dr. Samuel Johnson
Leben und Meinungen. Mit dem Tagebuch einer Reise nach den Hebriden. Aus dem Englischen übertragen und mit einem Vorwort versehen von Fritz Güttinger. 820 Seiten mit 53 Illustrationen. Vergriffen.

Grazia Deledda · Schilf im Wind
Roman. Aus dem Italienischen übertragen von Bruno Goetz. Nachwort von Giuseppe Zoppi. 376 Seiten. Vergriffen.

Fjodor M. Dostojewski · Der Idiot
Roman. Aus dem Russischen übertragen von Rebecca Candreia. Nachwort von Iwan Schmeljow. 2 Bände mit 599 und 589 Seiten. Vergriffen.

Fjodor M. Dostojewski · Schuld und Sühne
Roman. Aus dem Russischen übertragen von Werner Bergengruen. 2 Bände mit 528 und 523 Seiten. Vergriffen.

Europäische Volksmärchen
Herausgegeben von Max Lüthi. Buchschmuck von Georgette Boner. 588 Seiten. *Inhalt:* Dänemark: Die Prinzessin mit den zwölf Paar Goldschuhen, Ederland die Hühnermagd, Der Topf, Der faule Lars, der die Prinzessin bekam / Schweden: Zuerst geboren, zuerst vermählt, Silberweiß und Lillwacker / Norwegen: Kari Holzrock, Der Bursch, der die Rattenprinzessin freite, Der ehrliche Vierschilling, Die Historie vom Pfannkuchen / England: Der Hund mit den kleinen Zähnen, Der gläserne Ball, Die Prinzessin von Canterbury / Irland: Finn, der Sohn des Cûl, Denis der Kartenspieler / Belgien: Jetzt trage ich dich, aber in kurzem wirst du mich tragen (wallonisch), Die Geschichte von dem halben Hahn (vlämisch) / Frankreich: Die

wunderbare Bohnenranke (vlämisch, aus Flandern), Der
König von England und sein Patenkind (Lothringen),
Petit-Jean und die Rätselprinzessin (Bretagne), Die schöne
Jeanneton (Gascogne), Die bestrafte Königin (Gascogne) /
Spanien: Die Zauberflöte, Die Prinzessin als Äffin, Fran-
ciskita / Portugal: Der betrunkene Hahn / Italien: Die
Geschichte von Pezze e Fogghi (Sizilien), Von der Toch-
ter der Sonne (Sizilien), Der Vertrag (neapolitanisch),
Die drei Gänse (Wälschtirol) / Österreich: Das nacken-
tige Dirndl, Der schwarzbraune Michel, Die schwarze
Königstochter / Schweiz: Der Fygesack (Solothurn),
Gion Tgavrêr (romanisch, Graubünden) / Deutschland:
Die Prinzessin auf dem Baum, De Koenigin un de Pogg',
Vagel Fenus / Baltikum: Von einem klugen Alten (Li-
tauen), Tschuinis (Lettland), Abenteuer eines Königssohnes
(Lettland), Der Bösen Tochter und das Waisenmädchen
(Estland), Der Glückliche und der Unglückliche (Estland)
/ Finnland: Der Königssohn als Gärtner, Ein Kopf, Be-
kennst du?, Die lebende Kantele, Der alte Hahn / Rußland: Ivas und die Hexe (kleinrussisch), Ivan Aschen-
puster (weißrussisch), Sturmheld Ivan Kuhsohn (groß-
russisch, Ural), Der unsterbliche Koschtschej (großrus-
sisch) / Polen: Schwester und Braut / Tschechoslowakei:
Von den zwölf Monaten (slowakisch) / Ungarn: Vom
armen Mädchen, das goldene Blumen schnitt / Jugosla-
wien: Stojscha und Mladen (serbisch), Schöne Kleider tun
viel (serbisch) / Rumänien: Die schlaue Ileane, Der Alte
und die Alte / Bulgarien: Messerprinz, Lengo und Sawe
und das Meer / Griechenland: Jetzt in der Jugend oder
im Alter, Die vergessene Braut, Die drei Pomeranzen-
blätter, Der Arme und seine Mira, Die Goldschmiedin
und der treue Fischersohn / Albanien: Das Mädchen im
Kasten.

Aldous Huxley · Meistererzählungen
Aus dem Englischen übertragen von Herberth E. Her-
litschka. Nachwort von Fritz Güttinger. 360 Seiten.
Inhalt: Zwei oder drei Grazien / Nach dem Feuerwerk.

Lao-Tse · Tao Tê King
Aus dem Chinesischen übertragen und kommentiert von
Victor von Strauß. Bearbeitung, Vorwort und Einleitung
von W. Y. Tonn. 420 Seiten.

Joaquim Maria Machado de Assis · Dom Casmurro
Roman. Aus dem Portugiesischen übertragen von Erwin
Georg Meyenburg. Nachwort von José Osório de Oli-
veira. 480 Seiten. Vergriffen.
Musikalische Novellen
Auswahl und Nachwort von Emil Staiger. 488 Seiten.
Inhalt: Heinrich v. Kleist «Die heilige Cäcilie» / Gustavo
Adolfo Bécquer «Meister Perez, der Organist» / Iwan
Turgenjew «Die Sänger» / Auguste de Villiers de l'Isle-
Adam «Die Unbekannte» / Franz Grillparzer «Der arme
Spielmann» / Honoré de Balzac «Gambara» / Aldous
Huxley «Jung-Archimedes» / E. T. A. Hoffmann «Ritter
Gluck» / Eduard Mörike «Mozart auf der Reise nach
Prag» / Gottfried Keller «Das Tanzlegendchen».
Luigi Pirandello · Meisternovellen
Aus dem Italienischen übertragen und mit einem Nach-
wort versehen von Percy Eckstein. 398 Seiten. *Inhalt:*
Die Reise / Der Sarg ist bereit / Das Haus des Granella
/ Das schwarze Kopftuch / Das Festgeschenk / Der
Schwachkopf / Donna Mimina / Der andere Sohn / Die
Wahrheit / Die Fliege / Strohfeuer / In der Fremde. Ver-
griffen.
**Rainer Maria Rilke · Duineser Elegien / Die Sonette
an Orpheus**
Erläuterungen und Nachwort von Katharina Kippenberg.
Anhang: «Dichtung und Deutung. Rainer Maria Rilke und
Katharina Kippenberg» von Ingeborg Schnack. 356 Seiten.
Tschuang-Tse · Reden und Gleichnisse
Deutsche Auswahl und Nachwort von Martin Buber.
243 Seiten.

1952

Robert Burton · Schwermut der Liebe
Aus dem Englischen übertragen von Peter Gan. Nach-
wort von John Middleton Murry. 356 Seiten mit 79 Illu-
strationen. Vergriffen.
Gustave Flaubert · Madame Bovary
Roman. Aus dem Französischen übertragen von René
Schickele. Nachwort von Guy de Maupassant. 590 Seiten.
Vergriffen.

Theodor Fontane · Unwiederbringlich
Roman. Nachwort von Max Rychner. 415 Seiten. Vergriffen.

Rómulo Gallegos · Doña Barbara
Roman. Aus dem Spanischen übertragen von Werner Peiser unter Mitarbeit von Waltraud Kappeler. Nachwort von Konrad Huber. 544 Seiten. Vergriffen.

Johann Wolfgang Goethe · West-östlicher Divan
Vorwort und Erläuterungen von Max Rychner. 600 Seiten.

Ricardo Güiraldes · Don Segundo Sombra
Roman. Aus dem Spanischen übertragen von Hedwig Ollerich. Nachwort von Konrad Huber. 349 Seiten. Vergriffen.

Irische Erzähler
Ausgewählt und aus dem Englischen übertragen von Elisabeth Schnack. Nachwort von Sean O'Faolain. 375 Seiten. *Inhalt:* Standish James O'Grady «Das Sternenmoor» / William Carleton «Bob Pentland» / George Moore «Julia Cahills Fluch» / Somerville und Ross «Poisson d'Avril» / Lord Dunsany «Orientalische Magie» / Donn Byrne «Das Vermächtnis» / Sean O'Faolain «Das stille Tal» / Brinsley MacNamara «Die Kuckucksuhr» / L. A. G. Strong «Der Schuß im Garten» / Seumas O'Kelly «Das Haus» / David Hogan «Wenn die Forelle springt» / Nora Hoult «Neun Jahre sind eine lange Zeit» / Frank O'Connor «Entwurzelt» / Daniel Corkery «Feiglinge?» / James Stephens «Das Dreieck» / Elizabeth Bowen «Geheimnisvolles Khôr» / Liam O'Flaherty «Der rote Rock» / William Butler Yeats «Wie das Seil gedreht wurde» / Francis MacManus «Das Familienporträt» / James Joyce «Ein schwerer Unglücksfall».

Die Jadelibelle
Roman aus der Ming-Zeit. Aus dem Chinesischen übertragen und mit einem Nachwort versehen von Franz Kuhn. 279 Seiten. Vergriffen.

Kin Ku Ki Kwan
Wundersame Geschichten aus alter und neuer Zeit. Aus dem Chinesischen übertragen und mit einem Nachwort versehen von Franz Kuhn. 472 Seiten mit 12 Illustrationen. *Inhalt:* Ölhausierer und Blumenkönigin / Die goldenen Haarpfeile / Freier wider Willen / Die falsche Braut / Der illustre Doktor Tang / Der Alchimist.

Sei Shonagon · Das Kopfkissenbuch der Hofdame Sei Shonagon
Herausgegeben und aus dem Japanischen übertragen von Mamoru Watanabé. 311 Seiten mit 50 Illustrationen von Masami Iwata.
Leo N. Tolstoi · Anna Karenina
Roman. Aus dem Russischen übertragen von Bruno Goetz. 2 Bände mit 933 und 821 Seiten. Vergriffen.

1953

Bettina von Arnim · Lebensspiel
Herausgegeben von Willi Reich. 365 Seiten. Vergriffen.
Honoré de Balzac · Meisternovellen
Ausgewählt und aus dem Französischen übertragen von Eva Rechel. Nachwort von Felix Stössinger. 620 Seiten. *Inhalt:* Der Vikar von Tours / Sarrasine / Das unbekannte Meisterwerk / El Verdugo / Facino Cane / Eine Leidenschaft in der Wüste / Eine Episode aus der Schreckenszeit / Christus in Flandern / Das Mädchen mit den Goldaugen / Melmoths Bekehrung.
Marie von Ebner-Eschenbach · Meistererzählungen
Mit einem Anhang: Aphorismen und Erinnerungen. Herausgegeben und mit einem Nachwort versehen von Albert Bettex. 491 Seiten. *Inhalt:* Der Säger / Unverbesserlich / Krambambuli / Er läßt die Hand küssen / Die Totenwacht / Die Freiherren von Gemperlein / Die Spitzin / Die Sünderin / Das Schädliche / Aphorismen / Meine Erinnerungen an Grillparzer.
Italienische Gedichte
Von Kaiser Friedrich II. bis Gabriele D'Annunzio. Italienisch-deutsch. Deutsche Nachdichtung von Bruno Goetz. Nachwort von Fredi Chiappelli. 395 Seiten. Vergriffen.
Henry James · Meisternovellen
Aus dem Amerikanischen übertragen von Harry Kahn. Nachwort von Henry Lüdeke. 462 Seiten. *Inhalt:* Die Drehung der Schraube / Asperns Nachlaß. Vergriffen.
David Herbert Lawrence · Meisternovellen
Ausgewählt von Elisabeth Schnack. Aus dem Englischen übertragen von Elisabeth Schnack, Else Jaffe-Richthofen,

Ursula Müller und Karl Lerbs. Nachwort von Sir Herbert Read. 484 Seiten. *Inhalt:* Beim Heuen / Frühlingsschatten / Die Prinzessin / Sonne / Der Mann, der Inseln liebte / Der Schaukelpferd-Sieger / Die Jungfrau und der Zigeuner. Vergriffen.

Dmitrij Mamin-Ssibirjak · Die Priwalowschen Millionen
Roman. Aus dem Russischen übertragen und mit einem Nachwort versehen von Bruno Goetz. 831 Seiten. Vergriffen. 1984 in der Corona-Reihe.

Thomas Mofolo · Chaka der Zulu
Roman. Aus dem Englischen übertragen, herausgegeben und mit einem Nachwort versehen von Peter Sulzer. 268 Seiten mit 37 Illustrationen nach afrikanischen Motiven von Renzo Selmi. Vergriffen.

Michel de Montaigne · Essais
Ausgewählt, aus dem Französischen übertragen und mit einem Vorwort versehen von Herbert Lüthy. 904 Seiten.

Leo N. Tolstoi · Die Kosaken / Hadschi Murat
Zwei Romane aus dem Kaukasus. Herausgegeben und aus dem Russischen übertragen von Werner Bergengruen. 577 Seiten. Vergriffen.

1954

Die Erziehung des Henry Adams
Von ihm selbst erzählt. Aus dem Amerikanischen übertragen von J. Lesser. Nachwort von Karl Adalbert Preuschen. 812 Seiten. Vergriffen.

Louise von François · Frau Erdmuthens Zwillingssöhne
Roman. Vorwort von Emil Staiger. 503 Seiten. Vergriffen.

Nathaniel Hawthorne · Das Haus der sieben Giebel
Roman. Aus dem Amerikanischen übertragen von Harry Kahn. Nachwort von Heinrich Straumann. 542 Seiten. Vergriffen.

Eduard von Keyserling · Schwüle Tage
und andere Erzählungen. Nachwort von Otto Freiherr von Taube. 335 Seiten. *Inhalt:* Schwüle Tage / Nicky / Bunte Herzen. Vergriffen.

Wladimir Korolenko · Der Wald rauscht
und andere Erzählungen. Aus dem Russischen übertragen
und mit einem Nachwort versehen von Bruno Goetz. 364
Seiten. *Inhalt:* Der Traum Makars / Der blinde Musikus /
Der Wald rauscht.

Matéo Maximoff · Die Ursitory
Ein Zigeunerroman. Aus dem Französischen übertragen
von Walter Fabian. Nachwort von Karl Rinderknecht.
231 Seiten mit 44 Illustrationen von Hanny Fries.

Prosper Mérimée · Die Bartholomäusnacht
Roman. Aus dem Französischen übertragen von Alfred
Semerau. Nachwort von Maurice Rat. 375 Seiten. Ver-
griffen.

Antoine François Abbé Prévost · Manon Lescaut
Roman. Herausgegeben, aus dem Französischen übertragen und mit einem Nachwort versehen von Josef Hofmil-
ler. 364 Seiten mit 72 Illustrationen nach Tony Johannot.

Somerville und Ross · Die wahre Charlotte
Roman. Aus dem Englischen übertragen von Elisabeth
Schnack. Nachwort von Francis MacManus. 675 Seiten.
Vergriffen.

Anthony Trollope · Doktor Thorne
Roman. Aus dem Englischen übertragen von Harry
Kahn. Nachwort von Max Wildi. 774 Seiten. Vergriffen.

Wen Kang · Die schwarze Reiterin
Roman aus der Tsing-Zeit. Aus dem Chinesischen übertragen und mit einem Nachwort versehen von Franz
Kuhn. Mit 50 Illustrationen nach Holzschnitten der chinesischen Originalausgabe. 954 Seiten. Vergriffen.

Emile Zola · Die Meute
Roman. Aus dem Französischen übertragen und mit einem
Nachwort versehen von Felix Stössinger. 538 Seiten. Ver-
griffen.

1955

Martin Buber · Die Legende des Baalschem
326 Seiten. *Inhalt:* Hitlahawut: Von der Inbrunst / Awo-
da: Von dem Dienst / Kawwana: Von der Intention /
Schiflut: Von der Demut / Der Werwolf / Der Fürst des
Feuers / Die Offenbarung / Die Märtyrer und die Rache /

Die Himmelswanderung / Jerusalem / Saul und David /
Das Gebetbuch / Das Gesicht / Die vergessene Geschichte
/ Die niedergestiegene Seele / Der Psalmensager / Der
verstörte Sabbat / Bekehrung / Die Wiederkehr / Von
Macht zu Macht / Das dreimalige Lachen / Die Vogel-
sprache / Das Rufen / Der Hirt.

Deutsche Lyrik des Mittelalters

Ausgewählt und übertragen von Max Wehrli. 624 Seiten
mit 36 Illustrationen in Farbe aus der Manessischen Liederhandschrift.

Josef von Eichendorff · Erzählungen

Herausgegeben und mit einem Nachwort versehen von
Werner Bergengruen. 671 Seiten. *Inhalt:* Aus dem Leben
eines Taugenichts / Das Marmorbild / Geschichte des
Einsiedlers / Die Zauberei im Herbste / Das Schloß
Dürande / Die Entführung / Die Glücksritter / Geschichte
der wilden Spanierin / Kasperl und Annerl / Auch ich war
in Arkadien / Willibalds Erzählung / Die Harzreise der
Brüder Eichendorff / Der Adel und die Revolution /
Halle und Heidelberg.

**Josef von Eichendorff · Gedichte / Ahnung und
Gegenwart**

Herausgegeben und mit einem Nachwort versehen von
Werner Bergengruen. 665 Seiten. Vergriffen.

Thomas Hardy · Die Rückkehr

Roman. Aus dem Englischen übertragen von Elisabeth
Schnack. Nachwort von Richard Gerber. 630 Seiten. Vergriffen.

**Die schönsten Liebesgeschichten aus Tausendundeine
Nacht**

Ausgewählt, aus dem arabischen Urtext übertragen
und mit einem Nachwort versehen von Enno Littmann.
2 Bände mit 184 Illustrationen von Otto Bachmann.
Bd. 1: 514 Seiten. *Inhalt:* Die Geschichte vom König
Schehrijâr, seinem Bruder, König Schâhzamân, und der
Erzählerin Schehrezâd / Die Geschichte von dem Prinzen
Ahmed und der Fee Perî Banû / Die Geschichte von den
beiden Schwestern, die ihre jüngste Schwester beneideten
/ Die Geschichte von dem Schuhflicker Ma'rûf und seinem bösen Weibe / Die Erzählung von Tâdsch el-Mulûk
und der Prinzessin Dunja: dem Liebenden und der Gelieb-

ten, mit der Geschichte von 'Aziz und 'Aziza / Die Geschichte der Liebenden aus dem Stamme der 'Udhra / Eine andere Geschichte der Liebenden vom Stamme 'Udhra / Die Geschichte von dem Beduinen und seiner treuen Frau / Die Geschichte der Liebenden vom Stamme Taiji / Die Geschichte von den Liebenden zu Barta / Die Geschichte von Zain el-Asnâm. Bd. 2: 540 Seiten. *Inhalt:* Die Geschichte von Nûr ed-Dîn und Marjam der Gürtlerin / Die Geschichte des Prinzen Kamar ez-Zamân und der Prinzessin Budûr, mit der Geschichte von Ni'ma ibn er-Rabî und seiner Sklavin Nu'm / Die Geschichte von Nûr ed-Dîn 'Ali und Enîs el-Dschelîs / Die Geschichte von Ishâk von Mosul und dem Teufel / Die Geschichte der Liebenden von Medina / Die Geschichte von Ghânim ibn Aijûb, dem verstörten Sklaven der Liebe. Vergriffen.

Jonathan Swift · Gullivers Reisen
in verschiedene ferne Länder der Welt. Roman. Aus dem Englischen übertragen von Carl Seelig. Vorwort von Hermann Hesse. Nachwort von Hippolyte Taine. 516 Seiten mit 94 Holzschnitten von Grandville. Vergriffen.

Giovanni Verga · Meisternovellen
Aus dem Italienischen übertragen von Rolf Schott. Nachwort von Fredi Chiappelli. 336 Seiten. *Inhalt:* Die Wölfin / Grübelei / Heiligenkrieg / Gramignas Geliebte / Hochwürden / Das geistliche Schauspiel / Malaria / Ein Waisenkind / Die Habe / Hartes Brot / Jawohl, so ist der König / Kameraden / Der letzte Tag / Wanderleben / Der Todeskampf eines Dorfes / Papst Sixtus / Liebesleute / Der goldene Schlüssel / Die Jagd auf den Wolf. Vergriffen.

1956

Dmitrij Mamin-Ssibirjak · Gold
Roman. Aus dem Russischen übertragen von Anne Bock. Nachwort von Kurt Friedlaender. 528 Seiten. Vergriffen.

Herman Melville · Israel Potter
Roman. Aus dem Amerikanischen übertragen und mit einem Nachwort versehen von Walter Weber. 366 Seiten. Vergriffen.

Stratis Myrivilis · Die Madonna mit dem Fischleib
Roman. Aus dem Neugriechischen übertragen und mit
einem Nachwort versehen von Helmut von den Steinen.
426 Seiten. Vergriffen.

Maurice O'Sullivan · Inselheimat
Roman. Aus dem Englischen übertragen und mit einem
Nachwort versehen von Elisabeth Aman. 432 Seiten.
Vergriffen.

Robert Louis Stevenson · Die feindlichen Brüder
Roman. Aus dem Englischen übertragen und mit einem
Nachwort versehen von Richard Kraushaar. 401 Seiten.
Vergriffen.

Theodor Storm · Meistererzählungen
Auswahl und Nachwort von Wilhelm Lehmann, 808 Sei-
ten. *Inhalt:* Immensee / Auf dem Staatshof / Ein grünes Blatt
/ Unter dem Tannenbaum / Angelika / Im Sonnenschein /
Drüben am Markt / Der kleine Häwelmann / Im Saal /
Marthe und ihre Uhr / Der Amtschirurgus / Heimkehr /
Lena Wies / Von heut und ehedem / Beim Vetter Christian /
Carsten Curator / Der Herr Etatsrat / Der Schimmelreiter /
Die Söhne des Senators / Im Nachbarhause links.

Unheimliche Geschichten
Auswahl und Nachwort von Walther Meier. 584 Seiten.
Inhalt: E. T. A. Hoffmann «Die Bergwerke zu Falun» /
Heinrich v. Kleist «Das Bettelweib von Locarno» / Sir Wal-
ter Scott «Wander-Willies Erzählung» / Charles Dickens
«Das Signal» / Edgar Allan Poe «Ligeia» / Honoré de
Balzac «Die beiden Träume» / Alexander Puschkin «Der
Sargmacher» / Prosper Mérimée «Die Vision Karls XI.»
/ Iwan Turgenjew «Ein Traum» / A. K. Tolstoi «Die
Familie der Wurdalaken» / Jonas Lie «Das Seegespenst»
/ Allan Cunningham «Die verwunschenen Schiffe» /
J. Sheridan Le Fanu «Grüner Tee» / Auguste Villiers de
l'Isle-Adam «Der Mantel» / Guy de Maupassant «Der
Horla» / Thomas Hardy «Die drei Fremden» / Rudyard
Kipling «Die gespenstische Rikscha» / Walter de la Mare
«Seatons Tante» / W. W. Jacobs «Die Affenpfote» / Saki
«Die offene Tür».

Unter dem Kreuz des Südens
Erzählungen aus Mittel- und Südamerika. Herausgegeben
und mit einem Nachwort versehen von Albert Theile.

438 Seiten. *Inhalt:* Guillermo Enrique Hudson «Ein Ombú-Baum» / Eduardo Mallea «Die Rose von Cernobbio» / Jorge Luis Borges «Die Spur des Schwertes» / Ricardo Güiraldes «Der Spuk in der Felsspalte» / César Garizurieta «Der Mann mit der Weckeruhr» / Manuel Gutiérrez Nájera «Die Geschichte vom falschen Peso» / Ricardo Palma «Die drei Gründe des Richters» / Enrique López Albújar «Ushananjampi» / José Veríssimo «Tapuios Verbrechen» / José Bento de Monteiro Lobato «Der Estancia-Käufer» / Machado de Assis «Die Hochzeit des Luís Duarte» / Horacio Quiroga «Anaconda» / Carlos Samayoa Chinchilla «Der Zauberer von Chitzajay» / Francisco Antonio Gavidia «Die Wölfin» / José Maria Peralta «Eine reine Formalität» / Baldomero Lillo «Der Teufelsstollen» / Rómulo Gallegos «Die Einwanderer» / Carlos Salazar Herrera «Die Dürre» / Mariano Fiallos Gil «Unter dem Tropenregen» / Rubén Darío «Weiße Tauben und braune Reiher».

Voltaire · Candidus / Zadig / Treuherz
Drei Erzählungen. Aus dem Französischen übertragen von Albert Baur. Nachwort von Ernst Merian-Genast. 404 Seiten mit 37 Illustrationen von Hanny Fries.

Karl Friedrich Zelter · Selbstdarstellung
Ausgewählt und herausgegeben von Willi Reich. 433 Seiten. Vergriffen.

1957

Amerikanische Erzähler
Von Washington Irving bis Dorothy Parker. Herausgegeben und aus dem Amerikanischen übertragen von Elisabeth Schnack. 564 Seiten. *Inhalt:* Washington Irving «Rip van Winkle» / Nathaniel Hawthorne «Gevatter Braun» / Edgar Allan Poe «Der Goldkäfer» / Herman Melville «Bartleby» / Bret Harte «Das Glück von Roaring Camp» / Mark Twain «Der berühmte Hoppe-Frosch der Provinz Calaveras» / Stephen Crane «Im offenen Boot» / Ambrose Bierce «Am Himmel ein Reiter» / Henry James «Der Altar der Toten» / Willa Cather «So stand es mit Paul» / Edith Wharton «Die beiden Andern» / Stephen Vincent Benét «Der Teufel und Daniel Webster» / Sher-

wood Anderson «Der Tod im Walde» / Dorothy Parker «Große Blondine».

Amerikanische Erzähler

Von F. Scott Fitzgerald bis William Goyen. Herausgegeben und aus dem Amerikanischen übertragen von Elisabeth Schnack. 624 Seiten. *Inhalt:* F. Scott Fitzgerald «Die Kindergesellschaft» / Conrad Aiken «Leiser Schnee, heimlicher Schnee» / Ring Lardner «Das Liebesnest» / Katherine Anne Porter «Die Leiden unsrer Sterblichkeit» / James Farl Powers «Der alte Knabe» / William Carlos Williams «Nur mit Gewalt» / William Faulkner «Hand auf den Wassern» / Robert Penn Warren «Wenn das Licht grün wird» / Eudora Welty «Asphodill» / Caroline Gordon «Der Rote» / Ernest Hemingway «Ein sauberes, gutbeleuchtetes Café» / Carson McCullers «Ein häusliches Dilemma» / Jerome David Salinger «Hübscher Mund – grün meine Augen» / Paul Bowles «Unter dem Himmel» / Peter Taylor «Der Feldmeister» / Flannery O'Connor «Der Fluß» / Jean Stafford «Ein Sommertag» / John Steinbeck «Die Lopez-Schwestern» / Tennessee Williams «Sommerspiel zu dritt» / William Goyen «Geist und Fleisch, Wasser und Erde».

Johann Sebastian Bach

Leben und Schaffen. Eigene Aussagen, Berichte der Zeitgenossen, Bekenntnisse der Späteren. Herausgegeben von Willi Reich. 280 Seiten mit 4 zeitgenössischen Illustrationen.

Giovanni Boccaccio · Der Decamerone

Aus dem Italienischen übertragen von Gustav Diezel, überarbeitet von Paola Calvino. Nachwort von Horst Rüdiger. 2 Bände mit 120 Holzschnitten nach der venezianischen Ausgabe von 1492. Bd. 1: 679 Seiten. Bd. 2: 617 Seiten.

Daniel Defoe · Robinson Crusoe

Roman. Ungekürzte Ausgabe. Aus dem englischen Urtext übertragen und mit einem Nachwort versehen von Hans Reisiger. 566 Seiten mit 88 Holzschnitten von Grandville.

Nathaniel Hawthorne · Der scharlachrote Buchstabe

Roman. Aus dem Amerikanischen übertragen, herausgegeben und mit einem Nachwort versehen von Richard Mummendey. 439 Seiten.

Hölderlin und Diotima

Dichtungen und Briefe der Liebe. Herausgegeben von Rudolf Ibel. 315 Seiten mit 8 Illustrationen. Vergriffen.

Madame de La Fayette · Die Prinzessin von Clèves / Die Prinzessin von Montpensier

Zwei Romane. Aus dem Französischen übertragen von Ferdinand Hardekopf. Nachwort von Ernst Merian-Genast. 372 Seiten.

Tiergeschichten

Herausgegeben von Walther Meier. 522 Seiten. *Inhalt:* «Die dankbaren Tiere und der undankbare Mensch» (Indisches Märchen) / Rudyard Kipling «Die Katze, die für sich allein ging» / Iwan Turgenjew «Mumu» / Colette «Hunde und Katzen» / Alfred Polgar «Idyll» / Leo Tolstoi «Der Leinwandmesser» / Anton Tschechow «Kaschtanka» / Giovanni Verga «Der Esel des heiligen Josef» / Johann Peter Hebel «Der Star von Segringen» / Grazia Deledda «Das Wildschweinchen» / Werner Bergengruen «Die Zigeuner und das Wiesel» / Mechtilde Lichnowsky «Tierklub in Monte Carlo» / «Eine seltsame Karpfengeschichte» (Chinesisches Märchen) / Gaston Chéreau «Die Wildkatze» / Guy de Maupassant «Liebe» / Alexander L. Kielland «Der alte Rabe» / Konstantin Fedin «Der Igel» / Pentti Haanpää «Eine Kranich-Geschichte» / Peter Altenberg «Die Biberratte» / Jules Renard «Die Kröte» / Louis Pergaud «Reinekes Tragödie» / Fabio Tombari «Der Pinguin» / Nikolaj Lesskow «Das Tier» / Johannes v. Jensen «Der Monsun» / Rudyard Kipling «Toomai, der Liebling der Elefanten» / Horacio Quiroga «Anacondas Kreuzzug» / «Die Geschichte von den Tieren und dem Menschen» (Aus 1001 Nacht).

Wisramiani

oder Die Geschichte der Liebe von Wis und Ramin. Aus dem Georgischen übertragen und mit einem Nachwort versehen von Ruth Neukomm und Kita Tschenkéli. 221 Seiten mit Buchschmuck nach georgischen Motiven von Ruth Neukomm.

Arabische und abessinische Dichtungen
Herausgegeben, übertragen und mit einem Nachwort
versehen von Enno Littmann. 199 Seiten. Vergriffen.

Herman Bang · Das weiße Haus / Das graue Haus
Zwei Romane. Aus dem Dänischen übertragen und mit
einem Nachwort versehen von Walter Boehlich. 435 Seiten. Vergriffen.

Clemens Brentano · Gedichte / Erzählungen / Märchen
Auswahl und Nachwort von Otto Heuschele. 512 Seiten.
Inhalt: Gedichte / Geschichte vom braven Kasperl und
dem schönen Annerl / Die mehreren Wehmüller und die
ungarischen Nationalgesichter / Die drei Nüsse / Das
Märchen von Gockel und Hinkel / Das Märchen von den
Märchen oder Liebseelchen / Das Märchen von dem
Myrtenfräulein / Das Märchen von dem Witzenspitzel /
Das Märchen vom Rosenblättchen. Vergriffen.

Carl J. Burckhardt · Begegnungen
416 Seiten. *Inhalt:* Erinnerungen an den Rhein / Werner
Zuberbühler / Erinnerungen an Wien 1918–1919 / Erin-
nerung an Hugo von Hofmannsthal / Spaziergang mit
François Franzoni / Erinnerungen an jungverstorbene
Freunde / Pilecki / Erinnerungen an Osteuropa / Dinu
Lipatti / De Lattre de Tassigny / Erinnerung an Paul
Claudel / Begegnung mit Ortega y Gasset / Erinnerung
an Werner Reinhart / Begegnung mit Theodor Heuss /
Bei Betrachtung von Desmoulins' Denkmal / Fortuna /
Begegnung mit einem Kind / Zwerg. Vergriffen.

Das Buch des Dede Korkut
Ein Nomadenepos aus türkischer Frühzeit. Aus dem
Oghusischen übertragen und mit einem Nachwort versehen von Joachim Hein. 368 Seiten mit Buchschmuck
nach frühanatolischen Motiven von Paula Hein.

George Eliot · Silas Marner
Die Geschichte des Webers von Raveloe. Roman. Aus
dem Englischen übertragen von Kuno Weber. Nachwort
von Richard Gerber. 415 Seiten.

William Henri Hudson · Rima
Geschichte einer Liebe aus dem Tropenwald. Roman.
Aus dem Englischen übertragen von Kuno Weber. Mit

einem Geleitwort von John Galsworthy. 505 Seiten. Vergriffen.

Jean Paul · Leben Fibels
des Verfassers der bienrodischen Fibel. Herausgegeben und mit einem Nachwort versehen von Eduard Berend. 429 Seiten mit 24 Illustrationen in Farbe. Vergriffen.

Enrique Larreta · Don Ramiro
Ein Roman aus dem Spanien Philipps des Zweiten. Aus dem Spanischen übertragen von Mario Spiro. Nachwort von Eva Salomonski. 487 Seiten. Vergriffen.

Spanische Erzähler
aus dem 14. bis 17. Jahrhundert. Herausgegeben und mit einem Nachwort versehen von Albert Theile. 422 Seiten. *Inhalt:* Don Juan Manuel aus «Conde Lucanor» / Miguel de Cervantes Saavedra «Die Macht des Blutes» / Anonym «Lazarillo de Tormes» / Lope Félix de Vega Carpio «Eifersucht bis in den Tod» / Anonym «Der Alcalde von Alora und der Abencerraje» / Tirso de Molina «Die drei gefoppten Ehemänner» / Alonso de Castillo Solórzano «Liebe siegt über das Blut» / María de Zayas y Sotomayor «Die Strafe des Geizes» / Juan Pérez de Montalbán «Unverhofft kommt oft» / Isidro de Robles «Studentenglück». Vergriffen.

Spanische Erzähler
des 19. und 20. Jahrhunderts. Herausgegeben und mit einem Nachwort versehen von Albert Theile. 567 Seiten. *Inhalt:* Ramón de Mesonero Romanos «Eine Nachtwache» / Juan Eugenio Hartzenbusch «Doña Mariquita, die Kahle» / Juan Valera «Der grüne Vogel» / Pedro A. de Alarcón «Der Dreispitz» / Gustavo Adolfo Bécquer «Meister Pérez, der Organist» / Benito Pérez Galdós «Der Ochse und der Esel» / Emilia Pardo Bazán «Der Blutstropfen» / Leopoldo Alas (Clarín) «Die beiden Gelehrten» / Armando Palacio Valdés «Ein Interview mit Prometheus» / Blanca de los Ríos y Nostench «Der Spiegel» / Miguel de Unamuno «Ein ganzer Mann» / Vicente Blasco Ibáñez «Zwei Fliegen auf einen Schlag» / Ramón del Valle-Inclán «Furcht» / Pío Baroja «Elizabide» / José Martínez Ruíz (Azorín) «Ein Brief aus Spanien» / Ramón Pérez de Ayala «Das Sonntagslicht». Vergriffen.

Robert Louis Stevenson · Meistererzählungen

Aus dem Englischen übertragen von Alastair. Nachwort von Richard Kraushaar. 494 Seiten. *Inhalt:* Bourgeois und Bohemien / Unterkunft für die Nacht / Der Schatz von Franchard / Olalla / Markheim / Der Flaschendämon / Dr. Jekyll und Mr. Hyde.

1959

Achim von Arnim · Isabella von Ägypten

und andere Erzählungen. Herausgegeben und mit einem Nachwort versehen von Walther Migge. 600 Seiten mit 80 Illustrationen von Fritz Fischer. *Inhalt:* Isabella von Ägypten / Mistris Lee / Frau von Saverne / Der tolle Invalide auf dem Fort Ratonneau / Die Majoratsherren / Owen Tudor / Holländische Liebhabereien.

George Borrow · Lavengro

Roman. Aus dem Englischen übertragen und mit einem Nachwort versehen von Fritz Güttinger. 583 Seiten. Vergriffen.

Frédéric Chopin

Briefe und Dokumente. Herausgegeben von Willi Reich. 327 Seiten mit 8 Illustrationen.

Alphonse Daudet · Meistererzählungen

Aus dem Französischen übertragen von Bernhard Jolles. Nachwort von Elisabeth Brock-Sulzer. 324 Seiten mit 17 Illustrationen von Charles Bardet. *Inhalt:* Seguins Ziege / Die Arlesierin / Das Maultier des Papstes / Der Todeskampf der «Sémillante» / Der Pfarrer von Cucugnan / Der Tod des Dauphins / Die drei stillen Messen / Die zwei Herbergen / Das Elixier des ehrwürdigen Paters Gaucher / Die «Belle-Nivernaise» / Die letzte Stunde / Die Billardpartie / Die Belagerung von Berlin / Die erregenden Abenteuer eines Rebhuhns / Die Feige und der Faulpelz / Meister Cornilles Geheimnis / Der Unterpräfekt in der Natur / Chapatin, der Löwenjäger / Familie Joyeuse.

Iwan Gontscharow · Die Schlucht

Roman. Mit einem Anhang: «Lieber später als nie». Aus dem Russischen übertragen von August Scholz. Corona-Reihe. 1260 Seiten. Vergriffen.

Maxim Gorki · Meisternovellen

Aus dem Russischen übertragen und mit einem Nachwort versehen von Anne Bock. 432 Seiten. *Inhalt:* Konowalow / Die Entdeckung / Die Geschichte mit dem Silberschloß / Jahrmarkt in Goltwa / Aus Langeweile / Malwa / Blasen / Heiligabend / Der Fremdenführer / Das blaue Leben.

Božena Němcová · Die Großmutter

Eine Erzählung aus dem alten Böhmen. Aus dem Tschechischen übertragen und mit einem Nachwort versehen von Hanna und Peter Demetz. 444 Seiten.

Nizami · Die sieben Geschichten der sieben Prinzessinnen

Aus dem Persischen übertragen und mit einem Nachwort versehen von Rudolf Gelpke. 301 Seiten mit 12 persischen Miniaturen in Farbe.

William Thackeray · Jahrmarkt der Eitelkeit

Roman. Ungekürzte Ausgabe. Aus dem Englischen übertragen von Elisabeth Schnack. Nachwort von Max Wildi. Corona-Reihe. 1156 Seiten, 188 Illustrationen des Autors.

1960

Apulejus · Der goldene Esel

Roman. Aus dem Lateinischen übertragen von August Rode. Herausgegeben und mit einem Nachwort versehen von Horst Rüdiger. 564 Seiten mit 107 Illustrationen von Hans Erni.

Antonio Medíz Bolio · Legenden der Maya

Das Land des Fasans und des Hirsches. Aus dem Spanischen übertragen von Hans Boelicke und Fritz Kalmar. Vorwort von Alfonso Reyes; Nachwort von Kurt Pahlen. 270 Seiten mit 120 Illustrationen nach Motiven aus einer Maya-Handschrift. Vergriffen.

Goldjunker Sung

und andere Novellen aus dem Kin Ku Ki Kwan. Aus dem Chinesischen übertragen von Franz Kuhn. 368 Seiten. *Inhalt:* Goldjunker Sung / Der kleine Detektiv / Fräulein Doktor / Eine pietätvolle Tochter / Die Dame Tschao Hsiän macht listig ein Dutzend gelbe Mandarinen zum Geschenk. Vergriffen.

Iwan Gontscharow · Eine alltägliche Geschichte / Oblomow
Zwei Romane. Aus dem Russischen übertragen von Fega Frisch und Clara Brauner. Corona-Reihe. 1066 Seiten. Vergriffen.

Knut Hamsun · Mysterien
Roman. Aus dem Norwegischen übertragen von J. Sandmeier. Nachwort von Edzard Schaper. 515 Seiten. Vergriffen.

Maurische Novellen
Herausgegeben und mit einem Vorwort versehen von Arnald Steiger. 367 Seiten. *Inhalt:* Jorge de Montemayor «Die Erzählung Abindarráez und Jarifa» / Pérez de Hita «Die Geschichte des Tuzaní» / Mateo Alemán «Geschichte des Liebespaares Ozmín und Daraja» / Cervantes «Die Geschichte des Sklaven» / Alonso de Castillo Solórzano «Xarife und Zoraida». Vergriffen.

Gérard de Nerval · Aurelia
und andere Erzählungen. Aus dem Französischen übertragen von Eva Rechel. Nachwort von Hans Staub. 637 Seiten. Inhalt: Sylvia / Octavia / Pandora / Aurelia / Isis / Corilla / Der Marquis von Favolle. Vergriffen.

Jules Renard · Naturgeschichten
Aus dem Französischen übertragen von Kuno Weber. Nachwort von Wilhelm Lehmann. 238 Seiten mit 68 Illustrationen von Pierre Bonnard. Vergriffen.

Jean-Jacques Rousseau · Selbstbildnis
Herausgegeben und mit einem Vorwort versehen von Ferdinand Lion. 726 Seiten. Vergriffen.

Fjodor Ssologub · Meisternovellen
Aus dem Russischen übertragen von Alexander Eliasberg. Nachwort von Friedrich Schwarz. 383 Seiten. *Inhalt:* Der Kuß des Ungeborenen / Schatten / Der Stachel des Todes / Raja / In der Menge / Die weiße Birke / Der Weg nach Emmaus / Die trauernde Braut / Die klugen Jungfrauen / Der Weg nach Damaskus. Vergriffen.

Carl J. Burckhardt · Gestalten und Mächte
528 Seiten. *Inhalt:* Erasmus von Rotterdam / Willibald
Pirkheimer / Calvin und die theokratische Staatsform /
Gedanken über Karl V. / Sullys Plan einer Europaord-
nung / Ludwig XIV. und die Kaiserkrone / Maria There-
sia / Friedrich von Gentz / Der Honnête Homme / Städte-
geist / Zur Geschichte der politischen Leitworte / Gedanken über Goethes Idee der Gerechtigkeit / Franz Grillparzer / Der treue Hebel.

Samuel Butler · Erewhon
Roman. Aus dem Englischen übertragen und mit einem
Nachwort versehen von Fritz Güttinger. 397 Seiten. Ver-
griffen.

**Alonso de Contreras · Das Leben des Capitán Alonso
de Contreras**
Von ihm selbst erzählt. Aus dem Spanischen übertragen
von Arnald Steiger. Vorwort von José Ortega y Gasset.
398 Seiten. Vergriffen.

Charles Dickens · David Copperfield
Roman. Aus dem Englischen übertragen von Carl Kolb.
Nachwort von Henri Petter. Corona-Reihe. 1199 Seiten
mit allen 40 Illustrationen der Originalausgabe.

Sarah Orne Jewett · Das Land der spitzen Tannen
Roman. Aus dem Amerikanischen übertragen und mit
einem Nachwort versehen von Elisabeth Schnack. 379
Seiten mit 32 Illustrationen von Hanny Fries. Vergriffen.

Lancelot und Ginevra
Ein Liebesroman am Artushof. Den Dichtern des Mittel-
alters nacherzählt und mit einem Nachwort versehen von
Ruth Schirmer. 491 Seiten mit 24 Illustrationen nach
Miniaturen aus einer Handschrift des 13. Jahrhunderts,
davon 12 in Farbe.

George Meredith · Richard Feverel
Eine Geschichte von Vater und Sohn. Roman. Aus dem
Englischen übertragen und mit einem Nachwort ver-
sehen von Richard Kraushaar. 855 Seiten. Vergriffen.

Benito Pérez Galdós · Fortunata und Jacinta
Roman. Aus dem Spanischen übertragen von Kurt Kuhn.
Nachwort von Arnald Steiger. Corona-Reihe. 1286 Seiten.

Persische Meistererzähler der Gegenwart
Ausgewählt, aus dem Persischen übertragen und mit
einer Einleitung versehen von Rudolf Gelpke. 409 Seiten.
Inhalt: Seijed M. A. Dschamalzadeh «Die fünf Herren von
der Bauchsippe», «Freundschaft mit dem Bär» / Sadegh
Hedajat «Dasch Akol», «Hund ohne Herr», «Die Puppe
hinter dem Vorhang» / Seijed Abu 'l-Qasem Endschawi
«Reise ins Schweigen» / Rasul Parwizi «Die Geschichte
meiner Brille» / Mohammad Hedschazi «Baba Kuhi» /
Sa'id Nafisi «Vaterhaus» / Darjusch Siassi «Der Mann,
der seinen Freund nicht kannte» / Ibrahim Schokurzadeh
«So kommt man zur Welt» / Haschem Qandaharijan
«Unser Leben auf der Leinwand» / Schin Partu «Durch
diese oder jene Tür» / Mahdi Hamidi «Fateme» / Bozorg
Alawi «Totentanz». Vergriffen.

Russische Liebesgeschichten
Herausgegeben von Alexander Eliasberg. 552 Seiten.
Inhalt: Alexander Puschkin «Der Schneesturm» / Nikolai
Gogol «Die Mainacht oder die Ertrunkene» / Iwan Tur-
genjew «Klara Militsch» / Anton Tschechow «Ein Mal-
heur» / Fjodor Ssologub «Die trauernde Braut» / Maxim
Gorki «Einst im Herbst» / Iwan Bunin «Natalie» / Leonid
Andrejew «Der Abgrund» / Iwan Schmeljow «Ich bin
deine Frau» / Michail Kusmin «Der Entschluß Anna
Meiers» / Alexej Remisow «Prinzessin Mymra» / Konstan-
tin Paustowskij «Morgendämmerung im Regen» / Boris
Lawrenjew «Der Einundvierzigste».

Stendhal · Die Cenci
und andere Erzählungen. Ausgewählt und aus dem Französischen übertragen von Eva Rechel. Nachwort von Karl
August Horst. 637 Seiten. *Inhalt:* Die Cenci / Vittoria
Accoramboni / Die Herzogin von Palliano / San Francesco
a Ripa / Die Äbtissin von Castro / Vanina Vanini / Erinnerungen eines italienischen Edelmanns / Die Truhe und das
Gespenst / Der Liebestrank / Philibert Lescale / Ernestine.

1962

George Eliot · Middlemarch
Roman. Aus dem Englischen von Ilse Leisi. Nachwort
von Max Wildi. Corona-Reihe. 1148 Seiten. Vergriffen.

Gobineau · Asiatische Novellen

Aus dem Französischen übertragen von N. O. Scarpi. Nachwort von Jean Mistler. 485 Seiten. *Inhalt:* Die Tänzerin von Schamakha / Der große Magier / Die Geschichte des Gamber-Ali / Der Turkmenenkrieg / Die Liebenden von Kandahar. Vergriffen.

Joseph Haydn

Chronik seines Lebens in Selbstzeugnissen. Herausgegeben von Willi Reich. 352 Seiten mit 8 Illustrationen. Vergriffen.

Helden-, Höllenfahrts- und Schelmengeschichten der Mongolen

Aus dem Mongolischen übertragen und mit einem Vorwort versehen von Walther Heissig. 313 Seiten mit 47 Illustrationen, davon 3 in Farbe.

Manólis Karagatsis · Der Vogt von Kastrópyrgos

Roman. Aus dem Neugriechischen übertragen von Nestor Xaidis. Nachwort von Michael Rethis. 344 Seiten. Vergriffen.

Michajlo Kozjubynskyj · Fata Morgana

und andere Erzählungen. Aus dem Ukrainischen übertragen und mit einem Nachwort versehen von Anna-Halja Horbatsch. 438 Seiten. *Inhalt:* Fata Morgana / Die Rache / Teuer erkauft / Das Lachen / Die Hexe / In den Fesseln des Versuchers. Vergriffen.

Maria in Dichtung und Deutung

Eine Auswahl. Herausgegeben von Otto Karrer. 426 Seiten mit 12 Illustrationen in Farbe nach Miniaturen von Jean Fouquet. Vergriffen.

Psalterium profanum

Weltliche Gedichte des lateinischen Mittelalters. Lateinisch-deutsch. Herausgegeben und eingeleitet von Josef Eberle. 590 Seiten mit 12 Holzstichen von Andreas Brylka. Vergriffen.

Mihail Sadoveanu · Ankutzas Herberge

und andere Erzählungen. Aus dem Rumänischen übertragen von Erich Hoffmann. Nachwort von Tudor Vianu. 529 Seiten. *Inhalt:* Ankutzas Herberge / Der Valinaskolk / Bojarensünde / Werke der Nächstenliebe / Imkerei von Anno dazumal / Wie Ion Doru gestorben ist / In Coltuns Herberge lebte ein Mann mit kummervollen Augen /

Neculai und sein Freund / Der Blinde / Sommersonnen-
wende.

Anton Tschechow · Das Duell
und andere Novellen. Herausgegeben, aus dem Russischen übertragen und mit einem Nachwort versehen von
Anne Bock. 496 Seiten. *Inhalt:* Feinde / Der Brief / Eine
peinliche Geschichte / Das Duell / Der Literaturlehrer /
Weiberregiment / Seelchen / Der Bischof.

1963

Beethoven
Seine geistige Persönlichkeit im eigenen Wort. Herausgegeben von Willi Reich. 278 Seiten mit 10 Illustrationen.

Björnstjerne Björnson · Meisternovellen
Herausgegeben und aus dem Norwegischen übertragen
von August Scholz. Nachwort von Friedrich Ege. 648
Seiten. *Inhalt:* Synnöve Solbakken / Arne / Treue / Ge-
fährliche Freite / Der Bärenjäger / Der Adlerhorst / Eisenbahn und Friedhof / Das Hochzeitslied / Ein fröhlicher
Bursch. Vergriffen.

Dante Alighieri · Die göttliche Komödie
Aus dem Italienischen übertragen von Ida und Walther
von Wartburg. Kommentiert von Walther von Wartburg.
1200 Seiten mit 48 Illustrationen von Gustave Doré.

José Maria Eça de Queiroz · Stadt und Gebirg
Roman. Aus dem Portugiesischen übertragen und mit
einem Nachwort versehen von Curt Meyer-Clason. 396
Seiten.

Antonio Fogazzaro · Entschwundene kleine Welt
Roman. Aus dem Italienischen übertragen von Laura M.
Gutkind. Nachwort von Adriano Soldini. 596 Seiten.
Vergriffen.

Japanische Jahreszeiten
Tanka und Haiku aus dreizehn Jahrhunderten. Aus dem
Japanischen übertragen und mit einem Nachwort versehen von Gerolf Coudenhove. 408 Seiten mit 90 Tuschzeichnungen japanischer Künstler.

Heinrich von Kleist · Erzählungen und Anekdoten
Herausgegeben und mit einem Nachwort versehen von
Otto Heuschele. 500 Seiten. *Inhalt:* Michael Kohlhaas /

Die Marquise von O. / Das Erdbeben in Chili / Die
Verlobung in St. Domingo / Das Bettelweib von Locarno
/ Der Findling / Die heilige Cäcilie / Der Zweikampf /
Anekdoten.

Michail J. Lermontow · Ein Held unserer Zeit
Roman. Mit einem Anhang: «Skizzen, Fragmente, Aufzeichnungen». Herausgegeben, aus dem Russischen übertragen und mit einem Nachwort versehen von Erich
Müller-Kamp. 451 Seiten. Vergriffen.

Guy de Maupassant · Fünfzig Novellen
Ausgewählt und aus dem Französischen übertragen von
N. O. Scarpi. Nachwort von Josef Halperin. 682 Seiten.
Inhalt: Boule de Suif / Öffentliche Meinung / An einem
Frühlingsabend / Strandgut / Mademoiselle Fifi / Ein
Weihnachtsabend / Der Blinde / Magnetismus / Begeg-
nung / Die Totenwache / Beichte einer Frau / Ein Staats-
streich / Hochzeitsreise / Eine Million / Meine Frau /
Menuett / Die Schmuckstücke / Der Ersatzmann / Zwei
Freunde / Das verfluchte Brot / Der Fall der Madame
Luneau / Mein Onkel Jules / Der Schnurrbart / Andrés
Krankheit / Freund Patience / Das rote Band / Der Vater /
Der Rächer / Monsieur Jocaste / Die Hand / Protektion /
Das Halsband / Das Fäßchen / Das Bett 29 / Erinnerun-
gen / Das Vermächtnis / Toine / Brief eines Wahnsinni-
gen / Vater Mongilet / Die kleine Rocque / Nachher / Im
Wald / Mademoiselle Perle / Der Marquis de Fumerol /
Liebe / Rosalie Prudent / Der Tugendpreisträger Madame
Hussons / Die fünfundzwanzig Francs der Oberin /
Scheidung / Die Maske.

Nizami · Leila und Madschnun
Roman. Aus dem Persischen übertragen und mit einem
Nachwort versehen von Rudolf Gelpke. 340 Seiten mit
persischen Miniaturen in Farbe.

1964

Carl J. Burckhardt · Betrachtungen und Berichte
464 Seiten. *Inhalt:* Heimat / Europäische Konstanten /
Völkerpersönlichkeit und Sprache / Schillers Mut / Kalter
Krieg im 17. Jahrhundert / Wiederaufnahme einer alten
Arbeit / Richelieus Ende / Jacques Barthélemy Micheli du

Crest / Metternichs Maximen / Eine Bestattungsfeier / Theodor Heuss / Karl Blechen / Rodin / Ein Vormittag beim Buchhändler / Flüchtigste Begegnung / Begegnung mit Musil in Genf / Erinnerungen an Auguste Piccard / Gespräch in Peking / Gespräche in Cressier / Am Grabe Rudolf Alexander Schröders / Annette Kolb.

Fjodor M. Dostojewski · Die Brüder Karamasow
Roman. Aus dem Russischen übertragen von Reinhold von Walter. Nachwort von Fedor Stepun. Corona-Reihe. 1236 Seiten.

Englische Erzähler
Von Daniel Defoe bis Oscar Wilde. Herausgegeben von Richard Kraushaar. 674 Seiten. *Inhalt:* Thomas Deloney «Sir Simon Eyer» / Daniel Defoe «Der rechtmäßige Erbe» / Mary Ann Lamb «Mein Onkel, der Seemann» / Sir Walter Scott «Die beiden Treiber» / Jane Austen «Lady Susan» / Thomas de Quincey «Die wehrhafte Nonne» / Thomas Hood «Aus den Tagen der großen Pest» / John Mackay Wilson «Grizel Cochrane» / Elizabeth Cleghorn Gaskell «Ein Held» / William Makepeace Thackeray «Blaubarts Geist» / Charles Dickens «Familie Tuggs an der See» / George Eliot «Bruder Jakob» / William Wilkie Collins «Ein sehr sonderbares Bett» / Robert Louis Stevenson «Das Tor des Sire de Malétroit» / George Gissing «Die Lüge des Herrn Tymperley» / Oscar Wilde «Der Modellmillionär».

Englische Erzähler
Von George Meredith bis Evelyn Waugh. Herausgegeben von Richard Kraushaar. 668 Seiten. *Inhalt:* George Meredith «General Ople und Lady Camper» / Mark Rutherford «Ein geheimnisvolles Porträt» / Thomas Hardy «Tragödie zweier Ehrgeiziger» / Joseph Conrad «Die Lagune» / Arthur Conan Doyle «Wie Brigadier Gerard den Fuchs erlegte» / Anthony Hope «Der Prinzgemahl» / Arthur Thomas Quiller-Couch «Das Weihnachtsfest des Obersten Baigent» / Rudyard Kipling «Lispeth» / Arnold Bennett «Der Löwenanteil» / John Galsworthy «Der Mann, der Form wahrte» / Walter de la Mare «Das Meisterstück» / W. Somerset Maugham «Auf vorgeschobenem Posten» / P. G. Wodehouse «Lord Emsworth und seine Freundin» / Virginia Woolf «Die Herzogin und der

Juwelier» / Hugh Walpole «Die Junggesellen» / D.H. Lawrence «Der Zweitbeste» / Stacy Aumonier «Miss Bracegirdle tut ihre Pflicht» / Katherine Mansfield «Die kleine Gouvernante» / Aldous Huxley «Das Bankett für Tillotson» / Graham Greene «Der Kellerraum» / Evelyn Waugh «Kleiner Abendspaziergang».

Gobineau · Die Plejaden
Roman. Aus dem Französischen übertragen von Eva Rechel. Nachwort von Jean Mistler. 580 Seiten. Vergriffen.

Hebräische Erzähler der Gegenwart
Herausgegeben, aus dem Hebräischen übertragen und mit einem Nachwort versehen von Jacob Mittelmann. 524 Seiten. *Inhalt:* S. J. Agnon «Ido und Enam» / Ascher Barasch «Er blieb in Toledo» / Meïr Seco «Die Mär von Rehussawa» / Chajim Hasas «Die Wiederverkörperung» / Dewora Baron «Siwa» / Jizchak Schenhar «Die gute Hoffnung» / Moscheh Schamir «Doktor Schmidt» / Jehuda Jaari «Peter Schlemihl fand einen Schatten» / Jehoschua Barjossef «Die Mutter» / S. Jishar «Der alte Abramowitsch» / Aharon Megged «Wohltätiger Regen» / S. J. Agnon «Aus Feind ward Freund». Vergriffen.

Frank Norris · Heilloses Gold
Roman. Aus dem Amerikanischen übertragen und mit einem Nachwort versehen von Fritz Güttinger. 536 Seiten. Vergriffen.

Benito Pérez Galdós · Amigo Manso
Roman. Aus dem Spanischen übertragen von Kurt Kuhn. Nachwort von Christoph Eich. 528 Seiten.

Charles Sealsfield · Die weiße Rose
Roman. Nachwort von Heinz Helmerking. 709 Seiten. Vergriffen.

1965

Hans Christian Andersen · Der Improvisator
Roman. Nach der vom Verfasser selbst besorgten deutschen Ausgabe, redigiert von A. Wildermann. Nachwort von Willi Reich. 570 Seiten mit 24 Illustrationen von Hanny Fries. Vergriffen.

Deutsche Dichtermärchen

Von Goethe bis Kafka. Auswahl und Nachwort von Arthur Häny. 780 Seiten mit 60 Illustrationen von Marieluise Häny. *Inhalt:* Johann Wolfgang Goethe «Die neue Melusine» / Heinrich Zschokke «Der Blondin von Namur» / Novalis «Hyazinth und Rosenblütchen» / Ludwig Tieck «Der blonde Eckbert» / E. T. A. Hoffmann «Die Bergwerke zu Falun» / Friedrich de la Motte-Fouqué «Undine» / Clemens Brentano «Das Märchen von dem Baron Hüpfenstich» / Adalbert von Chamisso «Peter Schlemihls wundersame Geschichte» / Wilhelm Hauff «Der Zwerg Nase» / Eduard Mörike «Historie von der schönen Lau» / Gottfried Keller «Spiegel, das Kätzchen» / Richard von Volkmann-Leander: Vier kurze Märchen aus den «Träumereien an französischen Kaminen» / Hugo von Hofmannsthal «Das Märchen von der verschleierten Frau» / Alfred Döblin «Die Helferin» / Franz Kafka «Der Kübelreiter», «Die Sorge des Hausvaters», «Der Jäger Gracchus».

Joris-Karl Huysmans · Gegen den Strich

Roman. Aus dem Französischen übertragen von Hans Jacob. Mit einem Vorwort von Robert Baldick und einem Essay von Paul Valéry. 374 Seiten. Vergriffen.

Gespräche mit Komponisten

Von Gluck bis zur Elektronik. Herausgegeben von Willi Reich. 362 Seiten. *Inhalt:* Christoph Willibald Gluck / Joseph Haydn / Wolfgang Amadeus Mozart / Carl Ditters von Dittersdorf / Carl Friedrich Zelter / Ludwig van Beethoven / Carl Maria von Weber / Franz Schubert / Albert Lortzing / Luigi Cherubini und Hector Berlioz / Frédéric Chopin / Felix Mendelssohn / Robert Schumann / Franz Liszt / Bedřich Smetana / Gioacchino Rossini / Richard Wagner und Giuseppe Verdi / Anton Bruckner / Johannes Brahms / Antonín Dvořák / Peter Iljitsch Tschaikowsky / Hugo Wolf / Gustav Mahler / Max Reger / Giacomo Puccini / Richard Strauss / Leoš Janáček / Claude Debussy / Arnold Schönberg / Anton Webern / Alban Berg / Maurice Ravel / Igor Strawinsky / Othmar Schoeck / Ernst Krenek / Frank Martin / Arthur Honegger / Paul Hindemith / Darius Milhaud / Carl Orff / Boris Blacher / Olivier Messiaen / Rolf Liebermann / Gottfried von Einem / Heinrich Sutermeister und Pierre Boulez / Hans Werner Henze / Herbert Eimert. Vergriffen.

Jean de La Fontaine · Hundert Fabeln

Aus dem Französischen übertragen von Hannelise Hinderberger und N. O. Scarpi. Nachwort von Theophil Spoerri. 272 Seiten mit 100 Illustrationen von Gustave Doré. *Inhalt:* Der Reiher / Die Ohren des Hasen / Der Hirte und seine Herde / Die Katze und die Ratte / Die Geier und die Tauben / Das Huhn mit den goldenen Eiern / Der Schwan und der Koch / Der Hahn und die Perle / Der Wolf und der Hund / Der Hase und die Schildkröte / Als die Färse, die Ziege und das Schaf sich dem Löwen gesellten / Die Auster und die Streitenden / Die Katze und eine alte Ratte / Der Hahn und der Fuchs / Der Hase und die Frösche / Der Fuchs und der Ziegenbock / Das Pferd und der Wolf / Der Hund, der um des Spiegelbildes willen seine Beute fallen läßt / Der Esel, beladen mit Schwämmen, und der Esel, beladen mit Salz / Der Landmann und die Schlange / Der Greis und der Esel / Die beiden Hähne / Der Landmann und seine Söhne / Der Adler und der Käfer / Der vielköpfige und der vielschwänzige Drache / Die Fledermaus und die beiden Wiesel / Der Adler und die Eule / Der Hirsch, der sich im Wasser spiegelte / Der Narr und der Weise / Der Tod und der Holzsammler / Die Sonne und die Frösche / Der von einem Pfeil verwundete Vogel / Die Schildkröte und die beiden Enten / Der Bettelsack / Der Fuchs, der Wolf und das Pferd / Der Hirte und der Löwe / Der Fuchs, die Fliegen und der Igel / Die Taube und die Ameise / Der Knabe und der Schulmeister / Das Kamel und das Treibholz / Der vom Menschen erlegte Löwe / Die Eichel und der Kürbis / Die beiden Freunde / Die Katze, das Wiesel und der kleine Hase / Die Ratte, die sich von der Welt zurückzog / Die beiden Stiere und der Frosch / Der Weih und die Nachtigall / Die Diebe und der Esel / Der festgefahrene Kärrner / Der Geizige, der seinen Schatz verlor / Der Bär und die beiden Kumpane / Der Esel und seine Herren / Die Hündin und ihre Gefährtin / Der Ratten Ratsversammlung / Das Leichenbegängnis der Löwin / Der Wolf, der zum Schäfer wurde / Der junge Hahn, die Katze und das Mäuschen / Die Wölfe und die Schafe / Der

307

Adler, die Wildsau und die Katze / Der Fuchs, der Affe
und die Tiere / Der Rabe, der den Adler nachahmen
wollte / Die Grille und die Ameise / Der Bauer, der Hund
und der Fuchs / Der Hof des Löwen / Der Esel und der
Hund / Das Schwein, die Ziege und das Schaf / Die
Frösche, die einen König haben wollten / Der Falke und
der Kapaun / Der Fuchs und die Trauben / Der Wolf und
das Lamm / Der Pfau beklagt sich bei Juno / Der Rabe
und der Fuchs / Die Löwin und der Bär / Die Maus und
der Elefant / Der Esel im Löwenfell / Die beiden Ziegen /
Die Kutsche und die Fliege / Das Maultier, das sich seiner
Herkunft rühmte / Der Mensch und das hölzerne Götzen-
bild / Das Rebhuhn und die Hähne / Der Löwe und der
Esel bei der Jagd / Der Vogelfänger, der Habicht und die
Lerche / Der Wolf und der Storch / Der alt gewordene
Löwe / Der Löwe und die Mücke / Der Narr, der die
Weisheit feilhält / Die beiden Esel / Der Wolf, der vor
dem Affen gegen den Fuchs plädierte / Der Tod und der
Unglückselige / Das Pferd und der Esel / Der Tontopf
und der Eisentopf / Der Löwe und der Jäger / Der Frosch,
der so groß sein will wie der Ochse / Die Ratte und die
Auster / Die Stadtmaus und die Feldmaus / Der Löwe
und die Ratte / Der Fuchs und der Storch / Der Hirsch
und die Reben / Der kranke Löwe und der Fuchs / Der
Rabe, geschmückt mit den Federn des Pfaus / Der Bauer
von der Donau / Perrette und der Milchtopf / Der Frosch
und die Maus / Die Eiche und das Schilfrohr.

Alvaro de Laiglesia · Wo der Pfeffer wächst
und andere Erzählungen. Aus dem Spanischen übertragen
und mit einem Nachwort versehen von Georg C. Lehmann. 647 Seiten. *Inhalt:* Wo der Pfeffer wächst / Stra-
tegie der Ehe / Der sechste Sinn / Den Seinen gibt's der
Herr im Schlaf / Ohne dich kann ich nicht leben / Die
Beichte des Generals. Vergriffen.

Multatuli · Max Havelaar
Roman. Aus dem Holländischen übertragen von Wilhelm
Spohr. Nachwort von Willem Enzinck. 516 Seiten. Ver-
griffen.

**Mirza Mohammad Ali Naqib al-Mamalek · Liebe und
Abenteuer des Amir Arsalan**
Roman. Aus dem Persischen übertragen und mit einem

Vorwort versehen von Rudolf Gelpke. 599 Seiten. Vergriffen.

Alexander Puschkin · Pique-Dame
und andere Erzählungen. Aus dem Russischen übertragen von Fega Frisch. Nachwort von Erich Müller-Kamp. 552 Seiten. *Inhalt:* Die Erzählungen des seligen Iwan Petrowitsch Belkin / Dubrowskij / Pique-Dame / Die Hauptmannstochter.

1966

Samuel Josef Agnon · Im Herzen der Meere
und andere Erzählungen. Aus dem Hebräischen übertragen von Karl Steinschneider und Max Strauß. Nachwort von Tuwia Rübner. 616 Seiten. *Inhalt:* Im Herzen der Meere / Zwei Gelehrte, die in unserer Stadt lebten / Zwischen zwei Städten / Der Brief / Tehilla / Auf Allzeit / Nach dem Ende des Mahls / Und das Krumme wird gerade. Vergriffen.

Jane Austen · Anne Elliot
Roman. Aus dem Englischen übertragen von Ilse Leisi. Nachwort von Max Wildi. 460 Seiten.

Gustave Flaubert · Drei Erzählungen
Aus dem Französischen übertragen von Eva Rechel. Nachwort von Hugo Meier. 280 Seiten mit 3 Illustrationen von Walter Roshardt. *Inhalt:* Ein schlichtes Herz / Die Legende von Sankt Julian dem Gastfreien / Herodias. Vergriffen.

Genji-monogatari · Die Geschichte vom Prinzen Genji
Altjapanischer Liebesroman aus dem 11. Jahrhundert, verfaßt von der Hofdame Murasaki. Vollständige Ausgabe. Aus dem Japanischen übertragen von Oscar Benl. Corona-Reihe. 2 Bände mit 924 und 990 Seiten.

Nathaniel Hawthorne · Rappaccinis Tochter
und andere Erzählungen. Ausgewählt, aus dem Amerikanischen übertragen und mit einem Nachwort versehen von Ilse Krämer. 464 Seiten. *Inhalt:* Die hochzeitliche Totenglocke / Mr. Higginbothams Unglück / Klein-Annies Ausflug / Wakefield / Die prophetischen Bilder / David Swan / Die Vision der Quelle / Dr. Heideggers Experiment / Der hochstrebende Gast / Peter Goldthwaites

Schatz / Meißelsplitter / Die Shaker-Hochzeit / Das drei-
fache Geschick / Das Schneekind / Die Pilger von Canterbury / Die Frauen der Toten / Klein-Narzissus / Das
Muttermal / Rappaccinis Tochter / Das Brandopfer der
Erde / Der Schöpfer des Schönen. Vergriffen.

Sarah Orne Jewett · Der weiße Reiher
Erzählungen aus dem Land der spitzen Tannen. Aus dem
Amerikanischen übertragen und mit einem Nachwort
versehen von Elisabeth Schnack. 384 Seiten mit 15 Illu-
strationen von Hanny Fries. *Inhalt:* Der Neujahrsbesuch /
Der Ausflug / Mrs. Timms' Gäste / Die Armen der Stadt
/ Die Totenwache / Marthas Dame / Die Fahrt nach
Shrewsbury / Betsey Lanes Flucht / Die Pfarrdamen /
Eine einzige Rose / Der weiße Reiher.

Muschelprinz und Duftende Blüte
Liebesgeschichten aus Thailand. Herausgegeben, aus dem
Thai übertragen und mit einem Nachwort versehen von
Christian Velder. 472 Seiten mit 12 Miniaturen in Farbe.
Inhalt: Muschelprinz und Duftende Blüte / Wie Phra
Samuthakhot seine Gattin fand, verlor und wieder-
fand / Prinz Suthon gewinnt die liebliche Manora / Prinz
Suthanu und sein fliegendes Pferd / Die Königin Sirimadi /
Wie Prinz Worawong seine beiden Königinnen gewinnt /
Prinz Rothasen.

Samuel Richardson · Clarissa Harlowe
Roman. Aus dem Englischen übertragen, bearbeitet und
mit einem Vorwort versehen von Ruth Schirmer. 547
Seiten. Vergriffen.

Max Rychner · Aufsätze zur Literatur
Mit einem Nachruf auf Max Rychner von Dolf Sternber-
ger. 562 Seiten. *Inhalt:* Bewundern / Lesen als Begegnung
/ Vergil und die deutsche Literatur / Deutsche Weltlitera-
tur / Lessing und die Klassik / Georg Christoph Lichten-
berg / Vauvenargues / Gedenken ohne Gedenktag / Schil-
ler / Zu Goethes Altersprosa / Die Freundschaft Schle-
gel-Novalis / Fontanes «Unwiederbringlich» / Thomas
Mann und die Politik / Hofmannsthal / Rilke / Stefan
George / Paul Valéry / Verewigte Wiederkehr / Die Briefe
Gottfried Benns / Erinnerung an Rudolf Borchardt /
Carl J. Burckhardt / Rede auf Rudolf Alexander Schröder
/ Karl Kraus: Die Sprache. Vergriffen.

Lytton Strachey · Elisabeth und Essex
Eine tragische Historie. Aus dem Englischen übertragen
und mit einem Nachwort versehen von Hans Reisiger.
359 Seiten. Vergriffen.

1967

George du Maurier · Peter Ibbetson
Roman. Aus dem Englischen übertragen und mit einem
Nachwort versehen von Fritz Güttinger. 471 Seiten mit
42 Illustrationen des Autors. Vergriffen.

Gustave Flaubert · Madame Bovary
Roman. Aus dem Französischen übertragen von Hans
Reisiger. Mit Nachworten von Guy de Maupassant und
Hans Reisiger. 588 Seiten.

Eugène Fromentin · Dominique
Roman. Aus dem Französischen übertragen von Ferdinand
Hardekopf. Nachwort von Ernst Howald. 414 Seiten.

Kanadische Erzähler
der Gegenwart. Ausgewählt und übertragen von Armin
Arnold und Walter Riedel. Mit einem Nachwort von
Armin Arnold. 410 Seiten. *Inhalt:* Thomas H. Raddall
«Das Hochzeitsgeschenk» / Thomas C. Haliburton «Jim
Munroes Werbung» / Charles G. D. Roberts «Das letzte
Hindernis» / Anne Hébert «Der Wildbach» / Roger Le-
melin «Die Kreuzwegstationen» / Yves Thériault «Jean-
nette», «Gottes-Qual» / Gérard Bessette «Das Pflaster» /
Claire Martin «Als ich eine spanische Wand war», «Ge-
ständnis» / Stephen Leacock «Das fürchterliche Schicksal
des Melpomenus Jones» / Hugh Garner «Ein, zwei, drei
kleine Indianer» / Duncan C. Scott «Labries Frau» / Eric
Cameron «Der Wendepunkt» / Frederick Philip Grove
«Schnee» / Gabrielle Roy «Um eine Heirat zu verhin-
dern» / Sinclair Ross «Die Lampe am Mittag» / W. O.
Mitchell «Die Eule und die Bens» / Henry Kreisel «Zwei
Schwestern in Genf».

Wladimir Korolenko · Der Tag des Gerichts
und andere Erzählungen. Aus dem Russischen übertragen
und mit einem Nachwort versehen von Erich Müller-
Kamp. 450 Seiten. *Inhalt:* Wer bin ich? (Vater und Mutter
/ Hof und Straße / «Jene Welt» – Mystische Angst / Das

Gebet in der Sternennacht) / Nachts / In schlechter Gesellschaft / Das Paradox / Meine erste Bekanntschaft
mit Dickens / Erste Liebe / Der Tag des Gerichts. Vergriffen.

Guy de Maupassant · Weitere fünfzig Novellen
Ausgewählt, aus dem Französischen übertragen und mit
einem Nachwort versehen von N. O. Scarpi. 656 Seiten.
Inhalt: Simons Papa / Es war einmal / Ein unbekanntes
Blatt Weltgeschichte / Die Familie / Im Frühling / Ein
Pariser Abenteuer / Das Haus Tellier / Liebesworte / Auf
Reisen / Eine Witwe / Der Kuchen / Der Dieb / Mond-
schein / Die Verzeihung / Die Strohflechterin / Eine
Leidenschaft / Eine List / Die Reliquie / Das Scheit / Eine
Überraschung / Madame Baptiste / Der Kuß / Das Testa-
ment / Mein Onkel Sosthène / Das Treibhaus / Das Kind
/ Ein Atelierfest / Armseliges Drama / Das Modell / Ein
guter Spaß / Mutter Sauvage / Kellner, ein Bier! / Idyll /
Der Regenschirm / Das Glück / Die Wirtin / Die Beichte
/ Die Mitgift / Die Gefangenen / Die Anschauungen des
Obersten Laporte / Die Unbekannte / Madame Parisse /
Die Flucht vor der Krankheit / Nach fünfzehn Jahren /
Der Horla / Abendunterhaltung / Der Vater / Ein Porträt
/ Hautot, Vater und Sohn / Wer weiß?

**Scheich Saadi · Hundertundeine Geschichte aus dem
Rosengarten**
Ein Brevier orientalischer Lebenskunst. Ausgewählt, aus
dem Persischen übertragen und mit einem Nachwort versehen von Rudolf Gelpke. 372 Seiten mit Buchschmuck
nach persischen Motiven.

Robert Schumann
Im eigenen Wort. Herausgegeben von Willi Reich. 413
Seiten. Vergriffen.

Adalbert Stifter · Brigitta
und andere Erzählungen. Herausgegeben und mit einem
Nachwort versehen von Urban Roedl. 623 Seiten. *Inhalt:*
Brigitta / Abdias / Der Hagestolz / Kalkstein / Bergkristall / Zuversicht.

Jane Austen · Mansfield Park
Roman. Aus dem Englischen übertragen von Trude Fein.
Nachwort von Max Wildi. 676 Seiten.

Honoré de Balzac · Eine dunkle Affäre
Roman. Aus dem Französischen übertragen von Eva
Rechel. Nachwort von Hugo Meier. 420 Seiten. Ver-
griffen.

Jules-Amédée Barbey d'Aurevilly · Ein verheirateter Priester
Roman. Aus dem Französischen übertragen und mit ei-
nem Nachwort versehen von Hermann Hofer. 657 Seiten.
Vergriffen.

Bret Harte · Kalifornische Erzählungen
Herausgegeben, aus dem Amerikanischen übertragen und
mit einem Nachwort versehen von Karl H. Coudenhove-
Kallergis. *Inhalt:* Das Glück von Roaring Camp / Mliss,
das Mädchen aus den Roten Bergen / Tennessees Partner
/ Die Romanze von Red Gulch / Brown von Calaveras /
Salomy Janes Kuß / Miggles / Der Weihnachtsmann
kommt nach Simpsons Bar / Die Verfemten von Poker
Flat / Die Iliade von Sandy Bar / Die Prärieblume der
Sierras / Jack Hamlins Schutzbefohlene / Ein Kapitel aus
dem Leben des Mr. Oakhurst. Vergriffen.

Victor Hugo · Die Elenden
Roman. Aus dem Französischen übertragen und mit
einem Nachwort versehen von Hugo Meier. Corona-
Reihe. 1350 Seiten.

Hundegeschichten
Herausgegeben von Dora Meier-Jaeger. 396 Seiten mit
28 Illustrationen von Roland Thalmann. *Inhalt:* Erzäh-
lungen: E. Thompson-Seton «Schnapp, der Bullterrier»
/ J. V. Widmann «Gletschertour mit Argos» / Mau-
rice Maeterlinck «Beim Tode eines jungen Hundes» /
Rudyard Kipling «Garm als Geisel» / Iwan Turgenjew
«Mumu» / Jack London «Braun-Wolf» / Lady Kitty Ritson
«Turi, der Sohn Repos'» / Paul Annixter «Sein Herr und
Meister» / Richard Beer-Hofmann «Alcidor» / Alexander
Kuprin «Der weiße Pudel» / Anton Tschechow «Kasch-
tanka», «Der Weißstirnige». Gedichte: Matthias Claudius

«Als der Hund starb» / Adalbert von Chamisso «Der Bettler und sein Hund» / Moritz August von Thümmel «Elegie auf einen Mops» / Friedrich G. von Göckingk «Klagelied eines Schiffbrüchigen auf einer wüsten Insel über den Tod seines Hundes» / Lord Byron «Grabschrift auf seinen Hund», «An Boatswain» / Justinus Kerner «An den Hund eines Toten».

Kálmán Mikszáth · Der schwarze Hahn

und andere Erzählungen. Aus dem Ungarischen übertragen und mit einem Nachwort versehen von Andreas Oplatka. 521 Seiten. *Inhalt:* Der schwarze Hahn / Der sprechende Kaftan / Das Gespenst von Lubló / Lapaj, der berühmte Dudelsackpfeifer / Prakovsky, der taube Schmied.

Novalis · Gedichte / Romane

Eingeleitet und erläutert von Emil Staiger. 347 Seiten. *Inhalt:* Die Lehrlinge zu Sais / Hymnen an die Nacht / Geistliche Lieder / Heinrich von Ofterdingen.

Rumänische Erzähler

Aus dem Rumänischen übertragen von Erich Hoffmann. 508 Seiten. *Inhalt:* Ioan Slavici «Das Mädchen aus dem Waldland» / Mihail Sadoveanu «Der Blinde» / Ion Luca Caragiale «In Mînjoalăs Herberge» / Geo Bogză «Der Tod des Iakob Onisia» / Liviu Rebreanu «Die Abrechnung» / Francisc Munteanu «Eine Schnitte Brot» / Zaharia Stancu «Costandina».

Die steinerne Blume

Märchen russischer Dichter und Erzähler. Herausgegeben und aus dem Russischen übertragen von Erich Müller-Kamp. 553 Seiten. *Inhalt:* Pawel Baschow «Die steinerne Blume» / Wladimir Odojewskij «Das Märchen vom Kollegienrat Iwan Bogdanowitsch» / Stepan Pisachow «Wie das Salz ins Ausland geriet» / D. Nagischkin «Der tapfere Asmun» / Michajl Saltykow-Stschedrin «Der Adler als Mäzen» / Alexander Kuprin «Der Elefant» / Wsjewolod Garschin «Die Sage vom stolzen Aggej» / Maxim Gorkij «Was Jewsejka erlebte» / Nikolaj Teleschow «Heidekörnchen» / Alexej Remisow «Das Osterfeuer», «Der betrogene Jakob» / Wladimir Dahl «Das Märchen von Iwan dem jungen Sergeanten» / Alexander Kuprin «Die scheckigen Pferde» / Antonij Pogorelskij «Das schwarze

Huhn» / Alexander Puschkin «Märchen» / Michajl Michajlow «Die beiden Fröste», «Gedanken» / Nikolaj Garin-Michajlowskij «Das kleine Buch vom Glück» / Leo Tolstoj «Das Märchen von Iwan dem Dummkopf» / Fjodor Sologub «Das Mädchen, das Wasser in Wein verwandelte» / Sascha Tschornyj «Der friedliche Krieg» / Alexej Tolstoj «Die Froschprinzessin» / Konstantin Paustowskij «Der Bär aus dem tiefen Walde» / Pawel Baschow «Silberhuf» / Alexej Tolstoj «Der blaue Vogel» / Leo Tolstoj «Die beiden Brüder» / Dmitrij Mamin-Sibirjak «Das Märchen vom Mückenkönig Langnase und Mischa Zottelbär Stummelschwanz» / Maxim Gorkij «Das Märchen vom tumben Iwanuschka» / Valentin Katajew «Pfeifchen und Krüglein» , «Das Blümlein Siebenfarb» / Wenjamin Kawerin «Mit leichten Schritten» / Alexander Grin «Der redselige Hausgeist» / Leo Tolstoj «Bauer und Wassermann» / Sascha Tschornyj «Der Soldat und die Nixe» / Jewgenij Permjak «Foka – der Mann, der alles kann» / Jewgenij Schwarz «Das Märchen von der verlorenen Zeit» / Sergej Mechalkow «Der Simulant» / Samuil Marschak «Die zwölf Monate» / Pawel Baschow «Sinjuschkas Brunnen» / Wsjewolod Garschin «Das, was niemals war».

1969

Charles Dickens · Harte Zeiten
Roman. Unter Benützung älterer Übertragungen neu gestaltet und mit einem Nachwort versehen von Detlef Droese. 499 Seiten. Vergriffen.

Erckmann-Chatrian · Madame Thérèse
Roman. Aus dem Französischen übertragen und mit einem Nachwort von Nelda Michel. 352 Seiten.

Gustave Flaubert · November / Erinnerungen eines Toren
Zwei Erzählungen. Aus dem Französischen übertragen von Eva Rechel. Nachwort von Elisabeth Brock-Sulzer. 425 Seiten mit 31 Illustrationen von Wilhelm M. Busch. Vergriffen.

Wilhelm Hauff · Märchen und Novellen
Auswahl und Nachwort von Otto Heuschele. 520 Seiten mit 67 Illustrationen von Wilhelm M. Busch. *Inhalt:* Die

Geschichte vom Kalif Storch / Die Geschichte von dem Gespensterschiff / Die Geschichte von der abgehauenen Hand / Die Errettung Fatmes / Die Geschichte von dem kleinen Muck / Das Märchen vom falschen Prinzen / Das kalte Herz / Die Bettlerin vom Pont des Arts / Phantasien im Bremer Ratskeller.

James Hogg · Der Widersacher
Roman. Aus dem Englischen übertragen und mit einem Nachwort versehen von Fritz Güttinger. 364 Seiten.

Neue Liebesgeschichten aus Tausendundeine Nacht
Den persischen Quellen nacherzählt und mit einem Nachwort versehen von Rudolf Gelpke. 700 Seiten mit 105 Illustrationen von Otto Bachmann. *Inhalt:* Die Abenteuer des Prinzen von China und der Königstochter Nuschâfarin in Damaskus / Was erzählt wird vom Prinzen Tâdsch ol-Moluk, der Prinzessin Donyâ und den Schicksalen von Aziz und Azizeh / Die Erzählung vom Helden Babrâz und der schönen Golbahâr / Die Abenteuer der Dame Tayyebeh und ihrer Tochter Mâh-Tal'at / Die Geschichte vom Derwisch und den Feenprinzessinnen Sabz-Pari und Zard-Pari / Die Geschichte von der Wallfahrt zur Schlangengöttin Nâgâ.

Pflaumenblüte und verschneiter Bambus
Chinesische Gedichte. Ausgewählt, aus dem Chinesischen übertragen und mit einem Nachwort versehen von Jan Ulenbrook. 240 Seiten mit 60 Tuschzeichnungen chinesischer Künstler.

Der Roman von Tristan und Isolde
Den alten Quellen nacherzählt von Ruth Schirmer. 370 Seiten mit 12 Miniaturen in Farbe nach einer mittelalterlichen Handschrift. Vergriffen.

Alfred de Vigny · Cinq-Mars
oder Eine Verschwörung unter Ludwig XIII. Roman. Aus dem Französischen übertragen von N. O. Scarpi. Nachwort von Andrée Richter. 556 Seiten. Vergriffen.

1970

Theodor Fontane · Irrungen Wirrungen
Roman. Nachwort von Werner Weber. 356 Seiten. Vergriffen.

Georgische Erzähler

der neueren Zeit. Ausgewählt, aus dem Georgischen
übertragen und mit einem Nachwort versehen von Ruth
Neukomm. 420 Seiten. *Inhalt:* Micheil Dschawachi-
schwili «Er kam zu spät», «Der Stein des Teufels», «Der
Waldmensch» / Niko Lordkipanidse «Die Frau mit dem
Kopftuch» / Konstantine Gamsachurdia «Mindia, des
Chogasis Sohn» / Lewan Gotua «Der Engel von Quin-
zwisi», «Der Irrweg der Karawane» / Grigol Tschikowani
«Die Heimkehr».

**Wilhelm von Kügelgen · Jugenderinnerungen eines
alten Mannes**

Nachwort von Detlef Droese. 704 Seiten.

Alphonse de Lamartine · Graziella

Erzählung. Aus dem Französischen übertragen von N. O.
Scarpi. Nachwort von Hugo Meier. 336 Seiten. Vergriffen.

Felix Mendelssohn

Im Spiegel eigener Aussagen und zeitgenössischer Dokumente. Herausgegeben von Willi Reich. 448 Seiten. Vergriffen.

Gabrielle Roy · Die Straße nach Altamont

Roman. Aus dem Französischen übertragen von Renate
Benson. Nachwort von Armin Arnold. 340 Seiten.

Seltsame Geschichten aus Rußland

Herausgegeben und aus dem Russischen übertragen von
Erich Müller-Kamp. 512 Seiten. *Inhalt:* Nikolaj Gogol
«Der Wij» / Iwan Turgenjew «Eine seltsame Geschichte»
/ Wjatscheslaw Schischkow «Die Zauberblume» / Mi-
chajl Kusmin «Das Kanapee der Tante Sophie» / Wladi-
mir Odojewskij «Die Sylphide» / Nikolaj Lesskow «Die
Erscheinung im Ingenieurpalast» / Iwan Turgenjew «Der
Traum» / Boris Lawrenjow «Die himmlische Mütze» /
Nikolaj Lesskow «Der weiße Adler» / Alexander Grin
«Der Rattenfänger» / Fjodor Dostojewskij «Der Traum
eines lächerlichen Menschen» / Fjodor Sologub «Der
Knabe Linus».

Auguste Villiers de l'Isle-Adam · Erzählungen

Aus dem Französischen übertragen von N. O. Scarpi.
Nachwort von Andrée Richter. 352 Seiten. *Inhalt:* Das
Fräulein von Bienflâtre / Vera / Vox populi / Reklame

am Firmament / Der Herzog von Portland / Virginie und
Paul / Der Gast der letzten Feste / Ungeduld der Menge /
Das Geheimnis der verklungenen Musik / Sentimentalität
/ Das beste Mahl der Welt / Königin Ysabeau / Düster die
Erzählung, düsterer noch der Erzähler / Maryelle / Die
Unbekannte / Pensionatsfreundinnen / Folter durch Hoff-
nung / Sylvabel / Das Geheimnis der schönen Ardiane /
Das himmlische Abenteuer / Das Abenteuer des Tse-I-La
/ Der heilige Elefant in London / Der Zar und die Nacht-
vögel / Der Mantel. Vergriffen.

Emile Zola · Doktor Pascal
Roman. Aus dem Französischen übertragen von Trude
Fein. Nachwort von Peter Bamm. 655 Seiten.

1971

Ciro Alegría · Die goldene Schlange
Roman. Aus dem Spanischen übertragen von Georg
C. Lehmann und Gustav Siebenmann. Nachwort von
Gustav Siebenmann. 320 Seiten. Vergriffen.

Honoré de Balzac · Die Schicksalshaut
Roman. Aus dem Französischen übertragen von Eva
Rechel. Nachwort von Hugo Meier. 520 Seiten. Vergrif-
fen.

Blumen und Schmetterlinge
Deutsche Gedichte. Ausgewählt und mit einem Nachwort versehen von Otto Heuschele. 236 Seiten mit 111
Illustrationen, davon 8 in Farbe, von Pia Roshardt. Vergriffen.

Geoffrey Chaucer · Canterbury-Erzählungen
Aus dem Englischen übertragen und mit einem Nachwort versehen von Detlef Droese. 568 Seiten mit 21 Illustrationen nach alten Vorlagen von Otto Kaul.

Gustave Flaubert · Die Erziehung des Gefühls
Geschichte eines jungen Mannes. Aus dem Französischen
übertragen von Hans Kauders. Nachwort von Elisabeth
Brock-Sulzer. 708 Seiten. Vergriffen.

Liebesgeschichten aus Kambodscha
Herausgegeben, übertragen und mit einem Nachwort
versehen von Christian Velder. 366 Seiten. *Inhalt:* Der
Jüngling mit der Kokosschale / Der Berg der Frauen und

der Hügel der Männer / Die redliche Gattin / Der magere
Turteltaubenjäger / Der vergoldete Baum / Beil um Beil,
Topf um Topf / Die Schlangenprinzessin / Die vier Kahl-
köpfe auf Brautschau / Die vier Söhne / Die verstoßene
Königstochter / Ein Mann verführt die Frau eines anderen
/ Sprichwörter kosten dreißig Unzen / Die Geschichte
von Sok und Saü / Das Nashorn / Die Heuchlerin / Der
Adler und die Eule / Die Geburt des Blitzes / Das
Schwein, das dem Jahr den Namen gab / Die Königswahl
/ Der Schutzgeist / Das Mädchen und die Katze / Die
weiße Maus wird Königin / Der Blinde und der Lahme /
Der versunkene Palast / Die vier Schwachsinnigen und
das Mädchen / Der Goldfasan / Die Geschichte von der
Frau und dem Rattenkönig / Das Aloeholz / Die Buße /
Der Delphin / Der Dschunkenberg / Die Geschichte von
Neang Kongrei / Der Herr der Wunderkeule / Die malai-
ische Bananenstaude / Prinz Wibol Ker besiegt den grau-
samen König Hulu / Arekanuß und Betelpfeffer / Die
Gliederkrabbe / Der Goldbaum.

**Mirza Muhammad Hadi Ruswa · Die Kurtisane von
Lakhnau**
Roman. Aus dem Urdu übertragen und mit einem Nachwort versehen von Ursula Rothen-Dubs. 440 Seiten mit
einem Frontispiz in Farbe.

Franz Schubert
Im eigenen Wirken und in den Betrachtungen seiner
Freunde. Herausgegeben von Willi Reich. 248 Seiten mit
12 Illustrationen. Vergriffen.

Robert Louis Stevenson · Die Schatzinsel
Roman. Aus dem Englischen übertragen und mit einem
Nachwort versehen von Fritz Güttinger. 396 Seiten. Ver-
griffen.

1972

Riccardo Bacchelli · Der Teufel auf dem Pontelungo
Ein Roman um Bakunin. Aus dem Italienischen übertra-
gen von Hannelise Hinderberger. Nachwort von Federico
Hindermann. 544 Seiten. Vergriffen.

Jacob Burckhardt · Staat und Kultur
Eine Auswahl. Herausgegeben und mit einem Nachwort

versehen von Hanno Helbing. 573 Seiten. *Inhalt:* Aus der
«Griechischen Kulturgeschichte»: Die Polis, Die Demokratie und ihre Ausgestaltung in Athen, Die Athener des
5. Jahrhunderts / Aus den «Historischen Fragmenten» I:
Rom und seine welthistorische Bestimmung / Aus der
«Zeit Constantins des Großen»: Alterung des antiken Le-
bens und seiner Kultur / Aus der «Kultur der Renaissance
in Italien»: Entwicklung des Individuums / Aus den «Historischen Fragmenten» II: Zur Reformation: Allgemei-
nes Räsonnement, Zu Luther, Zur deutschen Reformation: Ursachen und geistige Folgen, Protestantismus und
Tradition – Die Intoleranz der neuen Lehre, Aus einem
Brief an Friedrich Salomon Vögelin / Einleitung in die
Geschichte des 17. und 18. Jahrhunderts (1598–1763): Das
Staatswesen, Der Großstaat und der Erwerb, Geistige
Kultur, Die freie Schöpfung: Poesie, Die bildenden Kün-
ste, Die Musik / Einleitung in die Geschichte des Revolu-
tionszeitalters: Der neue Begriff vom Staat, Verhältnis zu
den Nationalitäten, Die öffentliche Meinung, Erwerb und
Verkehr, Die Nationalitäten, Der Staat im neuern Sinne /
Aus Briefen und Zeitungsberichten: Zur eigenen Zeit: An
Louise Burckhardt, In der «Kölnischen Zeitung», An Ro-
bert Grüninger, An Friedrich von Preen, An Friedrich
Nietzsche / Aus den «Weltgeschichtlichen Betrachtungen»:
Über geschichtliches Studium: Staat und Kultur: Der Staat,
Die Kultur, Die Kultur in ihrer Bedingtheit durch den Staat,
Der Staat in seiner Bedingtheit durch die Kultur. Die Indivi-
duen und das Allgemeine: Die historische Größe. Über
Glück und Unglück in der Weltgeschichte. Vergriffen.

Nikolaj Lesskow · Meistererzählungen
Aus dem Russischen übertragen und mit einem Nachwort versehen von Erich Müller-Kamp. 516 Seiten. *Inhalt:* Lady Macbeth von Mzensk / Der versiegelte Engel /
Der verzauberte Pilger / Die Teufelsaustreibung / Der
Toupetkünstler / Die Geschichte vom Christen Theodor
und seinem Freunde, dem Juden Abraham.

Thomas Raucat · Die ehrenwerte Landpartie
Roman. Aus dem Französischen übertragen von Trude
Fein. 352 Seiten mit 12 Illustrationen von Foujita.

Francis Stuart · Der weiße Hase
Roman. Aus dem Englischen übertragen und mit einem

Nachwort versehen von Elisabeth Schnack. 429 Seiten.
Vergriffen.

Augustin Thierry · Erzählungen aus den merowingischen Zeiten
Aus dem Französischen übertragen von Conrad Ferdinand Meyer. Herausgegeben von Gerlinde Bretzigheimer und Hans Zeller. Nachwort von Gerlinde Bretzigheimer. 434 Seiten mit Buchschmuck nach merowingischen Motiven. Vergriffen.

Henry David Thoreau · Walden
oder Hüttenleben im Walde. Aus dem Amerikanischen übertragen und mit einem Nachwort versehen von Fritz Güttinger. 484 Seiten.

Claude Tillier · Mein Onkel Benjamin
Roman. Aus dem Französischen übertragen von Trude Fein. Nachwort von Manfred Gsteiger. 448 Seiten mit 21 Illustrationen.

Richard Wagner
In Selbstzeugnissen und im Urteil der Zeitgenossen. Herausgegeben von Martin Hürlimann. 412 Seiten mit 22 Illustrationen.

1973

Fernán Caballero · Die Möwe
Roman. Aus dem Spanischen übertragen und mit einem Nachwort versehen von Hans Kundert. 427 Seiten. Vergriffen.

Emilio Cecchi · Goldfische
Eine Auswahl von Erzählungen und Essays aus dem Gesamtwerk. Aus dem Italienischen übertragen und mit einem Nachwort versehen von Federico Hindermann. 302 Seiten. *Inhalt:* Goldfische / Das Haus auf dem Lande / Entwurf zu einer «Laodameia» / Einweihung ins Batúque / Dansarinos / Der Fuchs und die Katze / Das Flußpferd des Gouverneurs / Das Fernrohr / Traumfabrik / Katzenaugen / Haarschneider / Die Probeaufnahme / Dämmerungen eines Mimen / Freuden der Malerei / Die Marmelade / Der Doktor / Die Schlange / Konzert / Trapezkünstler / Winter / Aquarium / In einer Skulpturensammlung / Auf das Bild eines schlafenden Mädchens / Arme Kinder /

Portrait eines Affen / Spatzen / Durchzug von Herden /
Die Petroleumlampe / Geburt eines Heiligtums / Der
Funkeninduktor.

Fausta Cialente · Hof in Cleopatra
Roman. Aus dem Italienischen übertragen von Arianna-
Giachi. Nachwort von Federico Hindermann. 407 Sei-
ten.

David Garnett · Frau oder Füchsin / Ein Mensch im Zoo
Zwei Erzählungen. Aus dem Englischen übertragen und
mit einem Nachwort versehen von Fritz Güttinger. 227
Seiten mit 5 Holzschnitten von Ray A. Garnett.

Edmund Gosse · Vater und Sohn
Eine Darstellung zweier Temperamente. Roman. Aus
dem Englischen übertragen von Meret und Hans Ehrenzeller. Nachwort von Hans Ehrenzeller. 417 Seiten. Vergriffen.

Jeremias Gotthelf · Die Käserei in der Vehfreude
Roman. Textbearbeitung und Glossar von Christian Ho-
stettler. Aufgrund der Erst- und der kritischen Ausgabe
revidierter, vollständiger Text. Nachwort von Walther
Killy. 704 Seiten. Vergriffen.

Lafcadio Hearn · Kwaidan
und andere Geschichten und Bilder aus Japan. Eine Aus-
wahl aus dem Gesamtwerk. Aus dem Englischen übertra-
gen von Elisabeth Schnack. Nachwort von Cornelius
Ouwehand. 433 Seiten mit 20 Illustrationen von Kawana-
be Gyōsai. *Inhalt:* Die Geschichte des Mimi-Nashi-Hōïchi
/ O-Tei / Diplomatie / Spiegel und Glocke / Jikininki /
Rokuro-Kubi / Ein ewiges Geheimnis / Yuki-Onna /
Aoyagi / Der Traum des Akinosuké / Von Geistern und
Dämonen / An der Japanischen See / Seelen / Frauenhaar
/ Shinjū / Auf einem Bahnhof / Eine Straßensängerin /
Die Nonne im Tempel des Amida / Haru / Kimiko /
Ningyō-no-haka / Der Traum eines Sommertags / Die
rote Hochzeit / Miniaturen von Leben und Tod. Vergrif-
fen.

Iwan Turgenjew · Meistererzählungen
Aus dem Russischen übertragen und mit einem Nachwort versehen von Erich Müller-Kamp. 563 Seiten. *Inhalt:* Fahrt ins Waldgebiet / Assja / Erste Liebe / Punin
und Baburin / Ein König Lear der Steppe / Nach dem

Tode (Clara Militsch) / Die Erzählung des Vaters Alexej /
Welt-Ende (Ein Traum).

Félix Vallotton · Corbehaut
Roman. Aus dem Französischen übertragen von Franz
Bäschlin. Nachwort von Rudolf Koella. 408 Seiten mit 15
Gemälden und Zeichnungen des Autors.

Carl Maria von Weber
In seinen Schriften und in zeitgenössischen Dokumenten.
Herausgegeben von Martin Hürlimann. 297 Seiten mit 31
Illustrationen. Vergriffen.

1974

Leonid N. Andrejew · Erzählungen
Aus dem Russischen übertragen und mit einem Nachwort versehen von Paul Gebhard. 541 Seiten. *Inhalt:* Bar-
gamot und Garaska / Der Freund / Die Lüge / Die Erzählung über Sergej Petrowitsch / Der Gedanke / Im Frühling / Der Dieb / Der Gouverneur / Christen / Aus einer
Erzählung, die nie ihr Ende finden wird / Der Flug / Die
Hornträger / Koffermann / Zwei Briefe.

Walter de la Mare · Memoiren der Miss M.
Roman. Aus dem Englischen übertragen von Trude Fein.
Nachwort von Mario Praz. 680 Seiten. Vergriffen.

Ernest Feydeau · Fanny
Roman. Aus dem Französischen übertragen von N. O.
Scarpi. Nachwort von Charles-Augustin Sainte-Beuve.
256 Seiten. Vergriffen.

William Goyen · Erzählungen
Aus dem Amerikanischen übertragen und mit einem
Nachwort versehen von Elisabeth Schnack. 367 Seiten.
Inhalt: Die Gras-Rose / Tapioka-Überraschung / Die
schwarze Putzfrau erzählt / Die Spiellaube / Rhodys Pfad
/ Das Geranium / Zamour / Das Pferd und der Tagfalter /
Raben kommen, uns zu nähren / . . . und sind wie Gras /
Der Armadill-Korb / Der diebische Steppenwolf / Die
Gesichter seiner Blutsverwandten / Alter Wildwald / Ge-
stalt über der Stadt / Der verzauberte Wärter / Die Ret-
tung.

Iwan Kustschewskij · Nikolaj Negorew
oder Der glückliche Russe. Roman. Aus dem Russischen

übertragen und mit einem Nachwort versehen von Erich
Müller-Kamp. 542 Seiten.

Katherine Mansfield · Erzählungen und Tagebücher

Aus dem Englischen übertragen und mit einem Nach-
wort versehen von Ruth Schirmer. 461 Seiten. *Inhalt:* Pat
/ Rosabels Tagtraum / Die Frau von der Theke / Die
schwarze Mütze / Psychologie / Essigfrüchte / Glück /
Die Vergangenheit eines verheirateten Mannes / Miss
Brill / Der Fremde / Sixpence / Eine ideale Familie / Die
Seereise / An der Bai / Die Gartenparty / Das Puppenhaus
/ Die Fliege / Sechs Jahre danach / Der Kanarienvogel /
Aus den Tagebüchern.

Schota Rustaweli · Der Mann im Pantherfell

Aus dem Georgischen übertragen und mit einem Nach-
wort versehen von Ruth Neukomm. 496 Seiten mit 26
Illustrationen, davon 12 in Farbe, nach Miniaturen von
Mamuka Tawakaraschwili.

Ungarische Erzähler

Aus dem Ungarischen übertragen und mit einem Nach-
wort versehen von Andreas Oplatka. 459 Seiten. *Inhalt:*
Alajos Degré «Eine glänzende Heirat» / Mór Jókai
«Der Frosch» / Károly Vadnay «Hymen» / József Kiss
«Jokli» / Kálmán Mikszáth «Das Geschäft des Grafen
Kozsibrovszky» / Géza Gárdonyi «Die Bitte um Rat» /
István Tömörkény «In Sachen Landerweiterung» / Zol-
tán Thúry «Menschentod» / Jenö Heltai «Der Tod und
der Arzt» / Zsigmond Móricz «Himmelsvogel» / Ferenc
Móra «Kalzinierte Soda» / Dezsö Kosztolányi «Der Kuß»
/ Tibor Déry «Zirkus» / Antal Szerb «Liebe in der
Flasche» / Attila József «Schlurf, der alte Schuster» / Lajos
Baráth «Sand».

**Giorgio Vasari · Lebensläufe der berühmtesten Maler,
Bildhauer und Architekten**

Aus dem Italienischen übertragen von Trude Fein unter
Heranziehung der deutschen Ausgabe von L. Schorn und
E. Förster. Anmerkungen von Willi Rotzler und Emma
Deér. Nachwort von Robert Steiner. 675 Seiten mit 28
Illustrationen. *Inhalt:* Giovanni Cimabue / Nicola und
Giovanni Pisano / Giotto / Buonamico Buffalmacco /
Simone Martini / Duccio di Buoninsegna / Jacopo della
Quercia / Paolo Uccello / Lorenzo Ghiberti / Masaccio /

Donatello / Piero della Francesca / Fra Filippo Lippi / Jacopo, Giovanni und Gentile Bellini / Antonio und Piero Pollaiuolo / Sandro Botticelli / Andrea del Verrocchio / Andrea Mantegna / Leonardo da Vinci / Giorgione da Castelfranco / Antonio da Correggio / Bramante / Raffael / Andrea del Sarto / Michelangelo.

1975

Max Beerbohm · Der unvergleichliche Max
Essays und Erzählungen. Aus dem Englischen übertragen und mit einem Nachwort versehen von Fritz Güttinger. 484 Seiten. *Inhalt:* Der Geist der Karikatur / Fremdling in Venedig / Bahnsteigabschiede / Ikabod / Dulcedo judiciorum / Sympat / Der Briefsteller / Ein geselliger Mensch / A. V. Laider / Enoch Soames / «Ein Geistlicher» / Gast und Gastgeber / Quia imperfectum / William und Mary / Das Verbrechen / Argallo und Ledgett / Und immer wieder: London / Der Zylinderhut / Reklame / Fenestralia / Theaterbesuch / Ein Vorfall / Hier spricht Hethway.

Johannes Brahms
In Dokumenten zu Leben und Werk. Herausgegeben von Willi Reich. 268 Seiten mit 32 Illustrationen. Vergriffen.

Italo Calvino · Italienische Märchen
Gesammelt, neu gefaßt und eingeführt von Italo Calvino. Aus dem Italienischen übertragen von Lisa Rüdiger. 512 Seiten. *Inhalt:* Giovannin Ohnefurcht / Leib-ohne-Seele / Der Schäfer, der nicht größer wurde / Des Grafen Bart / Das Mädchen, das mit den Birnen verkauft wurde / Der Prinz als Kanarienvogel / Die Leute von Biella sind Dickschädel / Die Sprache der Tiere / Das Land, wo man niemals stirbt / Der Prinz als Krebs / Das Büblein im Sack / Das Hemd des zufriedenen Menschen / Eine Nacht im Paradies / Der Zauberring / Die Kunst der Faulheit / Schönstirn / Der bucklige Tabagnino / Bellinda und das Ungeheuer / Der Sohn des Kaufmanns von Mailand / Das Affenschloß / Das verzauberte Schloß / Büffelkopf / Die Tochter des Sonnengottes / Der Florentiner / Das Geschenk des Nordwinds / Das Apfelmädchen / Petersilchen / Vogel Leuchtendgrün / Kicherling und der Ochse /

Das Wasser im Körbchen / Vierzehn / Hahn Kristall / Der
Soldat aus Neapel / Cicco Petrillo / Die Liebe zu den drei
Granatäpfeln (Weiß wie Milch, rot wie Blut) / Giuseppe
Ciufolo, der die Flöte blies, wenn er nicht auf dem Feld
hackte / Bucklig, lahm und einen krummen Hals / Die
falsche Großmutter / Krick, Krock und Hakenklau / Der
erste Degen und der letzte Besen / Hau-ruck, mein Esel,
Dukaten spuck! / Liombruno / Die drei Waisenkinder /
Der handgemachte König / Cola Fisch / Dattelzweig –
schöner Dattelzweig / Pechvogel / Herr der Erbsen und der
Bohnen / Der Sultan mit der Krätze / Rosmarina / Hinke-
teufel / Jesus und der heilige Petrus in Sizilien: I. Steine
in Brot, II. Die Alte im Backofen, III. Eine Legende,
welche die Diebe erzählen, IV. Der Tod in der Flasche,
V. Die Mutter des heiligen Petrus / Die Uhr des Barbiers /
Die Schwester des Grafen / Eine Königin heiratet einen
Räuber / In die weite Welt verschlagen / Ein Schiff,
beladen mit... / Der Königssohn im Hühnerstall / Die
Sprache der Tiere und die neugierige Frau / Das Kälbchen
mit den goldenen Hörnern / Die Alte vom Kohlfeld / Die
Königstochter mit den Hörnern / Giufà: I. Giufà und die
Gipsstatue, II. Giufà, der Mond, die Diebe und der Rich-
ter, III. Giufà und die rote Mütze, IV. Giufà und der
Weinschlauch, V. Eßt, meine erbärmlichen Lumpen!, VI.
Giufà, zieh die Tür hinter dir zu! / Der Mann, der den
Banditen das Geld stahl / Der heilige Antonius bringt den
Menschen das Feuer / Der März und der Schäfer / Fahre
in meinen Sack!

William Faulkner · Die Spitzbuben
Eine Erinnerung. Aus dem Amerikanischen übertragen
von Elisabeth Schnack. Nachwort von Richard E.H.
Gerber. 492 Seiten. Vergriffen.

Anatole France · Erzählungen
Aus dem Französischen übertragen und mit einem Nach-
wort versehen von Rudolf Maurer. 488 Seiten mit 23
Zeichnungen von Théophile Steinlen. *Inhalt:* Der Sänger
von Kyme / Laeta Acilia / Der Landpfleger von Judäa /
Amycus und Cölestin / Der Gaukler Unsrer Lieben Frau /
Sankt Satyr / Tafis Himmelfahrt / Der König trinkt /
Bruder Jucundus / Das Elsternwunder / Blaubarts sieben
Frauen / Die Hausdurchsuchung / Bonaparte in San Mi-

niato / Putois / Riquet / Unsere Kinder / Die Aufzeich-
nungen eines Landarztes / Die Geistermesse / Die Gemme
/ Herr Pigeonneau / Der Brillenhändler / Die beiden
Kumpane / Gestas / Crainquebille. Vergriffen.

Franz von Assisi · Legenden und Laude
Herausgegeben, eingeleitet und aus dem Italienischen und
Lateinischen übertragen von Otto Karrer. Veränderte
Neuausgabe. 564 Seiten mit 28 Illustrationen.

William Gerhardie · Vergeblichkeit
Ein Roman über russische Themen. Aus dem Englischen
übertragen von Elisabeth Schnack. Nachwort von Richard E. H. Gerber. 355 Seiten.

Alfred de Vigny · Fron und Größe des Soldaten
Drei Novellen. Aus dem Französischen übertragen von
Guido Meister. Nachwort von Elisabeth Brock-Sulzer.
364 Seiten. *Inhalt:* Laurette oder Das rote Siegel / Die
Nachtwache von Vincennes / Leben und Tod des Haupt-
manns Renaud oder Der Rohrstock.

1976

Otto von Bismarck
Aus seinen Schriften, Briefen, Reden und Gesprächen.
Herausgegeben von Hanno Helbling. 573 Seiten.

George W. Cable · Die Grandissimes
Eine Geschichte aus dem tiefen Süden. Roman. Aus dem
Amerikanischen übertragen von Elisabeth Schnack.
Nachwort von Hans-Joachim Lang. 532 Seiten. Vergrif-
fen.

Fabeln aus drei Jahrtausenden
Auswahl und Nachwort von Reinhard Dithmar. 252 Seiten mit 23 Holzschnitten, davon 16 koloriert.

Sôseki Natsume · Kokoro
Roman. Aus dem Japanischen übertragen und mit einem
Nachwort versehen von Oscar Benl. 378 Seiten.

Hjalmar Söderberg · Erzählungen
Aus dem Schwedischen übertragen und mit einem Nach-
wort versehen von Helen Oplatka. 348 Seiten. *Inhalt:* Die
Tuschzeichnung / Der Pelz / Das Sakrament des Abend-
mahls / Der Schatten / Die Frau des Schornsteinfegers /
Der Spleen / Eine Tasse Tee / Nieselregen / Der Ge-

schichtslehrer / Der Spaßvogel / Ein herrenloser Hund /
Der blaue Anker / Die Spieler / Die Kühe des Pastors /
Die Abendeinladungen des Generalkonsuls / Mit dem
Strom / Blom / Die brennende Stadt / Der Kuß / «Unge-
zogen» / Der Punkt des Archimedes / Rugg / Flußfahrt /
Es dunkelt überm Weg / Eine graue Weste oder Die
Gerechtigkeit in München / Ein Sommermärchen / Die
Reise nach Rom / Aprilveilchen. Vergriffen.

Robert Louis Stevenson · In der Südsee
Aus dem Englischen übertragen und mit einem Nach-
wort versehen von Richard Mummendey. 552 Seiten.
Vergriffen.

Die Walzer-Dynastie Strauß
In Zeugnissen ihrer selbst und ihrer Zeitgenossen. Her-
ausgegeben von Martin Hürlimann. 390 Seiten mit 47
Illustrationen. Vergriffen.

1977

Honoré de Balzac · Die Lilie im Tal
Roman. Aus dem Französischen übertragen von Trude
Fein. Nachwort von André Maurois. 455 Seiten mit 26
Illustrationen von Charles Huard.

Joseph Conrad · Meistererzählungen
Aus dem Englischen übertragen und mit einem Nachwort versehen von Fritz Güttinger. 483 Seiten. *Inhalt:* Die
Tremolino / Die Lachmöwe / Das andere Ich / Freya von
den Sieben Inseln / Herz der Finsternis.

Deutsche Barocklyrik
Auswahl und Nachwort von Max Wehrli. 343 Seiten mit
17 Illustrationen. Vergriffen.

Hermann Hesse · Meistererzählungen
Auswahl und Nachwort von Werner Weber. 479 Seiten.
Inhalt: Aus Kinderzeiten / Aus der Werkstatt / Heumond
/ Der Lateinschüler / Schön ist die Jugend / Walter
Kömpff / Die Verlobung / Die Heimkehr / Das Nacht-
pfauenauge / Der Zyklon / Im Presselschen Gartenhaus /
In einer kleinen Stadt / Kinderseele / Schwäbische Par-
odie.

J. Sheridan Le Fanu · Das Haus beim Kirchhof
Roman. Aus dem Englischen übertragen von Trude

Steinberg. Nachwort von Erwin Wolff. 320 Seiten. Vergriffen.

Marie de France · Novellen und Fabeln
Aus dem Altfranzösischen übertragen von Ruth Schirmer. Auswahl und Nachwort von Kurt Ringger. 272 Seiten mit 12 Miniaturen in Farbe. *Inhalt:* Guigemar (Die Gürtelprobe) / Equitan (Die Frau des Seneschalls) / Frêne (Die Zwillingsschwestern) / Bisclavret (Der Werwolf) / Lanval (König Artus' Schiedsspruch) / Die beiden Liebenden / Yonec (Der Habichtritter) / Die Nachtigall / Milun (Der Schwanenbote) / Chaitivel (Der Glücklose) / Das Geißblatt (Tristan und Isolde) / Eliduc (Der Ritter mit den beiden Frauen) / Der Hahn und der Edelstein / Der Wolf und das Lamm / Die Maus und der Frosch / Der Hund und das Schattenbild / Der Rabe und der Fuchs / Der schmeichlerische Esel / Der Löwe und die Maus / Die Frösche und ihr König / Der Hirsch an der Quelle / Die trauernde Witwe / Der Wolf und der Hund / Juno und der Pfau / Der Kaiser der Affen / Der Esel und der Löwe / Der Edle und die zwei Knechte / Der Edle, der zur Ader gelassen wurde / Die Frau und der Liebhaber / Affenliebe / Der Einsiedler / Der Bauer und sein Käuzchen / Der Bauer und der Kobold / Der Fuchs und das Spiegelbild des Mondes / Der Wolf und der Rabe / Der Rabe, der die Pfauenfedern fand / Der Mäuserich auf der Brautschau / Der Priester und der Wolf / Der Mensch und sein Maßstab / Ein Mann und seine streitsüchtige Frau / Ein Mann auf Seefahrt / Der Greis und der Reiter / Die Frau und die Henne.

Jewgenij Samjatin · Wir
Roman. Aus dem Russischen übertragen von Gisela Drohla. Nachwort von Ilma Rakusa. 320 Seiten. Vergriffen.

Elio Vittorini · Gespräch in Sizilien
Roman. Aus dem Italienischen übertragen von Trude Fein. Nachwort von Federico Hindermann. 319 Seiten.

Sergej T. Aksakov · Bagrovs Kinderjahre
Roman. Aus dem Russischen übertragen und mit einem Nachwort versehen von Erich Müller-Kamp. 528 Seiten. Vergriffen.

Gottfried August Bürger · Münchhausen
Wunderbare Reisen zu Wasser und Lande, Feldzüge und lustige Abenteuer des Freiherrn von Münchhausen. Nach der Ausgabe von 1788. Nachwort von Max Lüthi. 260 Seiten mit 16 Federzeichnungen von Theodor Hosemann.

Charles Dickens · Meistererzählungen
Aus dem Englischen übertragen von Trude Fein. Auswahl und Nachwort von Andreas Fischer. 568 Seiten mit 8 zeitgenössischen Illustrationen. *Inhalt:* Ein Weihnachtslied / Das Heimchen am Herd / Die Stechpalme / Das Gepäck von einem Herrn / Möblierte Zimmer zu vermieten / Mugby Junction / Doktor Marigolds Rezepte.

Ennio Flaiano · Alles hat seine Zeit
Roman. Aus dem Italienischen übertragen und mit einem Nachwort versehen von Susanne Mauri. 397 Seiten.

Jerome K. Jerome · Drei Mann in einem Boot
Ganz zu schweigen vom Hund! Roman. Aus dem Englischen übertragen von Trude Fein. Nachwort von Ernst Leisi. 304 Seiten.

Franz Kafka · Meistererzählungen
Auswahl und Nachwort von Herbert Tauber. 368 Seiten. *Inhalt:* Das Urteil / Die Verwandlung / In der Strafkolonie / Erinnerung an die Kaldabahn / Der Dorfschullehrer (Der Riesenmaulwurf) / Ein Landarzt / Beim Bau der Chinesischen Mauer / Das Stadtwappen / Die Abweisung / Ein Hungerkünstler / Der Bau. Vergriffen.

Katalanische Erzähler
Aus dem Katalanischen übertragen und mit einem Nachwort versehen von Johannes Hösle. 324 Seiten. *Inhalt:* Jacint Verdaguer «Der Seemann von Sant Pau» / Carles Bosch de la Trinxeria «Der tragische und unerwartete Tod von Mossen Pere Roquer, Pfarrer des Dorfes Cabrera» / Narcís Oller «Tauwetter» / Joaquim Ruyra «Geheimnisvolle Vorankündigung» / Victor Català «Fasching» / Ernest Martínez Ferrando «Jordi Venturas

Selbstmord» / Miquel Llor «Ein Tintenfleck» / Llorenç
Villalonga «Marcel Proust versucht einen De Dion-Bou-
ton zu verkaufen» / Mercè Rodoreda «Das Blut» / Pere
Calders «Morgens um drei Uhr in der Frühe» / Salvador
Espriu «Letizia», «Drei Schwestern» / Maria Aurèlia Cap-
many «Der bittere Geschmack» / Manuel de Pedrolo
«Das Karussell» / Jordi Sarsanedas «Zwei Mädchen»,
«Der Störenfried» / Joaquim Carbó «Der Fluß» / Terenci
Moix «Lili Barcelona» / Josep Albanell «Wie ein Vam-
pir». Vergriffen.

George Moore · Ein Drama in Musselin
Roman. Aus dem Englischen übertragen von Elisabeth
Schnack. Nachwort von Max Wildi. 416 Seiten.

Tuti-Nameh
Das Papageienbuch. Nach der türkischen Fassung übertragen von Georg Rosen. Nachwort von J. Christoph Bürgel.
480 Seiten mit 13 Miniaturen in Farbe. Vergriffen.

1979

At-Tanūkhī · Ende gut, alles gut
Das Buch der Erleichterung nach der Bedrängnis. Ausgewählt, aus dem Arabischen übertragen und mit einem
Nachwort versehen von Arnold Hottinger. 424 Seiten
mit 13 Miniaturen in Farbe.

Wilhelm Busch · Gedichte und Prosa
Auswahl und Nachwort von Peter Marxer. 420 Seiten
mit 21 Illustrationen des Autors. *Inhalt:* Gedichte / Edu-
ards Traum / Der Schmetterling / Was mich betrifft /
Von mir über mich.

**Alphonse Daudet · Tartarin von Tarascon / Tartarin in
den Alpen**
Zwei Romane. Aus dem Französischen übertragen von
Trude Fein. Nachwort von Hugo Meier. 429 Seiten mit
34 zeitgenössischen Illustrationen. Vergriffen.

Simo Matavulj · Seine Herrlichkeit Frater Brne
Roman. Aus dem Serbokroatischen übertragen von Sabitaj und Maria Konfino. Nachwort von Sabitaj Konfino.
344 Seiten. Vergriffen.

Charles Nodier · Die Krümelfee
und andere Erzählungen. Aus dem Französischen übertra-

gen und mit einem Nachwort versehen von Hermann Hofer. 456 Seiten mit 4 Illustrationen von Tony Johannot. *Inhalt:* Die Krümelfee / Smarra / Trilby / Der Traum vom Gold.

Edgar Allan Poe · Meistererzählungen

Aus dem Englischen übertragen von Arno Schmidt und Hans Wollschläger. Auswahl und Nachwort von Max Nänny. 420 Seiten. *Inhalt:* Die Maske des Roten Todes / Hopp-Frosch / Der stibitzte Brief / Ligeia / Der Fall des Hauses Ascher / Die Morde in der Rue Morgue / Der Goldkäfer / Das Gebinde Amontillado / Die Tatsachen im Falle Valdemar / William Wilson / Ein Sturz in den Malstrom / Grube und Pendel / Das verräterische Herz / Der schwarze Kater.

Premtschand · Godan

oder Die Opfergabe. Roman. Aus dem Hindi übertragen von Irene Zahra. Nachwort von Annemarie Etter. 728 Seiten.

Spanische Erzähler

vom 14. bis 20. Jahrhundert. Herausgegeben von Albert Theile und Werner Peiser. Nachwort von Albert Theile. 667 Seiten. *Inhalt:* Don Juan Manuel: Aus «Conde Lucanor» / Miguel de Cervantes Saavedra «Die Macht des Blutes» / Anonym «Lazarillo de Tormes» / Lope Félix de Vega Carpio «Eifersucht bis in den Tod» / Anonym «Der Alcalde von Alora und der Abencerraje» / Juan Pérez de Montalbán «Unverhofft kommt oft» / Isidro de Robles «Studentenglück» / Ramón de Mesonero Romanos «Eine Nachtwache» / Juan Valera «Der grüne Vogel» / Gustavo Adolfo Bécquer «Meister Pérez, der Organist» / Benito Pérez Galdós «Der Ochse und der Esel» / Emilia Pardo Bazán «Der Blutstropfen» / Leopoldo Alas (Clarín) «Die beiden Gelehrten» / Armando Palacio Valdés «Ein Interview mit Prometheus» / Blanca de los Ríos y Nostench «Der Spiegel» / Miguel de Unamuno «Ein ganzer Mann» / Vicente Blasco Ibáñez «Zwei Fliegen auf einen Schlag» / Ramón del Valle-Inclán «Furcht» / Pío Baroja «Elizabide» / José Martínez Ruiz (Azorín) «Ein Brief aus Spanien» / Ramón Pérez de Ayala «Das Sonntagslicht».

Verdi aus der Nähe

Ein Lebensbild in Dokumenten. Herausgegeben von

Franz Wallner-Basté. 368 Seiten mit 38 Illustrationen.
Vergriffen.

1980

Anekdoten der Weltliteratur
Eine Auswahl aus drei Jahrtausenden. Nachwort von
Federico Hindermann. 424 Seiten.

Iwan Gontscharow · Oblomow
Roman. Aus dem Russischen übertragen von Clara Brauner. Nachwort von Fritz Ernst. 688 Seiten.

Mór Jókai · Der neue Gutsherr
Roman. Aus dem Ungarischen übertragen und mit einem
Nachwort versehen von Andreas Oplatka. 471 Seiten.

Longos · Daphnis und Chloe
Aus dem Griechischen übertragen von Friedrich Jacobs,
durchgesehen von Felix M. Wiesner. Nachwort von
Georg Schoeck. 272 Seiten mit 60 Illustrationen von
Hans Erni.

Nizami · Chosrou und Schirin
Aus dem Persischen übertragen und mit einem Nachwort
versehen von J. Christoph Bürgel. 392 Seiten mit 12 Miniaturen in Farbe.

**George Sand · Der Teufelsteich / François das Findel-
kind**
Zwei Romane. Aus dem Französischen übertragen von
Guido Meister. Nachwort von Elisabeth Brock-Sulzer.
392 Seiten mit 17 Illustrationen von Tony Johannot.

Jules Supervielle · Das Kind vom hohen Meer
und andere Erzählungen. Aus dem Französischen übertra-
gen von Friedhelm Kemp, Guido Meister und Federico
Hindermann. Nachwort von Gerda Zeltner. 287 Seiten.
Inhalt: Das Kind vom hohen Meer / Der Ochs und der
Esel im Stall zu Bethlehem / Die Unbekannte der Seine /
Die Hinkenden des Himmels / Rani / Das Mädchen mit
der Geigenstimme / Die Folgen eines Rennens / Der Pfad
und der Weiher / Die Arche Noah / Die Flucht nach
Ägypten / Antonius aus der Wüste / Die Halbwüchsige /
Der Napf Milch / Die Wachspuppen / Die wiedergefun-
dene Frau / Orpheus / Der Minotaurus / Der Raub der
Europa / Das Vorbild der Ehegatten / Vulkan / Die Er-

schaffung der Tiere / Das Wäldchen / Tobias, Vater und Sohn.

Mark Twain · Meistererzählungen

Aus dem Amerikanischen übertragen und mit einem Nachwort versehen von Fritz Güttinger. 360 Seiten. *Inhalt:* Aus Adams Tagebuch / Evas Tagebuch / Meine Rolle als Reiseleiter / Die Wahrheit in Sachen des großen Rindfleischkontrakts / Der Fall George Fisher / Wie ich ein landwirtschaftliches Wochenblatt leitete / Mein Tag auf einer Redaktion in Tennessee / Die Echosammlung / Edward Mills und George Benton / Rätselhafter Besuch / Der Streich, der Jacksons Glück machte / Laskas kurze Brautzeit / Lebt er noch? / Die £ 1 000 000-Note / Wie Hadleyburg verkam / Das $ 30 000-Vermächtnis.

Israel Zangwill · Der König der Schnorrer

Roman. Aus dem Englischen übertragen von Trude Fein. Nachwort von Herbert Tauber. 256 Seiten. Vergriffen.

1981

Andy Adams · Ein Cowboy erzählt

Aus der Zeit der großen Viehtrecks. Aus dem Amerikanischen übertragen von Marie-Antoinette Manz-Kunz. Nachwort von Max Mittler. 408 Seiten. Vergriffen.

Jane Austen · Emma

Roman. Aus dem Englischen übertragen von Ilse Leisi. Nachwort von Max Wildi. 560 Seiten.

Arthur Conan Doyle · Sherlock Holmes-Geschichten / Der Hund von Baskerville

Aus dem Englischen übertragen von Trude Fein. Nachwort von Andreas Fischer. 432 Seiten mit 7 zeitgenössischen Illustrationen. *Inhalt:* Ein Skandal in Böhmen / Der blaue Karfunkel / Die Pappschachtel / Der letzte Fall / Das leere Haus / Der zweite Fleck / Der Hund von Baskerville.

Griechische Epigramme

aus der «Anthologia Graeca». Aus dem Griechischen übertragen von Hermann Beckby. Auswahl und Nachwort von Georg Schoeck. 320 Seiten. Vergriffen.

Kinder in der Weltliteratur

Auswahl und Nachwort von Federico Hindermann. 447

Seiten. *Inhalt:* Charles Lamb «Traumkinder» / Wladimir Korolenko «Nachts» / Hjalmar Söderberg «Die brennende Stadt» / Jeremias Gotthelf «Das Erdbeeri Mareili» / Katherine Mansfield «Das Puppenhaus» / Guy de Maupassant «Eine Witwe» / Kenneth Grahame «Die Straße nach Rom» / Emilio Cecchi «Auf das Bild eines schlafenden Mädchens», «Arme Kinder» / Anton Tschechow «Wanka» / Theodor Storm «Pole Poppenspäler» / Valery Larbaud «Dolly», «Die Stunde mit dem Gesicht» / Stephen Crane «Schmach» / Tibor Déry «Zirkus» / Francis Scott Fitzgerald «Die Kindergesellschaft» / Benito Pérez Galdós «Der Ochse und der Esel» / Walter de la Mare «Das Meisterstück», «Die Prinzessin» / Fjodor M. Dostojewskij «Der Knabe am Weihnachtsabend beim Herrn Jesu» / Hans Christian Andersen «Der Krüppel» / Adalbert Stifter «Bergkristall».

Polnische Erzähler
des 19. und 20. Jahrhunderts. Aus dem Polnischen übertragen von Jeannine Luczak-Wild und Rolf Fieguth. Auswahl und Nachwort von Rolf Fieguth. 381 Seiten. *Inhalt:* Cyprian Norwid «Das Geheimnis von Lord Singleworth», «‹Ad leones!›» / Bolesław Prus «Der Bekehrte», «Eine Legende aus dem alten Ägypten» / Aleksander Świętochowski «Der Klub der Schachspieler», «Ganz in sich allein» / Henryk Sienkiewicz «Sieger Bartek» / Wacław Berent «Der Lehrer» / Bolesław Leśmian «Die Mär vom Gottesritter», «Die Weiße».

Alexander Puschkin · Eugen Onegin
Roman in Versen. Aus dem Russischen übertragen und mit einem Nachwort versehen von Ulrich Busch. 251 Seiten.

Alexej Remisow · Der goldene Kaftan
Russische Märchen. Aus dem Russischen übertragen und mit einem Nachwort versehen von Ilma Rakusa. 288 Seiten mit 8 Illustrationen in Farbe. *Inhalt:* Die Erkorene / Die Ersehnte / Die Verurteilte / Die Rührselige / Die Verlorene / Die Schüchterne / Die Verleumdete / Die Verzweifelte / Die Widerspenstige / Die Schlimme / Die Brüderliche / Die Freundinnen / Die schöne Fichte / Die Gevatterin / Die Wahrsagerin / Die Herzliche / Die Raterin / Die Scharfsinnige / König Salomo / König Goroskat

/ Diebe / Räuber / Gauner / Hundeschweif / Der Dieb
Barma / Der Dieb Mamyka / Der Waldschrat / Der Was-
sermann / Der Teufel / Der schreckliche Knochenmann /
Der Vampir / Der Tote / Der Streit / Ein Fetzen Birken-
rinde / Um des Schafes willen / Das Kirchengeläut / Der
goldene Kaftan / Die fremde Schuld / Der ersehnte Gast /
Das Osterfeuer / Die Fischköpfe / Die Eselsohren / Das
Mausjunge / Der Löwe / Die unglückliche Not / Der Sko-
moroch / Der Heldenhund / Der Flieger / Der Mann als
Bär / Die wunderbaren Schuhe / Die gierigen Finger / Der
Himmel ist runtergefallen / Der Bärenführer. Vergriffen.

John M. Synge · Die Aran-Inseln
Aus dem Englischen übertragen und mit einem Nach-
wort versehen von Elisabeth Schnack. 256 Seiten mit 12
Illustrationen von Jack B. Yeats.

1982

Elizabeth Gaskell · Cranford
Roman aus einer englischen Kleinstadt. Aus dem Engli-
schen übertragen und mit einem Nachwort versehen von
Meret Ehrenzeller. 317 Seiten.

Jacobus de Voragine · Legenda aurea
Heiligenlegenden. Ausgewählt, aus dem Lateinischen
übertragen und mit einem Nachwort versehen von
Jacques Laager. Mit 16 Miniaturen in Farbe und einem
kunstgeschichtlichen Hinweis von Marie-Claire Berke-
meier-Favre. 512 Seiten. *Inhalt:* Der Apostel Andreas /
Nikolaus / Lucia / Der Apostel Thomas / Der Evangelist
Johannes / Thomas von Canterbury / Silvester / Der
Einsiedler Paulus / Antonius der Einsiedler / Sebastian /
Agnes / Vinzenz / Julian der Gastgeber / Agatha / Der
Apostel Matthias / Gregor der Große / Longinus / Bene-
diktus / Patricius / Maria Aegyptiaca / Georg / Markus /
Die Legende vom heiligen Kreuz / Vitus und Modestus /
Marina / Leo / Petrus / Paulus / Margareta / Alexius /
Maria Magdalena / Jacobus der Ältere / Christophorus /
Die Siebenschläfer / Martha / Dominikus / Laurentius /
Bernardus / Mauritius und die Thebäische Legion / Kos-
mas und Damian / Franziskus / Dionysius Areopagita /
Ursula und die Elftausend Jungfrauen / Allerheiligen /

Die Vier Gekrönten / Martinus / Elisabeth von Thüringen / Caecilia / Katharina von Alexandria / Christus- und Marien-Legenden.

Katzen

Eine Auswahl von Texten aus der Weltliteratur. Herausgegeben von Federico Hindermann. 352 Seiten mit 37 Illustrationen, davon 10 in Farbe, von Gottfried Mind. *Inhalt:* Rudyard Kipling «Die Katze, die für sich allein ging» / Osaragi Jirō «Das Zirpkätzchen» / Colette «Poum», «Prrou», «Schah», «Die Katzenmutter» / Theodor Storm «Von Katzen» / Stefan Flukowski «Der Traum des Katers» / Torquato Tasso «Auf die Katzen im Irrenhaus St. Anna» / Honoré de Balzac «Die Herzensqualen einer englischen Katze» / T. S. Eliot «Wie heißen die Katzen», «Jellicle-Lied» / «Die Geisterkatze im Haus Nabeshima» (Volkstümliche Überlieferung) / I. A. Krylow «Der Kater und der Koch» / Charles Baudelaire «Die Katze», «Die Katzen» / Emilio Cecchi «Katzenaugen» / Maxim Gorki «Sasubrina» / Louis Pergaud «Falschheit der Katze?» / Pu Songling «Die List der Katze» / Walter de la Mare «Besenstiele» / Tanka und Haiku / Giovanni Raiberti «Geburt, Kindheit, Emanzipation der Katze», «Die Katze, ein Freiheitssymbol» / Bulat Okudschawa «Der schwarze Kater» / Theodor Storm «Bulemanns Haus» / Thomas Gray «Ode auf den Tod einer Favoritin – ertrunken im Goldfischbecken» / Shimaki Kensaku «Der schwarze Kater» / Christopher Smart: Aus «Jubilate Agno» / Emile Zola «Das Katzenparadies» / Charles Baudelaire «Die Katze» / Minamoto Takakuni (?) «Wie Fujiwara Kiyokado sich vor den Katzen fürchtete» / Leigh Hunt «Die Katze beim Kamin» / J. W. Goethe «Begünstigte Tiere» / P. G. Wodehouse «Die Geschichte von Webster» / Théophile Gautier «Meine Hausmenagerie».

Gottfried Keller · Die Leute von Seldwyla

Erzählungen. Nachwort von Emil Staiger. 632 Seiten. *Inhalt:* Pankraz, der Schmoller / Romeo und Julia auf dem Dorfe / Frau Regel Amrain und ihr Jüngster / Die drei gerechten Kammacher / Spiegel, das Kätzchen / Kleider machen Leute / Der Schmied seines Glückes / Die mißbrauchten Liebesbriefe / Dietegen / Das verlorne Lachen.

Jack London · Meistererzählungen
Aus dem Amerikanischen übertragen von Elisabeth
Schnack, Erwin Magnus und Klaus Schweizer. Nachwort
von Hugo Meier. 375 Seiten. *Inhalt:* Was der Leoparden-
Mann erzählte / Auf den Mann unterwegs / Eine nor-
dische Odyssee / Weiße und Gelbe / Der König der
Griechen / Diable – ein Hund / Der Gold-Cañon / Parlays
Perlen / Die Liebe zum Leben / Ein Stück Fleisch / Das
Weiße Schweigen / Der Rote.

Guy de Maupassant · Bel-Ami
Roman. Aus dem Französischen übertragen von Wal-
traud Kappeler. Nachwort von François Bondy. 423
Seiten.

Ferdinand von Saar · Meisternovellen
Nachwort von Hansres Jacobi. 407 Seiten. *Inhalt:* Inno-
cens / Die Steinklopfer / Das Haus Reichegg / Der «Ex-
zellenzherr» / Leutnant Burda / Ginevra / Schloß Koste-
nitz.

Frank R. Stockton · Die Lady – oder der Tiger?
und andere Erzählungen. Aus dem Amerikanischen über-
tragen von Elisabeth Schnack. Auswahl und Nachwort
von David Wells. 359 Seiten. *Inhalt:* Die Lady – oder der
Tiger? / Der transferierte Geist / Prinz Ohneland / «Unsre»
Geschichte / Der Bienenmann von Orn / Der erstaun-
liche Schiffbruch der «Thomas Hyke» / Die verstorbene
Schwester seiner Frau / Das Erlebnis mit der negativen
Schwerkraft / Roter Kaliko / Der Alte Spielmann und
die Baum-Nymphe / Der Freund aller Zauderer / Der
Greif und der junge Domherr / Die Uhren von Rondaine /
Die zusätzlichen Erlebnisse von Amos Kilbright / Meine
widerspenstige Nachbarin / Die Überfahrt der Witwe
Ducket.

Emile Zola · Meistererzählungen
Aus dem Französischen übertragen von Trude Fein.
Nachwort von Hugo Meier. 415 Seiten. *Inhalt:* Die mich
liebt / Das Blut / Ein Opfer der Reklame / Die vier Tage
von Jean Gourdon / Für eine Liebesnacht / Naïs Micoulin
/ Nantas / Der Tod von Olivier Bécaille / Die Muscheln
von Monsieur Chabre / Jacques Damour / Angeline.

Arnold Bennett · Lebendig begraben
Roman. Aus dem Englischen übertragen von Peter Nau-
jack. Nachwort von Horst Meller. 367 Seiten.
E. T. A. Hoffmann · Die Elixiere des Teufels
Nachgelassene Papiere des Bruders Medardus, eines Ka-
puziners. Herausgegeben von dem Verfasser der Phanta-
siestücke in Callots Manier. Nachwort von Peter von
Matt. 432 Seiten.
Issa · Mein Frühling
Aus dem Japanischen übertragen und mit einem Nach-
wort versehen von G. S. Dombrady. 192 Seiten mit 27
Illustrationen, davon 8 in Farbe.
Don Juan Manuel · Der Graf Lucanor
Erzählungen. Aus dem Spanischen übertragen von Joseph
von Eichendorff. Nachwort und Anmerkungen von
Arnold Steiger. 304 Seiten.
Frigyes Karinthy · Bitte, Herr Professor
Satiren und Erzählungen. Aus dem Ungarischen übertra-
gen und mit einem Nachwort versehen von Andreas
Oplatka. 432 Seiten. *Inhalt:* Um sieben Uhr in der Früh /
Ich komme zu spät / Ich verkaufe mein Lehrbuch / Der
Musterschüler an der Tafel / Der schlechte Schüler an der
Tafel / Der durchgefallene Mann / Ungarischer Aufsatz /
Lachkrampf in der Klasse / Ich führe Experimente durch /
Ich erkläre mein Zeugnis / Die Mädchen / Mein Tage-
buch / Ich hange am Gerät / Der Krisenrat / Ich lüge /
Mein Papa / Ich kaufe Spielwaren / Drei Schokolade-
zigarren / Glückliche Märchenwelt / Als Präsident bei der
Klassenprüfung – oder: Ich beginne, Gabi zu imponieren /
Ich unterrichte meinen Sohn / Der Weltkrieg als mein
Prüfungsstoff / Ich werde an der Börse eingeführt / Alle-
gorie über den Schriftsteller / Legende vom Dichter /
Tem-po Em-te-ka! / Weihnachtsnummer / Neue Tausend-
Kronen-Note / Der Dichter und der Kaufmann / Brief
an den Setzer / Ermuntert und gedrängt von meinen
Freunden / Man scherzt mit mir / Der Gewichtheber /
Meine Hinrichtung / Man zeichnet mein Porträt / Sperr-
stunde um fünf Uhr / Zusammenrottung / Hineingelan-
gen / Gleichnis vom echten und vom falschen Geldstück /

Mut, mein junger Freund / Wissenschaft / Wer küßt mehr? / Der Affe, der kleine Löwe, das Ferkel und der kleine Hund / Desperanto / Die Schiffsschaukel / Menschenstreik / Uhren / Autotaxi / Der Urmensch / Amerikanisches Duell / Lispeltöne / Allerdings-Leute / Darstellende Statistik / Göttliche Vorsehung / Mahlzeit und Zaturek / Im Patentamt / Wohltätigkeit / Der Mann und der Stuhl / Propaganda / Ich fordere das Schulgeld zurück / Begegnung mit einem jungen Mann / Der Zirkus / Brief an den geehrten Herrn Oberdiplomaten / Prolog / Schauspielerin / Privisinszki / Bauchoperation / Cesare und Abu Kair / Ich und Ichlein / Der blinde Bildhauer / Dódi / Gethsemane / Christus und Barabbas.

Marco Polo · Il Milione
Die Wunder der Welt. Aus altfranzösischen und lateinischen Quellen übertragen und mit einem Nachwort versehen von Elise Guignard. 509 Seiten mit 14 Illustrationen in Farbe aus dem Oxforder Codex Bodley 264.

William Shakespeare · Die Sonette
Englisch-deutsch. Aus dem Englischen übertragen und mit einem Nachwort versehen von Hanno Helbling. 327 Seiten.

Mary Shelley · Frankenstein
oder Der moderne Prometheus. Roman. Aus dem Englischen übertragen von Ursula von Wiese. Nachwort von Fritz Güttinger. 399 Seiten. Vergriffen.

Ludwig Tieck · Erzählungen und Märchen
Auswahl und Nachwort von Alexander von Bormann. 551 Seiten. *Inhalt:* Die beiden merkwürdigsten Tage aus Siegmunds Leben / Der blonde Eckbert / Die Reisenden / Die Gesellschaft auf dem Lande / Der fünfzehnte November / Das Zauberschloß / Des Lebens Überfluß. Vergriffen.

1984

Altchinesische Erzählungen
aus dem «Djin-gu tji-gwan». Aus dem Chinesischen übertragen und mit einem Nachwort versehen von Gottfried Rösel. Corona-Reihe. 696 Seiten mit 13 chinesischen

Holzschnitten. *Inhalt:* Bruderliebe oder Wie drei Beamte höchsten Ranges von ihrem Amt zurücktraten und hohe Ehren erwarben. Vorerzählung: Der Judasbaum / Wege des Himmels oder Wie zwei Kreisvorsteher wetteiferten, ein verwaistes Mädchen zu verheiraten. Vorerzählung: Die vertauschte Braut / Glück oder Wie ein Mann zum Glück auf rote Dungting-Apfelsinen stieß. Vorerzählung: Eigenwillige Silberbarren / Vergeltung oder Wie ein Geizhals voller List den Sohn des von ihm bestohlenen Eigentümers adoptierte. Vorerzählung: Erzwungene Rückerstattung / Freundschaft oder Wie Wu Bau-an seine Familie verließ, um seinen Freund auszulösen / Wiedervereinigung oder Wie Schen Hsiau-hsia seines Vaters «Aufruf zu den Waffen» fand / Nächstenliebe oder Wie der alte Liu Yüan-pu Vater von zwei Beamtensöhnen wurde. Vorerzählung: Der Scheidungsbrief / Dankbarkeit oder Wie ein alter Schüler die vermeintliche Gunst seines Lehrers bis in die dritte Generation vergalt. Einleitung: Frühreif und spätreif / Pech oder Wie ein vom Pech verfolgter Student auf einmal sein Glück erreichte. Vorerzählung: Reis im Abwaschwasser / Treue oder Wie ein alter Diener durch rechtschaffenen Eifer der Witwe seines Herrn zu Wohlstand verhalf. Vorerzählung: Der Tod eines treuen Dieners / Gerechtigkeit oder Wie ein Diener aus geheimem Groll falsche Anklage gegen seinen Herrn erhob. Vorerzählung: Schuldig freigesprochen / Ehrlichkeit oder Wie der älteste Lü durch Rückgabe gefundenen Geldes seine Familie wieder vollständig machte. Vorerzählung: Die gefüllten Pasteten / Vergänglichkeit oder Wie ein Tunichtgut für viel Geld Beamter werden wollte. Vorerzählung: Glück und Unglück eines Eunuchen. Vergriffen.

Jane Austen · Vernunft und Gefühl
Roman. Aus dem Englischen übertragen und mit einem Nachwort versehen von Ruth Schirmer. 512 Seiten.

«Sag' ich's euch, geliebte Bäume...»
Texte aus der Weltliteratur. Herausgegeben von Federico Hindermann. 552 Seiten mit 30 Illustrationen, davon 12 in Farbe, von Gottfried Keller, Adalbert Stifter und Johann Wolfgang Goethe. *Inhalt:* Johann Wolfgang Goethe «Sag' ich's euch, geliebte Bäume...» / Michail Prischwin «Die

Unterhaltung der Bäume», «Der alte Baumstumpf», «Junge Blätter», «Die Stockwerke des Waldes» / «Der Obstwächter», «Der Nußbaum», «Der veredelte Birnbaum», «Rastplatz der Liebe», «Platane und Weinstock». Aus der «Anthologia Graeca» / Peter Rosegger «Der große Wald» / Tanka aus älterer Zeit / Walter de la Mare «Der Baum» / Ovid «Philemon und Baucis» / Jean Giono «Der Mann, der Bäume pflanzte» / George Meredith «Wehmutslied im Wald» / Richard Watson Dixon «Weidenbaum» / Rudyard Kipling «Der Waldweg» / Iwan Turgenjew «Fahrt ins Waldgebiet» / Giovanni Pascoli «Im Gehölz», «Der Pfirsichbaum» / Victor Hehn «Der Feigenbaum», «Der Ölbaum» / Gottfried Keller «Waldlieder», «Arm in Arm und Kron' an Krone», «Aber auch den Föhrenwald» / Conrad Ferdinand Meyer «Schwarzschattende Kastanie» / Snorri Sturluson [«Die Welt-Esche Yggdrasil»] aus der «Prosa-Edda» / Pierre de Ronsard «Elegie XXIV» / Nikolaus Lenau «Waldlieder», «Waldlied v» / Stacy Aumonier «Der krumm gewachsene Baum» / Giacomo Lubrano «Phantastisch-vielgestaltige Zedern in den Gärten von Reggio» / Paul Valéry «Gespräch über den Baum» / Friedrich Hölderlin «Die Eichbäume» / Georg Heym «Aus grüner Waldnacht» / Bertolt Brecht «Ihr großen Bäume in den Niederungen» / Albin Zollinger «Der Baum» / Nathaniel Hawthorne «Der Maibaum von Merry Mount» / «Oryū, die Weide» / Gabriela Mistral «Der Reigen vom Seibabaum», «Drei Bäume» / Wladimir Korolenko «Der Wald rauscht» / Joseph von Eichendorff «Abschied», «Nachts», «Bei einer Linde» / Oliver Wendell Holmes [«Bäume»]. Aus «The Autocrat of the Breakfast-Table» / Gerard Manley Hopkins «Binsey-Pappeln» / Antonio Machado «Auf eine dürre Ulme» / Marnix Gijsen «Der Baum des Guten und des Bösen» / Oskar Loerke «Die ehrwürdigen Bäume. Die Geister (1)», «Abendmahlzeit unter Bäumen», «Birken» / Eliza Orzeszkowa «Der alte Ahorn» / Paul Valéry «Palme» / Vance Palmer «Der Baumstrunk» / Robert Frost «Rast im Winterwald» / Kunikida Doppo «Die Musashi-Ebene» / Peter Hille «Waldstimme» / Theodor Däubler «Die Fichte», «Die Buche» / Robert Burton [«Liebende Bäume»]. Aus «The Anatomy of Melan-

choly» / Wakayama Bokusui «Bäume», «Tanka» / Henry
Vaughan «Das Holz» / Robert Walser «Der Wald» /
Konrad Weiß «Der Baum» / Adalbert Stifter «Der Wald-
brunnen» / Hans Christian Andersen «Der Tannenbaum».

Charlotte Brontë · Villette
Roman. Aus dem Englischen übertragen und mit einem
Nachwort versehen von Ilse Leisi. 848 Seiten.

Erasmus von Rotterdam · Adagia
Vom Sinn und vom Leben der Sprichwörter. Ausge-
wählt, aus dem Lateinischen übertragen und erläutert von
Theodor Knecht. 328 Seiten mit 50 Emblemata.

John Galsworthy · Meistererzählungen
Aus dem Englischen übertragen von Irma Wehrli. Nachwort von Andreas Fischer. 471 Seiten. *Inhalt:* Ein Philosoph / Pfaffenhütchen / Das Schweigen / Ein Mann aus
Devon / Eine Fehde / Ein Menschenfischer / Blitz aus
heiterem Himmel / Bäume / Der Mutterstein / Friedens-
versammlung / Ein Müller am Dee / Das Gleichnis eines
Romanciers / Die Ersten und die Letzten.

Jiddische Erzählungen
von Mendele Mojcher Sforim, Jizchak Lejb Perez, Scholem Alejchem. Ausgewählt, aus dem Jiddischen übertragen und mit einem Nachwort versehen von Leo Nadel-
mann. 432 Seiten. *Inhalt:* Mendele Mojcher Sforim «Die
Reisen Benjamin des Dritten» / Jizchak Lejb Perez «Kab-
balisten», «Höre, Israel oder Der Baßgeiger», «Bontsche
Schweig», «Das Opfer», «Der verrückte Batlen», «Der
Baal Schem als Heiratsvermittler» / Scholem Alejchem
«Heutige Kinder», «Eine Hochzeit ohne Musikanten»,
«Ein Pessach im Dorf», «Methusalem», «Mein erster Roman», «Das künftige Seelenheil».

**Dmitrij Mamin-Ssibirjak · Die Priwalowschen
Millionen**
Roman. Aus dem Russischen übertragen und mit einem
Nachwort versehen von Bruno Goetz. Corona-Reihe.
679 Seiten.

Manesse Almanach
auf das 40. Verlagsjahr. 620 Seiten mit 80 Illustrationen,
davon 10 in Farbe. *Inhalt:* Gottfried Keller «Hadlaub»,
«Der Narr auf Manegg» / Johannes Hadlaub: Gedichte /
Johann Jacob Bodmer «Von den vortrefflichen Umstän-

den für die Poesie unter den Kaisern aus dem schwäbischen Haus», «Die Geschichte der Manessischen Handschrift» / Werner G. Zimmermann «Die Manessische Liederhandschrift im Spiegel von Wahrheit und Dichtung» / Erwin Jaeckle «Dr. Walther Meier» / Walther Meier «Drei Leser» / Manesse-Bibliographie 1944–1984. Vergriffen.

Eike von Repgow · Der Sachsenspiegel
Herausgegeben und mit einem Nachwort versehen von Clausdieter Schott. Ins Neuhochdeutsche übertragen von Ruth Schmidt-Wiegand und Clausdieter Schott. 416 Seiten mit 28 Miniaturen, davon 18 in Farbe.

Friedrich Schiller · Gedichte und Prosa
Auswahl und Nachwort von Emil Staiger. 680 Seiten. *Inhalt:* Gedichte / Theoretische Schriften: «Über den Grund des Vergnügens an tragischen Gegenständen», «Über die tragische Kunst», «Vom Erhabenen», «Über das Pathetische», «Über Anmut und Würde», «Über die ästhetische Erziehung des Menschen in einer Reihe von Briefen», «Über naive und sentimentalische Dichtung».

1985

Tania Blixen · Letzte Erzählungen
Aus dem Englischen übertragen von Wolfheinrich von der Mülbe, Barbara Hennings und W. E. Süskind. Nachwort von Eckart Kleßmann. 512 Seiten. *Inhalt:* Die erste Erzählung des Kardinals / Der Mantel / Nächtliche Wanderung / Von verborgenen Gedanken und vom Himmel / Zwei alte Herren erzählen sich Geschichten / Die dritte Erzählung des Kardinals / Die leere Seite / Die Karyatiden / Widerhall / Eine Geschichte vom Lande / Saison in Kopenhagen / Nächtliches Gespräch in Kopenhagen.

Stephen Crane · Meistererzählungen
Aus dem Amerikanischen übertragen und mit einem Nachwort versehen von Fritz Güttinger. 509 Seiten. *Inhalt:* Seine neuen Fäustlinge / Homer Phelps / Georgs Mutter / Ein Versuch mit dem Elend / Das offene Boot / Der Sheriff bringt seine Frau mit / Das blaue Hotel / Das Scheusal / Das rote Tapferkeitsabzeichen.

Alphonse Daudet · Numa Roumestan
Roman. Aus dem Französischen übertragen von Guido
Meister. Nachwort von Gerda Zeltner. 405 Seiten.

William Henry Davies · Supertramp
Autobiographie eines Vagabunden. Mit einem Vorwort
von George Bernard Shaw. Aus dem Englischen übertragen von Ursula von Wiese. Nachwort von Horst Meller.
384 Seiten.

Fjodor M. Dostojewskij · Schuld und Sühne
Roman. Aus dem Russischen übertragen von Werner
Bergengruen. Nachwort von Ulrich Busch. Corona-
Reihe. 955 Seiten mit 24 Zeichnungen von P. M. Bo-
klewskij.

Die ersten Bände der Manesse Bibliothek
3 Bände in Kassette mit insgesamt 2388 Seiten. *Inhalt:*
«Goethe im Gespräch» / Alexej K. Tolstoi «Fürst Serebriany» / Herman Melville «Moby Dick».

Oliver Goldsmith · Der Pfarrer von Wakefield
Roman. Aus dem Englischen übertragen von Andreas
Ritter. Nachwort von David Wells. 336 Seiten mit 10
Illustrationen von Tony Johannot.

Georg Friedrich Händel
In Briefen, Selbstzeugnissen und zeitgenössischen Dokumenten. Herausgegeben von Dieter Schickling. 272 Seiten mit 26 Illustrationen.

Fritz Alexander Kauffmann · Leonhard
Chronik einer Kindheit. Mit einem Nachwort von
Joachim Moras. Corona-Reihe. 712 Seiten.

**Wladimir Korolenko · Die Geschichte meines
Zeitgenossen**
Aus dem Russischen übertragen von Rosa Luxemburg.
Nachworte von Rosa Luxemburg und Heinrich Riggen-
bach. 652 Seiten.

**Michelangelo · Lebensberichte, Briefe, Gespräche,
Gedichte**
Herausgegeben und übertragen von Hannelise Hinder-
berger. Revision der Briefe von Sabine Schneider. 543
Seiten mit 20 Illustrationen.

Christian Morgenstern · Sämtliche Galgenlieder
Mit einem Nachwort von Leonard Forster und einer edi-
torischen Notiz von Jens Jessen. 552 Seiten.

Schweizer Erzähler
Auswahl von Federico Hindermann. Nachwort von Karl
Fehr. 640 Seiten. *Inhalt:* Jeremias Gotthelf «Elsi, die selt-
same Magd» / Gottfried Keller «Romeo und Julia auf dem
Dorfe» / Conrad Ferdinand Meyer «Das Leiden eines
Knaben» / Carl Spitteler «Das Bombardement von Åbo»
/ Jakob Bosshart «Altwinkel» / Heinrich Federer «Das
letzte Stündlein des Papstes Innocenz des Dritten» / Ro-
bert Walser «Kleist in Thun» / Regina Ullmann «Der
ehrliche Dieb» / Cécile Lauber «Das schreckliche Kalb» /
Meinrad Inglin «Die Furggel» / Traugott Vogel «Der
Erbteil» / Albin Zollinger «Die Russenpferde» / Rudolf
Jakob Humm «Das Schneckenhaus» / Kurt Guggenheim
«Nachher» / Rudolf Graber «Die Geschichte von der
Schülerversicherung» / Ludwig Hohl «Drei alte Weiber
in einem Bergdorf».

Werner Weber / Walther Killy · Zur Literatur der Welt
Vierzig Jahre Manesse Bibliothek. Mit einer Einführung
von Federico Hindermann. 76 Seiten. Vergriffen.

1986

Angelus Silesius · Cherubinischer Wandersmann
Herausgegeben von Louise Gnädinger. 528 Seiten mit
53 Emblemen.

Tania Blixen · Afrika – dunkel lockende Welt
Aus dem Englischen übertragen von Rudolf von Scholtz.
Nachwort von Jürg Glauser. 484 Seiten.

Historie von Doktor Johann Faust
Herausgegeben und übertragen von Max Wehrli. 400 Seiten.

Ricarda Huch · Briefe an die Freunde
Herausgegeben von Marie Baum. Nachwort von Jens
Jessen. 605 Seiten.

Victor Hugo · Der Glöckner von Notre-Dame
Roman. Aus dem Französischen übertragen und mit
einem Nachwort versehen von Hugo Meier. Corona-
Reihe. 780 Seiten mit 51 zeitgenössischen Illustrationen.

Ilja Ilf / Jewgenij Petrow · Das Goldene Kalb
Ein Millionär in Sowjetrußland. Roman. Aus dem Russischen übertragen von Wera Rathfelder und Pia Todoro-

vić. Nachwort von Jochen-Ulrich Peters. 520 Seiten. Vergriffen.

Phantastische Geschichten aus dem alten Rußland
Aus dem Russischen übertragen von Gundula Bahro. Auswahl und Nachwort von Horst Heidtmann. 452 Seiten. *Inhalt:* Nikolai M. Karamsin «Der Paradiesvogel» / Antoni Pogorelski «Die Mohnkuchenfrau von Lafertowo» / Alexander S. Puschkin «Der Sargmacher» / Alexander Bestuschew-Marlinski «Die unheimliche Wahrsagung» / Nikolai Gogol «Der verhexte Platz» / Wladimir F. Odojewski «Das Städtchen in der Tabatiere», «Das Gespenst» / Michail J. Lermontow «Schtoss» / Iwan S. Turgenjew «Der Hund» / Fjodor M. Dostojewski «Das Krokodil» / Michail Saltykow-Schtschedrin «Die Spieldose» / Anton P. Tschechow «Eine schreckliche Nacht» / Dimitri S. Mereschkowski «Der heilige Satyr» / Waleri Brjussow «Im Spiegel», «Die Republik des Südkreuzes» / Alexej M. Remisow «Sanofa» / Michail Kusmin «Aus den Briefen der Jungfer Claire Valmont an Rosalie Tütelmeier» / Alexej N. Tolstoi «Terenti Generalow».

Henryk Sienkiewicz · Meistererzählungen
Aus dem Polnischen übertragen und mit einem Nachwort versehen von Veronika Körner. 504 Seiten. *Inhalt:* Der Prophet gilt nichts in seinem Vaterlande / «Kohleskizzen» oder ein Epos mit dem Titel «Was in Schafskopf geschah» / Aus den Erinnerungen eines Posener Hauslehrers / Janko der Musikant / Der Leuchtturmwärter / Seefahrerlegende / Die Dritte / An der Quelle / Der Organist von Ponickła / Sei gepriesen! Eine indische Legende / Folgen wir ihm nach / Schriftstellerinnen. Eine Humoreske über Kinder – doch nicht für Kinder.

Stijn Streuvels · Der Flachsacker
Roman. Aus dem Flämischen übertragen von Anna Valeton. Nachwort von Adelbrecht van der Zanden. 342 Seiten.

Vögel in der Weltliteratur
Herausgegeben von Federico Hindermann. 448 Seiten mit 16 Farbtafeln von John James Audubon und 38 Holzstichen von Thomas Bewick. *Inhalt:* Walter Muschg «Weltreich der Vögel» / John Keats «Ode an eine Nachtigall» / Emilio Cecchi «Spatzen» / Wilhelm Lehmann «Stare»,

«Unaufhörlich» / Alfred de Musset «Die Geschichte einer weißen Amsel» / [Mandarinenten] Tanka und Haiku / James Russell Lowell «Meine Gartenbekanntschaften» / Gabriela Mistral «Alondras», «Lerchen» / Pentti Haanpää «Eine Kranichgeschichte» / Karl Wilhelm Ramler «Nänie auf den Tod einer Wachtel» / Giovanni Boccaccio «Falken-Novelle» / Gerard Manley Hopkins «Der Turmfalke», «Die Lerche im Käfig» / Iwan Turgenjew «Der Spatz», «Die Tauben», «Die Drossel (1)», «Die Drossel (2)», «Ohne Nest» / José Juan Tablada «Der Papagei» / Robert Musil «Die Amsel» / Stéphane Mallarmé «Sonett» / Charles Baudelaire «Der Albatros» / William Butler Yeats «Leda und der Schwan» / Robert Walser «Liebe kleine Schwalbe» / William Cullen Bryant «An einen Wasservogel» / Michael Bruce «An den Kuckuck» / Ventura García Calderón «Die Rache des Kondors» / Bao Zhao «Die tanzenden Kraniche» / Rainer Maria Rilke «Die Flamingos» / Marie von Ebner-Eschenbach «Der Fink» / Walter Muschg «Arie» / William Henry Hudson «Raben in Somerset», «Eulen in einem Dorf» / Minamoto Takakuni «Wie ein Falkenjäger aus dem Westen der Hauptstadt nach einem Traum der Welt entsagte» / Percy Bysshe Shelley «An eine Lerche» / Katō Chikage «Über das Thema: ‹Bei einem Haus am Fluß dem Kuckuck lauschen›» / Johann Wolfgang Goethe «Der Adler und die Taube» / Gaius Valerius Catullus «Totenklage um Lesbias Sperling» / David Herbert Lawrence «Winterlicher Pfau» / Giacomo Leopardi «Der einsame Vogel» / Christina Georgina Rossetti «Vögel des Paradieses» / Albin Zollinger «Albatros» / Guy de Maupassant «Liebe» / Walt Whitman «An den Fregattvogel» / Luigi Pirandello «Der Rabe von Mìzzaro» / Ossip Mandelstam «Der Stieglitz» / Mi Heng «Der Papagei» / Matthew Arnold «Philomela» / Hermann Löns «Die Rohrsänger», «Der Feldsperling» / William Henry Davies «Der Eisvogel» / Jules Renard «Enten», «Das Perlhuhn», «Der Pfau», «Der Schwan», «Die Rebhühner» / Nikolaj Sabolozkij «Die Schwalbe» / Gertrud Kolmar «Die Reiher» / Katherine Mansfield «Der Kanarienvogel» / Jacques Prévert «Wie man einen Vogel malt» / Eugenio Montale «Der Flug des Sperbers» / Hans Jakob Christoffel von Grimmelshausen

«Nachtlied des Einsiedlers» / John Burroughs «Dichter
und Vögel» / Oskar Loerke «Sonnwendlied der Vögel»,
«Die Vogelstraßen».

1987

Anne Brontë · Agnes Grey
Roman. Aus dem Englischen übertragen und mit einem
Nachwort versehen von Sabine Kipp. 399 Seiten.
Deutsche Aphorismen
aus drei Jahrhunderten. Auswahl von Federico Hinder-
mann und Bernhard Heinser. 464 Seiten. *Inhalt:* Aphoris-
men von Lichtenberg, Goethe, Klinger, Seume, Jean Paul,
Novalis, Schlegel, Schopenhauer, Feuchtersleben, Auer-
bach, Ebner-Eschenbach, Raabe, Nietzsche, Simmel,
Schnitzler, Friedländer, Morgenstern, Polgar, Hofmanns-
thal, Kraus, Friedell, Radbruch, R. A. Schröder, Haecker,
Musil, H. A. Moser, Kafka, Brock, Tucholsky, C. J.
Burckhardt, L. Strauß, Doderer, Rychner, F. G. Jünger,
Tschopp, Kudszus, Adorno, Hohl, Eisenreich.
Die Edda
Götter- und Heldenlieder der Germanen. Aus dem Alt-
nordischen übertragen, mit Anmerkungen und einem
Nachwort versehen von Arthur Häny. 576 Seiten.
**Henry Fielding · Die Abenteuer des Joseph Andrews
und seines Freundes Mr. Abraham Adams**
Roman. Aus dem Englischen übertragen und mit einem
Nachwort versehen von Ilse Leisi. 640 Seiten mit 12 zeit-
genössischen Illustrationen.
Theodor Fontane · Autobiographische Schriften
Meine Kinderjahre / Von Zwanzig bis Dreißig / Kriegs-
gefangen. Mit einem Nachwort von Martin Meyer. Co-
rona-Reihe. 936 Seiten.
Rudyard Kipling · Meistererzählungen
Aus dem Englischen übertragen von Sylvia Botheroyd,
Monika Kind, Sabine Kipp, Ilse Leisi und Irma Wehrli.
Nachwort von Andreas Fischer. 448 Seiten. *Inhalt:* Fal-
scher Morgenschimmer / Nacht-Wach-Uhren / Der Andere / Im Hause Suddhoos / Das «Kettenbruch»-Han-
dicap / Jenseits der Grenzen / Bankschwindel / Tods'
ergänzende Abänderung / Das Schwein / Mündlicher

Bescheid / Dungaras Gericht / Wenn die Flut kommt /
Die Geisterriksha / Wie das Kamel zu seinem Höcker
kam / Das Elefantenkind / Wie der erste Brief geschrieben
wurde / Die Katze, die ihre eigenen Wege ging / Der
Schmetterling, der aufstampfte / «Sie» / Der freundliche
Bach / Das Auge Allahs / Der Gärtner.

Conrad Ferdinand Meyer · Meistererzählungen
Mit einem Nachwort und einem Anhang versehen von
Angelika Maass. 509 Seiten. *Inhalt:* Das Amulett / Der
Schuß von der Kanzel / Plautus im Nonnenkloster /
Gustav Adolfs Page / Das Leiden eines Knaben / Die
Hochzeit des Mönchs.

Palladius · Historia Lausiaca
Die frühen Heiligen in der Wüste. Herausgegeben und
aus dem Griechischen übertragen von Jacques Laager. 352
Seiten mit 6 Farbtafeln.

August Strindberg · Meistererzählungen
Aus dem Schwedischen übertragen und mit einem Nachwort versehen von Helen Oplatka-Steinlin. 352 Seiten. *Inhalt:* Richtfest / Paul und Peter / Wie es kommen mußte!
/ Ein Puppenheim / Herbst / Das ist nicht genug! / In Mitt-
sommerzeiten / Als die Baumschwalbe in den Kreuzdorn
kam / Der Triumphator und der Narr / Blauflügelchen
findet den Goldpuder / Heiterbucht und Schmachsund.

Weihnachten
Prosa aus der Weltliteratur. Auswahl von Bernhard Heinser. 504 Seiten und 10 Farbtafeln. *Inhalt:* Aus der Bibel /
Adalbert Stifter «Weihnacht» / Hugh Walpole «Der Zau-
berkünstler» / Theodor Storm «Unter dem Tannenbaum» / Guido Gozzano «Eine Weihnacht in Ceylon» /
Benito Pérez Galdós «Der Ochse und der Esel» / Maxim
Gorki «Heiligabend» / Selma Lagerlöf «Die Heilige
Nacht» / Jeremias Gotthelf «Merkwürdige Reden, gehört
zu Krebsligen zwischen zwölf und ein Uhr in der Heiligen Nacht» / Hans Christian Andersen «Der Tannenbaum» / Wladimir Korolenko «Der Traum Makars» /
Robert Walser «Eine Weihnachtsgeschichte», «Weihnachtsgeschichte», «Zwei Weihnachtsaufsätzchen» / Guy
de Maupassant «Heilige Nacht» / Fjodor M. Dostojewskij
«Der Knabe am Weihnachtsabend beim Herrn Jesu» /
Wolfgang Borchert «Die drei dunklen Könige» / Gustavo

Adolfo Bécquer «Meister Pérez, der Organist» / Heinrich
Böll «Krippenfeier» / Nathaniel Hawthorne «Das Weihnachtsmahl» / Felix Timmermans «Das Triptychon von
den Heiligen Drei Königen» / Carlo Dossi «Das Weihnachtsfest» / Anton Tschechow «Wanka» / Alain «Vier
‹Propos›» / Edzard Schaper «Das Christkind aus den großen Wäldern» / Mary Eleanor Wilkins Freeman «Weih-
nachts-Jenny» / Alphonse Daudet «Die drei stillen Messen» / Kate Chopin «Madame Martels Weihnachtsabend»
/ Jules Supervielle «Der Ochs und der Esel im Stall zu
Bethlehem», «Die Flucht nach Ägypten».

1988

Apokryphen zum Alten und Neuen Testament
Herausgegeben, eingeleitet und erläutert von Alfred
Schindler. 768 Seiten mit 20 Handzeichnungen von Rem-
brandt. *Inhalt:* Die Bücher der Makkabäer (Das erste
Buch der Makkabäer, Das zweite Buch der Makkabäer,
Das vierte Buch der Makkabäer) / Das Buch Judith / Das
Buch Tobias / Die Zusätze zu Daniel / Der Aristeasbrief /
Martyrium und Himmelfahrt des Jesaja / Worte Jesu, die
nicht in den Evangelien stehen / Das Protevangelium des
Jakobus / Das Kindheitsevangelium des Thomas / Das
Pseudo-Matthäus-Evangelium / Das Petrus-Evangelium
/ Das Nikodemus-Evangelium / Legenden über Christus-
bilder / Der Briefwechsel zwischen Paulus und Seneca /
Die Petrus-Akten / Die Paulus-Akten / Der Heimgang
der seligen Maria / Die Petrus-Apokalypse.

**Kenneth Grahame · Das Goldene Zeitalter /
Traumtage**
Aus dem Englischen übertragen und mit einem Nach-
wort versehen von Meret Ehrenzeller. 368 Seiten.

Thomas Hardy · Meistererzählungen
Aus dem Englischen übertragen und mit einem Nachwort versehen von Rainer Zerbst. 503 Seiten. *Inhalt:* Die
drei Fremden / Auf Dienstfahrt im Westen / Was der
Schäfer sah / Zwei aus einer Stadt / Barbara im Hause
Grebe / Ein ganz anderer Mensch / Lady Penelope / Der
verdorrte Arm / Eine Frau mit Phantasie / Eine Anekdote
aus dem Jahre 1804 / Das kaltgewordene Mahl.

Hartmann von Aue · Iwein

Zweisprachige Ausgabe. Aus dem Mittelhochdeutschen übertragen, mit Anmerkungen und einem Nachwort versehen von Max Wehrli. 565 Seiten und 10 Abbildungen in Farbe der Iwein-Fresken auf Burg Rodenegg.

Inseln in der Weltliteratur

Herausgegeben von Anne Marie Fröhlich. Nachwort von Federico Hindermann. 440 Seiten mit 26 Illustrationen. *Inhalt:* Stéphane Mallarmé «Seebrise» / Jean Grenier «Die Borromäischen Inseln» / David Herbert Lawrence «Der Mann, der Inseln liebte» / Jean-Jacques Rousseau «Fünfter Spaziergang» / Robert Walser «Die Insel» / Josef von Eichendorff «Die Brautfahrt» / Edgar Allan Poe «Die Feeninsel» / Jules Supervielle «Das Kind vom hohen Meer» / Albin Zollinger «Die Zimmetinseln» / Valery Larbaud «Die große Zeit» / Jean Grenier «Die Osterinsel» / Gottfried Benn «Osterinsel» / William Cowper «Ein Gedicht, das Alexander Selkirk während seines einsamen Aufenthalts auf der Insel Juan Fernandez verfaßt haben könnte» / Karel und Josef Čapek «Die Insel» / Adelbert von Chamisso «Die Insel Salas y Gomez» / Herman Melville «Die Hood-Insel und der Eremit Oberlus», «Die seligen Inseln» / Henryk Sienkiewicz «Der Leuchtturmwärter» / Andrew Marvell «Bermudas» / Robert Louis Stevenson «Die Insel der Stimmen» / Marco Polo «Die Insel Klein-Java», «Die Männer-Insel und die Frauen-Insel», «Die Insel Scotra» / Gottfried Benn «Palau» / Shichirō Fukazawa «Nanking-Bübchen» / Francis Bacon «Reise und Landung. Eine Insel im Stillen Ozean» / Stefan George «Der Herr der Insel» / Herbert George Wells «Die Äpyornis-Insel» / William Butler Yeats «Die See-Insel von Innisfree» / Alfred Lord Tennyson «Maeldunes Seefahrt» / Michail Prischwin «Die rettende Insel» / Oskar Loerke «Die Erschaffung der Insel» / Corrado Alvaro «Das sagenumwobene Inselreich» / Friedrich Hölderlin «Der Archipelagus» / Jan Neruda «Der Vampir» / Charles Baudelaire «Eine Reise nach Cythera» / Thomas Morus «Die Lage der Insel Utopia» / Guido Gozzano «Die schönste...».

Thomas Mofolo · Chaka Zulu

Roman. Aus dem Sesotho übertragen, mit Anmerkungen

und einem Nachwort versehen von Peter Sulzer. 376 Seiten.

Robert Neumann · Meisterparodien
Ausgewählt und mit einem Nachwort versehen von Jens Jessen. 448 Seiten. *Inhalt:* Parodien nach Beckett / Benn / Böll / Brecht / Broch / Brod / Bronnen / Camus / Courths-Mahler / Däubler / Döblin / Eckermann / Edschmid / Ehrenburg / Eich / Freud / Frisch / Galsworthy / George / Gide / Hamsun / Harden / Heidegger / Hemingway / Hermlin / Hesse / Hofmannsthal / James / Jünger / Kafka / Kaiser / Kant / Kästner / Keyserling / Kirst / Knittel / Koeppen / Koestler / Kraus / Lasker-Schüler / Lernet-Holenia / Mailer / H. Mann / T. Mann / Marlitt / du Maurier / Mehring / Meyrink / Moravia / Münchhausen / Nietzsche / O'Neill / Osborne / Plato / Plivier / Priestley / Remarque / Rilke / Sartre / Seghers / Shakespeare / Spengler / Sternheim / Steinbeck / Sudermann / Tagore / Toller / Wassermann / Werfel / Wiechert / V. Woolf / Zuckmayer / A. Zweig.

Michail Prischwin · Meistererzählungen
Aus dem Russischen übertragen und mit einem Nachwort versehen von Ilma Rakusa. 307 Seiten. *Inhalt:* Das Tier von Krutojar / Der Friedhof der Vögel / Der Schwarze Araber / «Zum Fröhlichen Tamburin» / Phacelia.

Stefan Żeromski · In Schutt und Asche
Roman. Aus dem Polnischen übertragen und mit einem Nachwort versehen von Ellen-Alexa Schwarz. Corona-Reihe. 992 Seiten.

1989

Waldemar Bonsels · Indienfahrt
Mit einem Nachwort von Vridhagiri Ganeshan. 336 Seiten.

Charlotte Brontë · Shirley
Roman. Aus dem Englischen übertragen von Andrea Ott. Nachwort von Olaf Grunert. 960 Seiten.

Deutsche Mystik
Hildegard von Bingen, Mechthild von Magdeburg, Meister Eckhart, Johannes Tauler, Rulman Merswin, Heinrich von Nördlingen, Margareta Ebner, Heinrich Seuse,

Christine Ebner. Ausgewählt, übertragen und eingeleitet von Louise Gnädinger. 528 Seiten mit 15 farbigen Miniaturen aus einer Brüsseler Prachthandschrift des frühen 15. Jahrhunderts.

Theodor Fontane · Frau Jenny Treibel
Roman. Mit einem Nachwort von Alexander von Bormann. 304 Seiten.

Alexander Herzen · Kindheit, Jugend und Verbannung
Aus dem Russischen übertragen von Hertha von Schulz, Nachwort von Ulrich Busch. 592 Seiten.

Alexander Kuprin · Meistererzählungen
Aus dem Russischen übertragen von Eveline Passet. Mit einem Nachwort von Ilma Rakusa. 544 Seiten. *Inhalt:* Der Moloch / Das Nachtlager / Die Jüdin / Die Kränkung / Die mechanische Rechtspflege / Das Granatarmband / Der schwarze Blitz / Der Stern Salomos.

Kálmán Mikszáth · Die Geschichte des jungen Noszty mit der Mari Tóth
Roman. Aus dem Ungarischen übertragen und mit einem Nachwort versehen von Andreas Oplatka. Corona-Reihe. 616 Seiten.

Thomas Love Peacock · Nachtmahr-Abtei
(Nightmare Abbey). Aus dem Englischen übertragen von Matthias Müller. Nachwort von Werner Morlang. 284 Seiten.

Winter
Texte aus der Weltliteratur. Herausgegeben von Anne Marie Fröhlich. 452 Seiten mit 21 Illustrationen. *Inhalt:* Robert Walser «Die kleine Schneelandschaft» / Thomas Campion «Winternächte» / Burkhart von Hohenfels «Wir wollen den Winter» / Barthold Heinrich Brockes «Winter-Vergnügen im Zimmer» / Conrad Aiken «Leiser Schnee, heimlicher Schnee» / Albin Zollinger «Schneedunkel» / Vladimir Nabokov «Schnee» / Xavier Villaurrutia «Sehnsucht nach dem Schnee» / Juan Davalos «Der weiße Wind der Anden» / Alexander Puschkin «Der Schneesturm» / Galaktion Tabidse «Schnee» / Jaroslav Vrchlický «Schnee» / Konstantin Paustowskij «Schnee» / Emilio Cecchi «Winter» / Agrippa d'Aubigné «Der Winter des Herrn von Aubigné» / Pentti Haanpää «Die Hof-

alte» / Robert Frost «Eines alten Mannes Winternacht» /
Yvan Goll «Schnee-Masken» / Jan Neruda «Wintermo-
tiv» / Pierre Reverdy «Zähes Leben» / Matthias Claudius
«Ein Lied, hinterm Ofen zu singen» / Hans Albrecht
Moser «Der Tote» / Thomas H. Raddall «Das Hochzeits-
geschenk» / Meinrad Inglin «Unverhofftes Tauwetter» /
Anonym [Das Schneekind] / Nathaniel Hawthorne «Das
Schneekind» / Albin Zollinger «Wintergewitter» / An-
toine Gérard de Saint-Amant «Der Winter in den Alpen»
/ Alexander Puschkin «Die Lawine» / Paolo Monelli «Die
Lawine» / Adalbert Stifter «Bergkristall» / Kazimierz
Tetmajer «Von der Tatra» / Guy de Maupassant «Das
Berghaus» / Ernest Hemingway «Schnee überm Land» /
Ödön von Horváth «Wintersportlegendchen» / Liu
Zongyuan «Fluß im Schnee» / Fan Chengda «Winter-
landschaft» / Pierre-Charles Roy «Über Kristall so dünn»
/ Hans Christian Andersen «Der Schneemann» / Alfred
de Vigny «Der Schnee» / Oskar Loerke «Winterstille» /
Gottfried Keller «Winternacht» / Théophile Gautier
«Winterphantasie» / Julius Zeyer «Florenz im Schnee» /
William Blake «An den Winter» / Henri Michaux «Eis-
berge» / Karel Čapek «Die Fußspur» / James Russell
Lowell «Ein Wort zu Ehren des Winters».

1990

Anne Brontë · Die Herrin von Wildfell Hall
Roman. Aus dem Englischen übertragen von Sabine
Kipp. Nachwort von David Wells. 772 Seiten.
Edmond und Jules de Goncourt · Madame Gervaisais
Roman. Aus dem Französischen übertragen und mit
einem Nachwort von Hugo Meier. 296 Seiten.
Legenden
des 19. und 20. Jahrhunderts. Auswahl und Nachwort
von René Strasser. 496 Seiten mit 16 Illustrationen. *In-
halt:* Alexej Remisow «Der Stein des Bundes» / Nikolaj
Lesskow «Die Legende vom gewissenhaften Daniel» /
Marguerite Yourcenar «Unsere Liebe Frau mit den
Schwalben» / Louis Pergaud «Das Wunder des heiligen
Hubertus» / Leo Tolstoi «Die drei Greise» / Marie Luise
Kaschnitz «Der Mönch Benda» / Alexej Remisow «Chri-

sti Geburt» / Selma Lagerlöf «Das Schweißtuch der heiligen Veronika» / Riccardo Bacchelli «Die Legende vom Heiligenschein» / Anatole France «Der Gaukler Unserer Lieben Frau» / Jules Supervielle «Antonius aus der Wüste» / Heinrich von Kleist «Die heilige Cäcilie oder Die Gewalt der Musik» / Honoré de Balzac «Christus in Flandern» / Nikolaj Lesskow «Die schöne Asa» / Gustavo Arnoldo Bécquer «Der goldene Armreif» / Selma Lagerlöf «Der Fischerring» / Gertrud von le Fort «Die Tochter Jephtas» / Heinrich Federer «Das letzte Stündlein des Papstes» / Gustave Flaubert «Die Legende von Sankt Julian dem Gastfreien» / Reinhold Schneider «Die himmlischen Wohnungen».

Louis-Sébastien Mercier · Tableau de Paris
Bilder aus dem vorrevolutionären Paris. Auswahl, Übertragung aus dem Französischen, Anmerkungen und Nachwort von Wolfgang Tschöke. 468 Seiten mit 13 Kupferstichen von Balthasar Anton Dunker.

Alexej F. Pisemski · Im Strudel
Roman. Aus dem Russischen übertragen von Eveline Passet. Nachwort von Peter Thiergen. 752 Seiten.

August von Platen · Tagebücher
Auswahl und Nachwort von Rüdiger Görner. 653 Seiten.

George Santayana · Der letzte Puritaner
Erinnerungen in Form eines Romans. Aus dem Amerikanischen übertragen von Luise Laporte und Gertrud Grote. Nachwort von Iso Camartin. Corona-Reihe. 848 Seiten.

Carl Spitteler · Meistererzählungen
Nachwort von Werner Stauffacher. 580 Seiten. *Inhalt:* Conrad der Leutnant / Imago / Der Salutist / Das Bombardement von Åbo / Xaver Z'Gilgen / Ei Ole / Friedli der Kolderi.

Tschechische Erzähler
des 19. und 20. Jahrhunderts. Auswahl, Übertragung aus dem Tschechischen, Nachwort und Anmerkungen von Peter Sacher. 584 Seiten. *Inhalt:* Karel Hynek Mácha «Die Rückkehr» / Karolina Světlá «Briefe über die Erziehung» / Božena Němcová «Aus Neumark» / Karel Havlíček Borovský «Unsere Politik» / Jan Neruda «Bilder aus dem Polizeileben» / Karel Václav Rais «Aus den Erinnerungen eines Haarhändlers» / Karel Klostermann «Der

Schneesturm» / Zikmund Winter «Dies irae» / Julius
Zeyer «Inultus» / Jaroslav Durych «Walditz» / Alois Jirá-
sek «Eine Ballade aus dem Rokoko» / Arne Novák «Das
Volk der künftig Kommenden» / Svatopluk Čech «Die
wahre Reise des Herrn Brouček zum Mond» / František
Xaver Šalda «Die Warnung eines Meisters» / Ignát Herr-
mann «Der alte Schwede Václav» / Jiří Haussmann «Die
bedrohte Menschheit» / Jakub Arbes «Die Elegie der
schwarzen Augen» / Karel Matěj Čapek-Chod «Ein Beet-
hoven-Abend» / Josef Svatopluk Machar «Ich las Dosto-
jewskijs ‹Schuld und Sühne›» / Fráňa Šrámek «Das Leben» / Otokar Březina «Der Glanz der Freiheit» / Jaroslav
Hašek «Die Seele Jaroslav Hašeks erzählt» / Richard Wei-
ner «Die Erneuerung» / Ladislav Klíma «Wie wird es
nach dem Tode sein» / Jakub Deml «Die Adler» / Karel
Čapek «Der verlorene Weg».

1991

Thomas Carlyle · Sartor Resartus
Leben und Meinungen des Herrn Teufelsdröckh. Aus
dem Englischen übertragen, mit Anmerkungen und
einem Nachwort versehen von Peter Staengle. 456 Seiten.
Engel
Texte aus der Weltliteratur. Herausgegeben von Anne
Marie Fröhlich. 464 Seiten mit 26 Illustrationen. *Inhalt:*
Conrad Ferdinand Meyer «Ja» / Johann Wolfgang Goethe
«Gesang der Erzengel» / Jules Supervielle «Tobias, Vater
und Sohn» / Rainer Maria Rilke «Jeder Engel ist schreck-
lich» / Giovanni Boccaccio «Der Bruder Cipolla ver-
spricht einigen Bauern, ihnen eine Feder des Erzengels
Gabriel zu zeigen» / Alexej Remisow «Der Engel der
Verkündung» / Jean Cocteau «Der Engel Gabriel im
Dorf» / Petrus Abaelardus «Zu Mariä Verkündigung» /
Rainer Maria Rilke «Argwohn Josephs» / Leonard Wib-
berley «Die Zeit, in der die Schafe lammen» / Leonid
Andrejew «Das Engelchen» / Cécile Ines Loos «Der
Weihnachtsengel» / Walter de la Mare «Toms Engel» /
Albin Zollinger «Der Brotträger» / Muriel Spark «Der
Seraph und der Sambesi» / Jacobus de Voragine «Von
Sankt Michael dem Erzengel» / Anonym, 10. Jahrhundert

«Hymne zum Michaelsfest» / Ferdinand Gregorovius «Der Erzengel auf dem Berge Garganus» / Guy de Maupassant «Die Legende von Le Mont Saint-Michel» / Stephen Vincent Benét «Der Teufel und Daniel Webster» / Johann Klaj «Des Luzifers Soldaten» / Clarín (Leopoldo Alas) «Die unselige Nacht für den Teufel» / Christina Rossetti «O Luzifer, du Sohn des Morgens!» / Al-Qazwînî «Die Bewohner der Himmelssphären: Die Engel» / Edgar Allan Poe «Israfil» / Charles Lamb «Das Engelskind» / Almeida Garrett «Der Engel und die Prinzessin» / Jean Paul «Der Tod eines Engels» / Annette von Droste-Hülshoff «Der Todesengel» / Micha Josef bin Gorion «Der Vogel Milcham» / Georg Trakl «Amen» / Jizchak Lejb Perez «Bontsche Schweig» / Michail Lermontow «Der Engel» / Enrico Morovich «Der Engel» / Joseph von Eichendorff «Von Engeln und von Bengeln» / William Blake «Der Engel» / Gaspara Stampa «Nie hab' ich, heil'ge Engel, euch beneidet» / Victor Hugo «Erscheinung» / Francis Jammes «Mein Engel, der mich schützt, den ich verließ» / Robert Walser «Der Engel» / Heinrich von Kleist «Der Engel am Grabe des Herrn» / Alexej Remisow «Der Engel der Verdammnis», «Der Engel – Hüter der Qual» / John Henry Newman «Warten auf den Morgen» / Martin Buber «Der Engel und die Weltherrschaft» / Julia Hartwig «Von Engeln in einem dafür scheinbar ungeeigneten Augenblick» / Nicola Lisi «Über dem Neuen Thebais, Engel und Einsiedler» / Clemens Brentano «An den Engel in der Wüste» / Walerij Jakowlewitsch Brjusow «Engel des seligen Schweigens» / Angelus Silesius «Wer mit den Engeln singen kann, Der Cherubin schaut nur auf Gott, Des Gottverliebten Wunsch» / Nikolaj Lesskow «Der versiegelte Engel» / Rafael Alberti «Der unbekannte Engel» / Bernard Malamud «Ein Engel namens Levine» / Czesław Miłosz «Von Engeln».

Italienische Erzähler

Vom «Novellino» bis Gozzi. Herausgegeben von Federico Hindermann. 544 Seiten. *Inhalt:* Aus dem «Novellino» Von einem griechischen Weisen, Von einem jungen Königssohn, Schall und Rauch, Drei Meister der Schwarzkunst, Der Kaiser und sein Falke, Der Kaiser und

Italienische Erzähler

Von Boito bis Parise. Herausgegeben und mit einem Nachwort versehen von Federico Hindermann. 576 Seiten. *Inhalt:* Camillo Boito «Weihnachtsabend» / Giovanni Verga «Cavalleria Rusticana», «Die Wölfin», «Die Habe», «Gramignas Geliebte» / Giovanni Faldella «Carluccio» / Guiseppe Giacosa «Ein seltsamer Bergführer» / Carlo Dossi «Die Englischlehrerin» / Emilio de Marchi «Giampietro und Giampaolo» / Salvatore Di Giacomo «Assunta Spina» / Italo Svevo «Feuriger Wein» / Gabriele d'Annunzio «Die Totenwache» / Luigi Pirandello «Den Tod im Nacken», «Angst vor dem Glück», «Geranie am Abend», «Der Tonkrug», «Feder» / Grazia Deledda «Der Mufflon» / Massimo Bontempelli «Frau in der Sonne oder der bürgerliche Spaziergang» / Federigo Tozzi «Die Uhren» / Emilio Cecchi «Die Marmelade» / Aldo Palazzeschi «Der dunkle Punkt» / Riccardo Bacchelli «Die beiden Violinen» / Carlo Emilio Gadda «Das Feuer in der Via Keplero» / Nicola Lisi «Die Wasserkuh», «Ein Hahn» / Corrado Alvaro «Das Geld» / Anna Banti «Arabella» / Eugenio Montale «Die Fledermaus», «Der Schneemann», «Schmetterling von Dinard» / Giuseppe Marotta «Der Kalif Esposito» / Alberto Moravia «Eine Frau auf dem Kopf», «Alles für die Familie» / Cesare Pavese «Das Kornfeld», «Die Langa» / Elio Vittorini «Name und Tränen» / Tommaso Landolfi: Puppentheater «Der zerrissene Schmetterling», «Der Zahn aus Wachs» / Ennio Flaiano «Die Steine» / Elsa Morante «Der Dieb der Totenlichter» / Beppe Fenoglio «Der Gefangenenaustausch» / Italo Calvino «Abenteuer eines Lesers» / Goffredo Parise «Güte», «Melancholie», «Geduld, Frühling».

Guy de Maupassant · Mont-Oriol

Roman. Aus dem Französischen übertragen von Irene Riesen. Nachwort von Urs Bitterli. 392 Seiten.

Nizami · Das Alexanderbuch

Iskandername. Aus dem Persischen übertragen, mit Anmerkungen und einem Nachwort versehen von J. Christoph Bürgel. 688 Seiten und 14 persische Miniaturen in Farbe.

Reise durch die Schweiz

Texte aus der Weltliteratur. Herausgegeben und mit

einem Nachwort versehen von Heinz Weder. 356 Seiten mit 30 Illustrationen. *Inhalt:* Friedrich Schlegel «Eintritt in die deutsche Schweiz» / Eduard Mörike «Am Rheinfall» / Ulrich Hegner «Die Molkenkur» / Ulrich Bräker «Herisau – Sankt Gallen – Trogen» / Annette von Droste-Hülshoff «Der Säntis» / Gottfried Keller «Eine Nacht auf dem Uto» / Friedrich Gottlieb Klopstock «Der Zürchersee» / Johann Wolfgang Goethe «Auf dem See» / Friedrich Matthisson «Der Abend am Zürchersee» / Dezsö Kosztolányi «Omelette à Woburn» / Leonhard Meister «Gebirge und Täler von Glarus» / James Fenimore Cooper «Gegend zwischen den Seen von Wallenstadt und Zürich – Weesen – Stadt Wallenstadt und Wallenstadter See – Sargans – Das Schloß – Weg nach Deutschland und Italien – Veränderungen des Laufs des Rheinstroms – Burgruinen – Tiefe Bergschlucht – Das Bad von Pfäfers» / William Wordsworth «Schwyz» / Wilhelm Waiblinger «Lied aus Luzern» / Leo N. Tolstoi «Luzern» / Ludwig Uhland «Tells Platte» / August Strindberg «Das Märchen vom Sankt Gotthard» / Henry Wadsworth Longfellow «Die Teufelsbrücke» / Carl Spitteler «Mit der Eisenbahn in das Tessin» / Piero Bianconi «Mergoscia» / Johann Gaudenz von Salis-Seewis «Elegie an mein Vaterland» / Marcel Proust «Wahre Gegenwart» / Friedrich Nietzsche «Sils-Maria» / Gottfried Benn «Sils-Maria» / Alexander Herzen [Zermatt. Monte Rosa] / William Wordsworth «Der Simplon» / Mark Twain «Die Schweiz – Friedhof in Zermatt – Die Heirat auslosen – Bauern als Helden – Aus dem Acker gefallen – Von Sankt Niklaus nach Visp – Gefährliches Reisen – Kinderspiel – Die Kinder des Pfarrers – Eine Wirtstochter – Eine einzigartige Kombination – Chillon – Vergeudetes Mitgefühl – Der Montblanc und seine Nachbarn – Schönheit der Seifenblasen – Eine wahnsinnige Fahrt – Der König der Kutscher – Der Vorteil, sich zu betrinken» / Gustave Flaubert [Reisetagebuch: Wallis – Genfersee] / Carlos Fuentes «Eine reine Seele» / Lord Byron «Sonett an den Genfersee» / Iwan Bunin «Stille» / Charles Ferdinand Ramuz «Weinbauern» / Albrecht von Haller «Die Alpen» / William Wordsworth «Unterwegs zum Staubbach, in Lauterbrunnen» / Robert Walser «Kleist in Thun» / August von Platen «In Rousseaus Stube auf der Petersinsel» / Wilhelm Lehmann «In Solothurn» / Michel de Montaigne «Baden» / Nikolaj M. Karamsin «Basel» / Kurt Schwitters «Basel».

Snorri Sturluson · Prosa-Edda
Altisländische Göttergeschichten. Aus dem Altisländischen übertragen, mit Anmerkungen und einem Nachwort versehen von Arthur Häny. 256 Seiten.

Anthony Trollope · Der Premierminister
Roman. Aus dem Englischen übertragen von Irma Wehrli. Nachwort von Andreas Seiler. Corona-Reihe. 880 Seiten.

1992

Ayyuqi · Warqa und Gulschah
Erstmals aus dem Persischen übertragen und mit einem Nachwort versehen von Alexandra Lavizzari. 208 Seiten mit 11 Miniaturen in Farbe.

Giovanni Boccaccio · Vom Glück und vom Unglück berühmter Männer und Frauen
Auswahl, Übertragung und Nachwort von Werner Pleister. 380 Seiten mit 17 Miniaturen in Farbe.

Robert Burton · Schwermut der Liebe
Aus dem Englischen übertragen von Peter Gan. Nachwort von Alice Kohler. 304 Seiten mit 78 Illustrationen.

Grazia Deledda · Schilf im Wind
Roman. Aus dem Italienischen übertragen von Bruno Goetz. Nachwort von Federico Hindermann. 360 Seiten.

Benjamin Disraeli · Coningsby oder Die neue Generation
Roman. Aus dem Englischen übertragen von Peter Naujack. Nachwort von Herbert Tauber. Corona-Reihe. 652 Seiten.

Thomas Hardy · Die Woodlanders
Roman. Aus dem Englischen übertragen von Andrea Ott. Nachwort von Alice Reinhard-Stocker. 604 Seiten.

Johann Peter Hebel · Biblische Geschichten
Nachwort von Iso Camartin. 368 Seiten mit 25 Kupferstichen von Johann Ammann.

Thomas Mann · Königliche Hoheit
Roman. Nachwort von Hans Wysling. 496 Seiten.

Christoph Martin Wieland · Dschinnistan
oder Auserlesene Feen- und Geistermärchen. Mit einem
Nachwort von Willy Richard Berger. 520 Seiten mit 12
Kupferstichen der Erstausgabe von 1786.

1993

Johannes Butzbach · Odeporicon
Wanderbüchlein. Aus dem Lateinischen übertragen und
mit einem Nachwort versehen von Andreas Beriger.
324 Seiten mit 15 Illustrationen.

Deutsche Balladen
Volks- und Kunstballaden, Bänkelsang, Moritaten. Her-
ausgegeben und mit einem Nachwort versehen von Hans
Peter Treichler. 528 Seiten.

Französische Erzähler
Von Marie de France bis Chateaubriand. Herausgegeben
und mit einem Nachwort versehen von Hugo Meier. 467
Seiten. *Inhalt:* Marie de France: Aus den «Lais» Guigemar,
Bisclavret, Das Geißblatt. Aus dem «Äsop» Der Hahn
und der Edelstein, Der Hund und das Schattenbild, Die
trauernde Witwe, Der Edle, der zur Ader gelassen wurde,
Die Frau und der Liebhaber, Der Einsiedler, Der Bauer
und der Kobold, Der Greis und der Reiter / Pierre de
Saint-Cloud: Aus dem «Roman de Renart» Reineke und
der Hahn Chantecler / Marguerite de Navarre: Aus
dem «Heptameron» Vierte Novelle, Siebzehnte Novelle,
Einundsiebzigste Novelle, Zweiundsiebzigste Novelle /
François Rabelais: Aus «Gargantua und Pantagruel» Wie
Gargantua auf höchst seltsame Art zur Welt kam, Von
Gargantuas Jugendzeit, Wie Gargantua sechs Pilgrime im
Salat aß, Von der Kindheit Pantagruels, Wie Panurge den
Händler samt den Hammeln im Meer ersaufen ließ / La
Fontaine «Der geschlagene, aber zufriedene Hahnrei»,
«Der Ehemann als Beichtvater», «Von einem Bauern, der
seinen Herrn beleidigt hatte» / Charles Perrault «Riquet
der Bauschhaarige» / Madame de La Fayette «Die Prin-
zessin von Montpensier» / Jean de La Bruyère: Aus den
«Charakteren» Die Gleichgültige, Der Zerstreute, Das
Orakel / Fénelon «Geschichte einer alten Königin und
einer jungen Bäuerin», «Reise zur Insel der Vergnügen»,

«Der Waldkauz», «Die beiden Füchse», «Der Drache und
die Füchse», «Der Wolf und das junge Schaf» / Montes-
quieu: Aus den «Persischen Briefen» Rica an Ibben, Usbek an Ibben, Der schwarze Obereunuch an Usbek,
Pharan an Usbek, seinen erhabenen Herrn, Usbek an
Pharan, Rica an Rhedi, Rica an***, Der schwarze Obereunuch an Usbek, Rica an Rhedi / Voltaire «Jeannot und
Colin», «Von der Enzyklopädie» / Jean-Jacques Rousseau: Aus «Émile» Furcht. Aus den «Bekenntnissen»
Zwei Jahre auf dem Lande. Aus den «Träumereien des
einsamen Spaziergängers» Neunter Spaziergang / Denis
Diderot «Die beiden Freunde aus Bourbonne» / Marquis
de Sade «Der bestrafte Kuppler», «Die Spröde oder Die
unvorhergesehene Begegnung», «Augustine de Ville-
blanche oder Die Liebeslist» / Xavier de Maistre «Der
Aussätzige der Stadt Aosta» / Chateaubriand «René».

Französische Erzähler
Von Alfred de Vigny bis Samuel Beckett. Herausgegeben
und mit einem Nachwort versehen von Hugo Meier. 560
Seiten. *Inhalt:* Alfred de Vigny «Laurette oder Das rote
Siegel» / Gérard de Nerval «Sylvie. Erinnerungen an das
Valois» / Alfred de Musset «Die Geschichte einer weißen
Amsel» / Stendhal «Die Truhe und das Gespenst» / Ho-
noré de Balzac «Madame Firmiani» / Prosper Mérimée
«Matteo Falcone» / Gustave Flaubert «Ein schlichtes
Herz» / Villiers de l'Isle-Adam «Vera» / Alphonse Daudet
«Das Maultier des Papstes», «Meister Cornilles Geheim-
nis» / Guy de Maupassant «Mein Onkel Jules», «Das
Modell» / Emile Zola «Die Heilige Jungfrau der Schuh-
wichse» / Marcel Proust «Ein Diner außer Hause» / Paul
Valéry «Kindheit mit Schwänen» / Sidonie-Gabrielle Co-
lette «Der Mörder», «Der Verblendete» / Jean Giono «Weih-
nacht» / Jean-Paul Sartre «Die Wand» / Albert Camus
«Der Gast» / Samuel Beckett «Der Ausgestoßene».

Gärten
Texte aus der Weltliteratur. Herausgegeben von Anne
Marie Fröhlich. 469 Seiten mit 20 Illustrationen. *Inhalt:*
Hugo von Hofmannsthal «Gärten» / Francisco Ayala
«Unser Garten» / Hugo von Hofmannsthal «Mein Gar-
ten» / Italo Calvino «Der verzauberte Garten» / Herbert
George Wells «Die Tür in der Mauer» / Fjodor Sologub

«Der vergiftete Garten» / William Blake «Der Garten der
Liebe» / Thomas Campion «Es ist ein Garten ihr Gesicht»
/ John Donne «Der Twickenham-Garten» / Eduard Mö-
rike «Der Gärtner» / Arturo Barea «Der Garten» / Leo-
nard Alfred George Strong «Der Schuß im Garten» / Leo
Tolstoi «Der Gärtner und seine Söhne» / William Wy-
mark Jacobs «Ein Gartenstück» / Karel Čapek «Wie man
Gärten anlegt» / August Strindberg «Mein Garten» /
Francis Bacon «Über Gärten» / Andrew Marvell «Der
Garten» / Salomon Gessner «Lycas, oder die Erfindung
der Gärten» / Herman Melville «Der Garten des Metro-
dorus» / Platon «In eines Haines Schatten» / Jens Peter
Jacobsen «Im Garten des Serails» / Junus Emre «Im Para-
dies die Flüsse all» / Yahya Kemal Beyath «Fern von den
Gärten» / Mīr Taqī Mīr «Der Frühling kam, die Blüten» /
Rainer Maria Rilke «Singe die Gärten, mein Herz, die du
nicht kennst» / Dschalaluddin Rumi «Morgens ging ich
in den Garten» / Nizami «Was die persische Prinzessin am
Freitag in der weißen Venuskuppel erzählte» / Marco
Polo «Der Alte vom Berge und seine Assassinen» / Max
Dauthendey «Der Garten ohne Jahreszeiten» / Ji Shaoyu
«Im Jianxing-Park» / Xie Lingyun «Südlich der Felder an
einem schnell dahinfließenden Bach habe ich einen Gar-
ten mit einer Hecke gepflanzt» / Basil Hall Chamberlain
«Japanische Gärten» / Sei Shonagon «Garten an einem
Herbstmorgen» / Kitahara Hakushū «Vorne im Garten»,
«Eine Ecke im Garten» / Prinz Kadono «Frühlingstag –
ergötzender Oriol in den Pflaumenblüten» / Robert Frost
«Unendlichkeit» / Algernon Charles Swinburne «Der
verlassene Garten» / Manuel Machado «Der schwarze
Garten» / Franco Sacchetti «Blumenleserinnen» / Mario
Praz «Der Giardino del Cavaliere» / Robert Walser «Der
Park» / Ludwig Börne «Der Garten der Tuilerien» /
Ramón José Sender «Mary-Lou» / Rudyard Kipling «Sie»
/ Joseph Beaumont «Der Garten» / Gottfried Arnold
«Spaziergang mit Jesu» / Johann Klaj «Christus in der
Gestalt des Gärtners» / Alphonse de Lamartine «Worte an
die Gärtner» / Heinrich von Kleist «Die Bedingung des
Gärtners» / Jules Renard «Im Garten» / Paul Verlaine
«Nach drei Jahren» / Joseph von Eichendorff «Der alte
Garten» / Walter de la Mare «Nachbarn» / Friedrich

Rückert «Den Gärtnern» / Paul Bowles «Der Garten» / Guy de Maupassant «Menuett» / Johann Wolfgang Goethe «Weit und schön ist die Welt» / Sergio Corazzini «Gärten» / Barthold Heinrich Brockes «Abschied vom Garten».

Emilia Pardo Bazán · Das Gut von Ulloa
Roman. Aus dem Spanischen übertragen und mit einem Nachwort versehen von Ute Frackowiak. 407 Seiten.

François Pétis de La Croix · Tausendundein Tag
Persische Märchen. Aus dem Französischen übertragen von Marie-Henriette Müller. Nachwort von Hartmut Fähndrich. Corona-Reihe. 641 Seiten mit 6 Kupferstichen von C. P. Marillier.

Jonathan Swift · Satiren und Streitschriften
Ausgewählt, aus dem Englischen übertragen und mit einem Nachwort versehen von Robert Schneebeli. 544 Seiten.

Thornton Wilder · Die Brücke von San Luis Rey
Roman. Aus dem Amerikanischen übertragen von Herberth E. Herlitschka. Nachwort von Ines Buhofer. 244 Seiten.

1994

Joseph Conrad · Der Geheimagent
Roman. Aus dem Englischen übertragen von Fritz Lorch. Nachwort von Andreas Seiler. 484 Seiten.

Gabriele d'Annunzio · Lust
Roman. Aus dem Italienischen übertragen von Pia Todorović-Strähl. Nachwort von Ute Stempel. 502 Seiten.

Deutsche Erzähler des 20. Jahrhunderts
Von Arthur Schnitzler bis Robert Musil. Herausgegeben von Marcel Reich-Ranicki. 536 Seiten. – *Inhalt:* Arthur Schnitzler «Leutnant Gustl» / Rainer Maria Rilke «Die Turnstunde» / Ricarda Huch «Das Judengrab» / Frank Wedekind «Die Schutzimpfung» / Jakob Wassermann «Der Stationschef» / Hermann Hesse «Die Verlobung» / Emil Strauß «Der Laufen» / Thomas Mann «Das Eisenbahnunglück» / Heinrich Mann «Gretchen» / Hugo von Hofmannsthal «Lucidor» / Alfred Döblin «Die Ermordung einer Butterblume» / Arnold Zweig «Das Kind» /

Ludwig Thoma «Onkel Peppi» / Georg Heym «Jonathan» / Carl Sternheim «Busekow» / Robert Walser «Sebastian» / Gustav Sack «Im Heu» / Gottfried Benn «Gehirne» / Franz Werfel «Die Geliebte» / Klabund «Der
Flieger» / Leonhard Frank «Der Vater» / Hermann Broch
«Methodisch konstruiert» / Franz Kafka «Ein Hungerkünstler» / Carl Zuckmayer «Geschichte von einer Geburt» / Robert Musil «Die Portugiesin».

Deutsche Erzähler des 20. Jahrhunderts

Von Joseph Roth bis Hermann Burger. Herausgegeben
von Marcel Reich-Ranicki. 528 Seiten. – *Inhalt:* Joseph
Roth «April» / Stefan Zweig «Episode am Genfer See» /
Werner Bergengruen «Der Kopf» / Anna Seghers «Bau-
ern von Hruschowo» / Ödön von Horváth «Ein Kapitel
aus den Memoiren des Herrn Hierlinger Ferdinand» /
Georg Britting «Der Major» / Gertrud von le Fort «Die
Opferflamme» / Bertolt Brecht «Der verwundete Sokrates» / Lion Feuchtwanger «Der treue Peter» / Ernst Pen-
zoldt «Mit Kindesaugen» / Wolfgang Borchert «Das
Brot» / Elisabeth Langgässer «Saisonbeginn» / Max
Frisch «Der andorranische Jude» / Heinrich Böll «Wanderer, kommst du nach Spa» / Ernst Jünger «Die Eberjagd»
/ Wolfdietrich Schnurre «Das Manöver» / Friedrich Dür-
renmatt «Der Tunnel» / Alfred Andersch «Mit dem Chef
nach Chenonceaux» / Heimito von Doderer «Ein anderer
Kratki-Baschik» / Siegfried Lenz «Ein Freund der Regierung» / Marie Luise Kaschnitz «Lange Schatten» / Ingeborg Bachmann «Alles» / Franz Fühmann «Das Juden-
auto» / Hans Erich Nossack «Begegnung im Vorraum»
/ Günter Kunert «Die Waage» / Gabriele Wohmann
«Sonntag bei den Kreisands» / Adolf Muschg «Der Zu-
senn oder das Heimat» / Martin Walser «Selbstporträt
als Kriminalroman» / Hermann Burger «Der Orchester-
diener» / Hans J. Fröhlich «Plötzlich erleichtert» / Jurek
Becker «Der Verdächtige».

George Eliot · Daniel Deronda

Roman. Aus dem Englischen übertragen und mit einem
Nachwort versehen von Jörg Drewitz. Corona-Reihe.
1064 Seiten.

Die Geschichte der ehrenwerten Ochikubo

Ochikubo monogatari. Aus dem alten Japanischen übertragen von Christoph Langemann und Verena Werner. Nachwort von Christoph Langemann. 366 Seiten mit 10 Farbtafeln.

Pierre Loti · Roman eines Kindes

Aus dem Französischen übertragen von Lislott Pfaff. Nachwort von Elise Guignard. 344 Seiten.

Manesse Almanach

auf das 50. Verlagsjahr. 402 Seiten. – *Inhalt:* Zum Geleit / Henryk Sienkiewicz «Der Leuchtturmwärter» / Pu Sung-lin «Der närrische Student» / Scholem Alejchem «Mein erster Roman» / Miquel Llor «Ein Tintenfleck» / Friedrich Christoph Weißer «Der seltene Schriftsteller», «Das Buch und die Uhr» / Max Beerbohm «Das Verbrechen» / Maxim Gorki «Blasen» / Voltaire «Von der Enzyklopädie» / Anonym «Die Fehler in den Büchern. Eine Geschichte um Nasreddin Hodscha» / Hjalmar Söderberg «Eine Tasse Tee» / John Galsworthy «Gleichnis eines Romanciers» / Charles Dickens «Doktor Marigolds Rezepte» / Italo Calvino «Abenteuer eines Lesers» / Edith Wharton «Xingu» / Frigyes Karinthy «Legende vom Dichter» / Quellennachweis / Manesse-Zeittafel / Chronologisches Verzeichnis / Alphabetisches Verzeichnis.

Michail Saltykow-Schtschedrin · Geschichte einer Stadt

Aus dem Russischen übertragen und mit einem Nachwort versehen von A. und G. Kirchner. 392 Seiten.

Arthur Schnitzler · Erzählungen

Auswahl und Nachwort von Burkhard Spinnen. 656 Seiten. *Inhalt:* Die kleine Komödie / Reichtum / Sterben / Frau Beate und ihr Sohn / Doktor Gräsler, Badearzt / Flucht in die Finsternis.

Edith Wharton · Meistererzählungen

Aus dem Amerikanischen übertragen und mit einem Nachwort versehen von Sabine Kipp. – 578 Seiten. *Inhalt:* Auf lange Sicht / Der Pelikan / Eine Reise / Der letzte Trumpf / Eine venezianische Nacht / Verspätete Liebe / Kerfol / Die versperrte Tür / Später / Xingu / Eine Flasche Perrier / Autre temps.

1984

Johann Gustav Droysen · Geschichte Alexanders des Großen

Nach dem Text der Erstausgabe von 1833. Nachwort von Jürgen Busche. 740 Seiten mit 2 Karten zu den Feldzügen.

Theodor Fontane · Der Krieg gegen Frankreich 1870/71

Vorwort von Gordon A. Craig. 4 Bände. Insgesamt 2684 Seiten mit allen Schlacht- und Geländeskizzen der Originalausgabe Berlin 1873–76 und 100 Illustrationen nach zeitgenössischen Stahlstichen.

Sigmund von Herberstein · Das alte Rußland

In Anlehnung an die älteste deutsche Ausgabe aus dem Lateinischen übertragen von Wolfram von den Steinen. Nachwort von Walter Leitsch. 391 Seiten mit 19 Illustrationen, davon 2 in Farbe, sowie 2 Karten aus den Erstausgaben des Werkes.

1985

Nikolaj I. Bucharin / Jewgenij A. Preobraschenskij · Das ABC des Kommunismus

Mit einer Einführung von Boris Meissner. 655 Seiten mit 24 Illustrationen von Wladimir W. Majakowskij, davon 8 in Farbe.

Friedrich der Große · Mein lieber Marquis!

Sein Briefwechsel mit Jean-Baptiste d'Argens während des Siebenjährigen Krieges. Herausgegeben und mit einem Vorwort versehen von Hans Schumann. 424 Seiten mit 34 Illustrationen.

Hermann Fürst von Pückler-Muskau · Aus Mehemed Alis Reich

Ägypten und der Sudan um 1840. Mit einer Einführung von Günther Jantzen und einem biographischen Essay von Otto Flake. 832 Seiten mit 34 Illustrationen.

Sagang sečen · Geschichte der Mongolen und ihres Fürstenhauses

Aus dem Mongolischen übertragen von Isaak Jakob Schmidt. Nachwort von Walther Heissig. 704 Seiten mit 20 Illustrationen.

Friedrich Schiller · Geschichte des Dreißigjährigen Kriegs

Erstfassung aus dem «Historischen Calender für Damen für die Jahre 1791–1793» mit den darin enthaltenen 48 Illustrationen von D. Chodowiecki, H. Lips und J. Penzel. Mit einem Nachwort von Golo Mann. 696 Seiten.

1986

Henry A. Kissinger · Das Gleichgewicht der Großmächte

Metternich, Castlereagh und die Neuordnung Europas 1812–1822. Aus dem Amerikanischen übertragen von Horst Jordan. Mit einem Nachwort von Fred Luchsinger. 687 Seiten mit 30 Illustrationen und 2 Karten.

Niccolò Machiavelli · Geschichte von Florenz

Aus dem Italienischen übertragen von Alfred von Reumont. Nachwort von Kurt Kluxen. 624 Seiten mit 34 Illustrationen.

Salvador de Madariaga · Simon Bolivar

Der Befreier Spanisch-Amerikas. Aus dem Spanischen übertragen von Helmut Lindemann. Mit einem Essay von Golo Mann. 896 Seiten mit 36 Illustrationen.

Reinhold Schneider · Kaiser Lothars Krone

Leben und Herrschaft Lothars von Supplinburg. Mit einem einleitenden Essay von Wilfried Hartmann. 384 Seiten mit 27 Illustrationen.

Jacques Soustelle · Das Leben der Azteken

Mexiko am Vorabend der spanischen Eroberung. Aus dem Französischen übertragen von Curt Meyer-Clason. 463 Seiten mit 36 Illustrationen.

Louis Baudin · Das Leben der Inka
Die Andenregion am Vorabend der spanischen Erobe-
rung. Aus dem Französischen übertragen von Curt
Meyer-Clason. 440 Seiten mit 27 Illustrationen.
**Edmund Burke · Betrachtungen über die
Französische Revolution / Gedanken über die
französischen Angelegenheiten**
Aus dem Englischen übertragen von Friedrich Gentz und
Rosa Schnabel. Herausgegeben von Ulrich Frank-Planitz.
552 Seiten mit 6 Illustrationen.
Ricarda Huch · Römisches Reich Deutscher Nation
Deutsche Geschichte Band 1. Mit einer Einführung von
August Nitschke. 632 Seiten mit 30 Holzschnitten von
Fritz Kredel.
Ricarda Huch · Das Zeitalter der Glaubensspaltung
Deutsche Geschichte Band 2. Mit einem Vorwort von
Golo Mann. 736 Seiten mit 31 Holzschnitten.
Nizāmulmulk · Das Buch der Staatskunst
Siyāsatnāma. Aus dem Persischen übertragen von Karl
Emil Schabinger Freiherr von Schowingen. 576 Seiten.
**Alexis de Tocqueville · Über die Demokratie
in Amerika**
Mit einem Nachwort von Theodor Eschenburg. Aus dem
Französischen übertragen von Hans Zbinden. 2 Bände in
Kassette, zusammen 1296 Seiten.

**Zahiruddin Muhammad Babur · Die Erinnerungen
des ersten Großmoguls von Indien. Das Babur-nama**
Nach den Übertragungen von Jean-Louis Bacqué-Gram-
mont und Annette Susannah Beveridge neu übersetzt von
Wolfgang Stammler. Mit einer Einführung von Sabakhat
Azimdžanova, Abb-al-Hayy Habibi und Mohibbul Has-
san. 1040 Seiten mit 42 Illustrationen aus einer persischen
Handschrift um 1590 und 6 Karten.
Otto Flake · Die Französische Revolution 1789–1799
Mit einem Nachwort von Friedrich Sieburg. 480 Seiten
mit 37 Illustrationen.

Heinrich Handelmann · Geschichte von Brasilien
Herausgegeben und mit einem Nachtrag versehen von
Gustav Faber. 1168 Seiten mit 21 Lithographien von
Moritz Rugendas.

Ricarda Huch · Deutsche Geschichte
3 Bände in Kassette, zusammen 1856 Seiten mit 90 Holzschnitten. *Inhalt:* Römisches Reich Deutscher Nation /
Das Zeitalter der Glaubensspaltung / Untergang des
Römischen Reiches Deutscher Nation.

**Ricarda Huch · Untergang des Römischen Reiches
Deutscher Nation**
Deutsche Geschichte Band 3. Mit einem Vorwort von
Gordon A. Craig. 488 Seiten mit 29 Holzschnitten von
Lisa Hampe.

Carl Schurz · Lebenserinnerungen
Vom deutschen Freiheitskämpfer zum amerikanischen
Staatsmann. Bearbeitet von Sigismund von Radecki.
Vorwort von Theodor Heuss. 536 Seiten.

1989

**Thomas Jefferson · Betrachtungen über den Staat
Virginia**
Herausgegeben und mit einem Essay versehen von Hart-
mut Wasser. 496 Seiten mit 12 Illustrationen.

**August von Kotzebue · Das merkwürdigste Jahr
meines Lebens**
Als Verbannter in Sibirien. Herausgegeben und mit einer
Einführung versehen von Hans Schumann. 460 Seiten mit
15 Illustrationen und einer Karte.

1990

Basil Hall Chamberlain · ABC der japanischen Kultur
(Things Japanese) Ein historisches Wörterbuch. Aus dem
Englischen übertragen von Bernhard Kellermann. Einführung von Erwin Wickert. 744 Seiten mit 31 Illustrationen.

Winston S. Churchill · Marlborough
Band 1: Der Weg zum Feldherrn 1650–1705. Band 2: Der
Feldherr und Staatsmann 1705–1722. Aus dem Engli-

schen übertragen von Eberhard Müller. Nachwort von Sir William Deakin. 2 Bände im Schuber zusammen 2112 Seiten mit 72 Abbildungen und 30 Karten.

Martin Luther · Von christlicher Freiheit
Schriften zur Reformation. Übertragen und kommentiert von Horst Beintker. Mit einem einführenden Essay von Eberhard Stammler. 736 Seiten mit 20 Illustrationen.

Jacques Presser · Napoleon
Das Leben und die Legende. Aus dem Niederländischen übertragen von Christian Zinsser. 1024 Seiten mit 36 Illustrationen.

1991

Katharina die Große / Voltaire · Monsieur – Madame
Der Briefwechsel zwischen der Zarin und dem Philosophen. Aus dem Französischen übertragen, herausgegeben und mit einer Einführung versehen von Hans Schumann. 432 Seiten mit 20 Illustrationen.

Karl Marx / Friedrich Engels · Rußlands Drang nach Westen
Der Krimkrieg und die europäische Geheimdiplomatie im 19. Jahrhundert. Nachwort von Lothar Rühl. 720 Seiten mit 35 Illustrationen.

1992

Carsten Niebuhr · Reisebeschreibung nach Arabien und andern umliegenden Ländern
Mit einem Vorwort von Stig Rasmussen und einem biographischen Porträt von Barthold Georg Niebuhr. 943 Seiten mit 55 Illustrationen.

1993

Andrew Carnegie · Geschichte meines Lebens
Vom schottischen Webersohn zum amerikanischen Industriellen 1835–1919. Aus dem Amerikanischen übertragen von J. A. Sauter. Einführung von Ralf Dahrendorf. 544 Seiten mit 28 Illustrationen.

Hans Rothfels · Die deutsche Opposition gegen Hitler
Eine Würdigung. Mit einer Einführung von Friedrich
Freiherr Hiller von Gaertringen. 445 Seiten.

1987

Dante Alighieri · Das neue Leben
La vita nova. Aus dem Italienischen übertragen von Hannelise Hinderberger. 88 Seiten. Band 2.
André Gide · Die Pastoral-Symphonie
Eine Erzählung. Aus dem Französischen übertragen von Gerda Scheffel. 94 Seiten. Band 3.
Kālidāsā · Śakuntalā
Ein indisches Schauspiel. Aus dem Sanskrit übertragen von Johannes Mehlig. 144 Seiten. Band 1.
Sarah Kirsch · Die ungeheuren bergehohen Wellen auf See
Erzählungen aus der ersten Hälfte meines Landes. 104 Seiten. *Inhalt:* Merkwürdiges Beispiel weiblicher Entschlossenheit / Die ungeheuren bergehohen Wellen auf See / Scilla bifolia / Der Schmied von Kosewalk / Die helle Straße / Blitz aus heiterm Himmel / Ein anderes Leben / Schweinfurter Grün oder Wir Privilegierten / Jagdzeit. Band 6.
Golo Mann · Lavalette
Eine Episode aus napoleonischer Zeit. 60 Seiten. Band 5.
Tanizaki Jun'ichiro · Lob des Schattens
Aus dem Japanischen übertragen von Eduard Klopfenstein. 88 Seiten. Band 4.

1988

Altchinesische Liebeskomödien
Ausgewählt und aus dem Chinesischen übertragen von Hans Rudelsberger. 136 Seiten. Band 7.
Charles Baudelaire · Die künstlichen Paradiese
Die Dichtung vom Haschisch. Aus dem Französischen übertragen von Hannelise Hinderberger. 88 Seiten. Band 14.

Clemens Brentano · Der Philister vor, in und nach der Geschichte
Scherzhafte Abhandlung. Mit einer Handzeichnung des Autors. 112 Seiten. Band 17.

Carlos Fuentes · Verhüllte Tage
Erzählungen. Aus dem mexikanischen Spanisch übertragen und mit einem Nachwort von Maria Bamberg. 96 Seiten. *Inhalt:* Chac Mool / Zur Wahrung der Trigolibie / Tlactocatzine, aus einem flandrischen Garten / Litanei von der Orchidee / Durch der Götter Mund / Der das Schießpulver erfand. Band 16.

Sebastian Haffner · Der Teufelspakt
Die deutsch-russischen Beziehungen vom Ersten zum Zweiten Weltkrieg. 156 Seiten. Band 11.

Muhammed Schemseddin Hafis · Ghaselen
Aus dem Persischen übertragen von Friedrich Rückert. 168 Seiten. Band 13. Vergriffen.

Theodor Herzl · Der Judenstaat
Versuch einer modernen Lösung der Judenfrage. 120 Seiten. Band 18.

Klabund · Störtebecker
Roman. 64 Seiten. Band 12.

Joyce Carol Oates · Über Boxen
Ein Essay. Aus dem Amerikanischen übertragen von Ursula Locke-Groß. 128 Seiten. Band 10.

Giovanni Pico della Mirandola · Über die Würde des Menschen
Aus dem Neulateinischen übertragen von Herbert Werner Rüssel. 96 Seiten. Band 8.

Stijn Streuvels · Weihnachtsgeschichten
Aus dem Flämischen übertragen von H. Schmülling und A. Valeton. 120 Seiten. *Inhalt:* Weihnachtsmär in einem flämischen Stall / Weihnachten im Niemandsland / Die Heiligen Drei Könige an der Küste. Band 15.

Horace Walpole · Die Burg von Otranto
Eine gotische Geschichte. Zeitgenössische Übertragung aus dem Englischen von F. L. W. Meyer. 160 Seiten. Band 9.

Tania Blixen · Babettes Fest

Aus dem Englischen übertragen von W. E. Süskind. 85 Seiten. Band 25.

Miguel de Cervantes Saavedra · Gespräch zwischen Cipión und Berganza, Hunden des Auferstehungshospitals

Aus dem Spanischen übertragen von Adelbert Keller. 144 Seiten. Band 30.

Karl Dietrich Erdmann · Die Spur Österreichs in der deutschen Geschichte

Drei Staaten – zwei Nationen – ein Volk? 130 Seiten. Band 27.

Johann Wolfgang Goethe · Briefe aus der Schweiz

Mit 5 Zeichnungen von J. W. Goethe. 120 Seiten. Band 21.

Günter Grass · Meine grüne Wiese

Kurzprosa. 88 Seiten. Band 24.

Hermann Hesse · Traumfährte

Erzählungen und Märchen. 159 Seiten. *Inhalt:* Traumfährte / Tragisch / Kindheit des Zauberers / Kurzgefaßter Lebenslauf / Die Stadt / Märchen vom Korbstuhl / Der Europäer / Edmund / König Yu / Vogel. Band 26.

Lukian · Totengespräche

Aus dem Griechischen übertragen von Christoph Martin Wieland. 104 Seiten. Band 19.

Friedrich Schleiermacher · Die Weihnachtsfeier

Ein Gespräch. 88 Seiten. Band 29.

William Shakespeare · Hamlet

Aus dem Englischen übertragen von Theodor Fontane. 160 Seiten. Band 20.

Friedrich Sieburg · Greuze und Diderot

Hundertmal Gabriele. Mit 8 Zeichnungen von J.-B. Greuze und einem Nachwort von Dietmar Jaegle. 64 Seiten. Band 23.

Germaine de Staël · Rettet die Königin!

Ein Aufruf zur Verteidigung von Marie-Antoinette und andere Dokumente zur Französischen Revolution. Aus dem Französischen übertragen und mit einem Nachwort von Ruth Schirmer. 136 Seiten. Band 22.

Rabindranath Tagore · Das zerstörte Nest
Aus dem Bengali übertragen von Gisela Leiste. 112 Seiten. Band 28.

1990

Leopold Andrian · Der Garten der Erkenntnis
Mit einem Nachwort von Iris Paetzke. 70 Seiten. Band 32.

Matteo Bandello · Romeo und Giulietta
Aus dem Italienischen übertragen von Caesar Rymarowicz. 80 Seiten. Band 36.

Erich Fromm · Wege zur Befreiung
Über die Kunst des Lebens. Ausgewählt und mit einem Vorwort versehen von Rainer Funk. 128 Seiten. Band 31.

Lafcadio Hearn · In einem japanischen Garten
Aus dem Englischen übertragen von Berta Franzos. 96 Seiten mit 9 Illustrationen. Band 39.

Gottfried Keller · Sieben Legenden
124 Seiten. Band 35.

Hans Maier · Verteidigung der Politik
Recht – Moral – Verantwortung. 96 Seiten. Band 40. Vergriffen.

Eduard Mörike · Der Schatz
Mit einem Nachwort von Fritz Martini. 120 Seiten. Band 37.

Iwan S. Turgenjew · Faust
Erzählung in neun Briefen. Übertragen von Friedrich von Bodenstedt. 80 Seiten. Band 38.

Erwin Wickert · Die Frage des Tigers
Eine Erzählung aus Japan. Mit einem Essay von Peter Wapnewski. 88 Seiten. Band 33.

Akaki Zereteli · Aus meinem Leben
Aus dem Georgischen übertragen von Ruth Neukomm und Yolanda Marchev. 158 Seiten. Band 34.

1991

José Maria Eça de Queiroz · José Matias
Erzählungen. Aus dem Portugiesischen übertragen von Otto Hauser, Fritz Böttcher und Luise Ey. Mit einem

Nachwort von Volker Klotz. 160 Seiten. *Inhalt:* Der Gehenkte / José Matias / Adam und Eva im Paradies. Band 42.

Louis Fürnberg · Mozart-Novelle
64 Seiten. Band 43.

Leszek Kolakowski · Die Moderne auf der Anklagebank
Aus dem Englischen und Französischen übertragen von Friedrich Griese und Klaus Nellen. 160 Seiten. Band 44.

Das Leben des Konfuzius · Bilder zu den Taten des Weisen
Aus dem Chinesischen übertragen und mit einem Nachwort versehen von Hans Stumpfeldt. 160 Seiten mit 72 Holzschnitten. Band 41.

1992

Joachim Fest · Wege zur Geschichte
Über Theodor Mommsen, Jacob Burckhardt und Golo Mann. Nachwort von Christian Meier. 144 Seiten. Band 47.

Johannes Gross · Über die Deutschen
136 Seiten. Band 49.

Lieder der Liebe · Herausgegeben von Johann Gottfried Herder
Mit einem Nachwort von Regine Otto. 176 Seiten mit einer Illustration. Band 46.

Johann Heinrich Pestalozzi · Fabeln
Ausgewählt und mit einem Nachwort von Heinz Weder. 96 Seiten. *Inhalt:* Stoffels Brunnen / Stoffel und seine Uhr / Löwe und Reh / Der Löwe, die Schlange und der Teufel / Der Löwe und sein Ratgeber / Ein Esel und ein Löwenschädel / Fuchs und Esel beurteilen den Löwen / Kauz und Adler / Gauch und Käfer / Ein alter Elefant / Der Elefant motiviert sein Urteil über die Regierungsunfähigkeit der Tiere / Wie die Tiere überhaupt regieren würden / Das kranke Bäumchen / Der Zankapfel / Der Wind und der Schiffer / Die Welle und das Ufer / Faule Eichen und junge Tannen / Die Brücke und der Weg / Die ungleichen Herren / Der Fuchs erklärt das Wort Usurpation / Der

Halbfuchs und der Ganzfuchs / Ein Fuchs und ein Esel /
Zwei Pferde und die Deichsel / Zwei Füllen / Die ver-
wandelten Schafe / Eis und Eisen / Was ist der Mensch? –
Blatt oder Stamm? / Das Menschenvertilgen / Alte Zeit,
gute Zeit / Das Storchenland / Nero / Zwei Schäfer /
Hühner, Adler und Mäuse / Zwei Weiden / Der Luchs /
Sonne und Mond / Schwamm und Gras / Der Strahl und
der Graswurm / Der Sturm und die Schneeflocke / Die
Entstehung der Berge / Was der Affe bei der Schlange
gelernt hat / Die Affen-Beichte / Ein Stier und ein Biber /
Der Biber und der Marder / Die Anbetung des Teufels /
Künstler und Narren / Der Raupenfänger / Das hohe Roß
und der Zwerg / Die Menschengerechtigkeit / Der Tiere
Gerechtigkeitspflege / Die Affengerechtigkeit / Die Kat-
zengerechtigkeit / Die Spinnengerechtigkeit / Die Be-
griffe der Bienen von der Freiheit und der Gerechtigkeit /
Der allgemeine Tierfortschritt in der Gerechtigkeit / Die
Freßordnung im Hühnerstalle / Das Schuhmaß der Gleich-
heit / Von Zäunen mit faulem Holze und von schlechtem
Dorfvorgesetzten / Der Seelenverkäufer. Band 48.

Dschalaluddin Rumi · Traumbild des Herzens
Hundert Vierzeiler. Aus dem Persischen übertragen,
kommentiert und eingeleitet von Johann Christoph Bürgel. 144 Seiten. Band 45.

1993

Tania Blixen · Die unsterbliche Geschichte
Mit einem Essay von Siegfried Lenz. Aus dem Englischen
übertragen von W. E. Süskind. 104 Seiten. Band 50.

Erich Fromm · Die Kunst des Liebens
Aus dem Amerikanischen übertragen von Liselotte und
Ernst Mickel. Mit einem Nachwort von Rainer Funk. 192
Seiten. Band 52.

Hans L. Merkle · Der steinige Weg
Erfahrungen eines Unternehmers. Mit einer Vorbemer-
kung von Ulrich Frank-Planitz. 136 Seiten. *Inhalt:* Beruf
als Erfahrung / Wirtschaft als Element unserer Kultur /
Erziehungssystem und Arbeitswelt / Unternehmer und
Staat / Kritik an der Technik? / Die Tugend des Ver-
trauens. Band 51.

Hans-Peter Schwarz · Begegnungen an der Seine
Deutsche Kanzler in Paris. 104 Seiten. Band 53.

1994

**Jane Austen · Liebe und Freundschaft / Drei
Schwestern / Catharine**
Aus dem Englischen übertragen von Renate Orth-Gutt-
mann. 160 Seiten. Band 54.

Alphabetisches Verzeichnis

sämtlicher in der «Manesse Bibliothek der Weltliteratur», in der «Manesse Bücherei» (■) und der «Manesse Bibliothek der Weltgeschichte (●) erschienenen Titel

384

393

INHALT

Die Deutsche Bibliothek – CIP-Einheitsaufnahme

Manesse Verlag ⟨Zürich⟩:
Manesse Almanach auf das 50. Verlagsjahr
Zürich : Manesse Verlag, 1994
(Manesse Bibliothek der Weltliteratur)
ISBN 3-7175-1864-X Gewebe
ISBN 3-7175-1865-8 Ldr.

NE: HST